浙江文化研究工程成果文库

浙江文化印记

海丝文化

龚缨晏 著

浙江人民出版社

图书在版编目（CIP）数据

海丝文化 / 龚缨晏著. -- 杭州 ： 浙江人民出版社，
2025. 5. --（浙江文化印记）. -- ISBN 978-7-213
-11864-7

Ⅰ. K295. 5

中国国家版本馆CIP数据核字第2025G7A563号

海丝文化

龚缨晏　著

出版发行：浙江人民出版社（杭州市环城北路177号　邮编　310006）
　　　　　市场部电话：(0571)85061682　85176516

责任编辑：卓挺亚

责任校对：王欢燕

责任印务：程　琳

封面设计：厉　琳

电脑制版：杭州兴邦电子印务有限公司

印　　刷：杭州富春印务有限公司

开　　本：880毫米×1230毫米　1/32　　　印　　张：8.625

字　　数：198.6千字　　　　　　　　　　插　　页：2

版　　次：2025年5月第1版　　　　　　　印　　次：2025年5月第1次印刷

书　　号：ISBN 978-7-213-11864-7

定　　价：65.00元

"浙江文化研究工程成果文库"总序

有人将文化比作一条来自老祖宗而又流向未来的河，这是说文化的传统，通过纵向传承和横向传递，生生不息地影响和引领着人们的生存与发展；有人说文化是人类的思想、智慧、信仰、情感和生活的载体、方式和方法，这是将文化作为人们代代相传的生活方式的整体。我们说，文化为群体生活提供规范、方式与环境，文化通过传承为社会进步发挥基础作用，文化会促进或制约经济乃至整个社会的发展。文化的力量，已经深深熔铸在民族的生命力、创造力和凝聚力之中。

在人类文化演化的进程中，各种文化都在其内部生成众多的元素、层次与类型，由此决定了文化的多样性与复杂性。

中国文化的博大精深，来源于其内部生成的多姿多彩；中国文化的历久弥新，取决于其变迁过程中各种元素、层次、类型在内容和结构上通过碰撞、解构、融合而产生的革故鼎新的强大动力。

中国土地广袤、疆域辽阔，不同区域间因自然环境、经济环境、社会环境等诸多方面的差异，建构了不同的区域文化。区域文化如同百川归海，共同汇聚成中国文化的大传统，这种大传统如同春风化雨，渗透于各种区域文化之中。在这个过程中，区域文化如同清溪山泉潺潺不息，在中国文化的共同价值取向下，以自己的独特个性支撑着、引领着本地经济社会的发展。

从区域文化入手，对一地文化的历史与现状展开全面、系统、扎实、有序的研究，一方面可以借此梳理和弘扬当地的历史传统和文化资源，繁荣和丰富当代的先进文化建设活动，规划和指导未来的文化发展蓝图，增强文化软实力，为全面建设小康社会、加快推进社会主义现代化提供思想保证、精神动力、智力支持和舆论力量；另一方面，这也是深入了解中国文化、研究中国文化、发展中国文化、创新中国文化的重要途径之一。如今，区域文化研究日益受到各地重视，成为我国文化研究走向深入的一个重要标志。我们今天实施浙江文化研究工程，其目的和意义也在于此。

千百年来，浙江人民积淀和传承了一个底蕴深厚的文化传统。这种文化传统的独特性，正在于它令人惊叹的富于创造力的智慧和力量。

浙江文化中富于创造力的基因，早早地出现在其历史的源头。在浙江新石器时代最为著名的跨湖桥、河姆渡、马家浜和良渚的考古文化中，浙江先民们都以不同凡响的作为，在中华民族的文明之源留下了创造和进步的印记。

浙江人民在与时俱进的历史轨迹上一路走来，秉承富于创造力的文化传统，这深深地融汇在一代代浙江人民的血液中，体现在浙江人民的行为上，也在浙江历史上众多杰出人物身上得到充分展示。从大禹的因势利导、敬业治水，到勾践的卧薪尝胆、励精图治；从钱氏的保境安民、纳土归宋，到胡则的为官一任、造福一方；从岳飞、于谦的精忠报国、清白一生，到方孝孺、张苍水的刚正不阿、以身殉国；从沈括的博学多识、精研深究，到竺可桢的科学救国、求是一生；无论是陈亮、叶适的经世致用，还是黄宗羲的工商皆本；无论是王充、王阳明的批判、自觉，还是龚自珍、蔡元培的开明、开放，等等，都展示了浙江深厚的文化底蕴，凝聚了浙江人民求真务实的创造精神。

代代相传的文化创造的作为和精神，从观念、态度、行为方式和价值取向上，孕育、形成和发展了渊源有自的浙江地域文化传统和与时俱进的浙江文化精神，她滋育着浙江的生命力、催生着浙江的凝聚力、激发着浙江的创造力、培植着浙江的竞争力，激励着浙江人民永不自满、永不停息，在各个不同的历史时期不断地超越自我、创业奋进。

悠久深厚、意韵丰富的浙江文化传统，是历史赐予我们的宝贵财富，也是我们开拓未来的丰富资源和不竭动力。党的十六大以来推进浙江新发展的实践，使我们越来越深刻地认识到，与国家实施改革开放大政方针相伴随的浙江经济社会持续快速健康发展的深层原因，就在于浙江深厚的文化底蕴和文化传统与当今时代精神的有机结合，就在于发展先进生产力与发展先进文化的有机结合。今后一个时期浙江能否在全面建设小康社会、加快社会主义现代化建设进程中继续走在前列，很大程度上取决于我们对文化力量的深刻认识、对发展先进文化的高度自觉和对加快建设文化大省的工作力度。我们应该看到，文化的力量最终可以转化为物质的力量，文化的软实力最终可以转化为经济的硬实力。文化要素是综合竞争力的核心要素，文化资源是经济社会发展的重要资源，文化素质是领导者和劳动者的首要素质。因此，研究浙江文化的历史与现状，增强文化软实力，为浙江的现代化建设服务，是浙江人民的共同事业，也是浙江各级党委、政府的重要使命和责任。

2005年7月召开的中共浙江省委十一届八次全会，作出《关于加快建设文化大省的决定》，提出要从增强先进文化凝聚力、解放和发展生产力、增强社会公共服务能力入手，大力实施文明素质工程、文化精品工程、文化研究工程、文化保护工程、文化产业促进工程、文化阵地工程、文化传播工程、文化人才工程等"八项工程"，实施科教兴国和人才强国战略，加快建设教育、科技、卫生、体育等"四个强省"。作为文化建设"八项工程"之一的文化研究工程，其任务就是系统研究浙江文化的历史成就和当代发展，深入挖掘浙江文化底蕴、研究浙江现象、总结浙江经验、指导浙江未来的发展。

浙江文化研究工程将重点研究"今、古、人、文"四个方面，即围绕浙江当代发展问题研究、浙江历史文化专题研究、浙江名人研究、浙江历史文献整理四大板块，开展系统研究，出版系列丛书。在研究内容上，深入挖掘浙江文化底蕴，系统梳理和分析浙江历史文化的内部结构、变化规律和地域特色，坚持和发展浙江精神；研究浙江文化与其他地域文化的异同，厘清浙江文化在中国文化中的地位和相互影响的关系；围绕浙江生动的当代实践，深入解读浙江现象，总结浙江经验，指导浙江发展。在研究力量上，通过课题组织、出版资助、重点研究基地建设、加强省内外大院名校合作、整合各地各部门力量等途径，形成上下联动、学界互动的整体合力。在成果运用上，注重研究成果的学术价值和应用价值，充分发挥其认识世界、传承文明、创新理论、咨政育人、服务社会的重要作用。

我们希望通过实施浙江文化研究工程，努力用浙江历史教育浙江人民、用浙江文化熏陶浙江人民、用浙江精神鼓舞浙江人民、用浙江经验引领浙江人民,进一步激发浙江人民的无穷智慧和伟大创造能力,推动浙江实现又快又好发展。

今天,我们踏着来自历史的河流,受着一方百姓的期许,理应负起使命,至诚奉献,让我们的文化绵延不绝,让我们的创造生生不息。

2006年5月30日于杭州

目录

引　言
浙江海上丝绸之路发展历程

　　1840年之前中国通向外部世界的交通路线，被中外学者统称为"丝绸之路"。它把世界不同的文明连接起来，促进了中外文化的交流，增进了中外人民的友谊，丰富了中国文化的内涵，并对整个人类文明史产生了深远的影响。丝绸之路由"陆上丝绸之路"和"海上丝绸之路"组成。陆上丝绸之路大约出现于公元前13世纪，海上丝绸之路则是在公元前200年左右开始出现的。"海上丝绸之路"又可以分为两大干线。一是由中国通往朝鲜半岛及日本列岛的东海航线，二是由中国通往东南亚及印度洋地区的南海航线。1500年之后，随着欧洲人的东来，南海航线又进一步扩展为环球航线。

　　浙江地处太平洋西岸，中国大陆海岸线中部，是中国海洋文化的重要发源地，也是海上丝绸之路的主要门户。纵观历史，浙江海上丝绸之路发展的历程大体上可以概括为以下六个阶段：

一、奠基于史前

　　2013—2014年，宁波余姚发现了距今8000多年的井头山遗址，这也是中国现今所知最早的贝丘遗址，它表明当时当地的人们已经开始长期地、大量地、固定地利用海洋资源了。尽管井头山遗址中尚未发现独木舟，但出土了一件"加工精细、保存完好"的完整木桨，这说明当时的先民一定能够建造独木舟之类的"早期水上航行器"（Early Watercraft，缩写为 EW）了。中国现知最早的独木舟，是在杭州萧山跨湖桥新石器时代遗址中发现的，年代为距今7070±155年前。这也是目前所知亚洲最早的独木舟。在随后的河姆渡文化（约距今7000—5300年）中，发现了更多的木桨，其中河姆渡遗址出土的有8支，慈湖遗址出土的有2支，田螺山遗址出土的有6支。此外，在河姆渡遗址还发现了两件陶舟模型。这些考古发现有力地证明，早在新石器时代，浙江已经出现原始的造船技术，而舟船的建造，正是与海外进行交往的最基本条件。

井头山遗址出土的木桨　　　　　跨湖桥遗址出土的独木舟

有学者认为，史前时代浙江与朝鲜半岛、日本列岛就可能已经存在着某种形式的海上往来。但就目前的国内外考古发现而言，这些观点尚无法得到确证。不过，大量的考古材料表明，太平洋西岸广泛流行的有段石锛，实际上起源于以河姆渡文化为代表的浙江沿海新石器文化。尽管有段石锛是经过漫长的岁月在海外逐渐传播开来的，而且在传播的过程中又不断发生变异，可是基本的造型却是一脉相承。因此，浙江古代海外交流史的基础，是在新石器时代奠定的。

二、发端于汉晋

汉代，海上丝绸之路南海航线是从广东沿海出发的，通向日本的东海航线则是沿山东半岛海岸线向北航行，再沿朝鲜半岛西海岸南下，然后越过对马海峡到达日本列岛北部。虽然海上丝绸之路两大干线都还没有直达浙江沿海，但已经间接辐射到了浙江。一个主要证据是，海外所产的一些玻璃器等物品已经辗转传入浙江。例如，宁波奉化白杜南岙林场的三座墓葬中发现了1件琉璃珠及2件玻璃耳珰，其年代为西汉晚期至东汉早期。宁波市北仑区大碶街道璎珞村的一座墓葬中发现了一串蓝色玻璃质的料珠和一只蓝色玻璃质耳珰，时代是在东汉早期（公元1世纪）。

东汉末年，发源于印度的佛教也开始传入浙江。史载，汉灵帝（公元157—189年）末年，中亚安息国僧人安清（字世高）来到中国传教，据说最后是在会稽（绍兴）去世的。会稽人陈慧还是安世高的得意弟子。佛教传入浙江后，佛寺也随之出现。东吴赤乌五年（242），慈溪人阚泽把自己在慈湖畔的住宅捐献出来作为佛寺，即后来的普济寺。吴太元元年（251），归安县（现在的湖州）的刘钺等人也献出房子创建了狮子吼寺。此外，当时浙江制作的瓷器上，同样可以见到佛像等佛教题材。因此，可以说，汉晋时期浙江已经与海上丝绸之路发生了联系，尽管这种联系是间接的而不是直接的。

三、跃升于盛唐

公元7世纪，随着新罗在朝鲜半岛上的崛起，由中国北方通往朝鲜半岛及日本列岛的传统航路受到了严重冲击，在此背景下，经过中外航海者的不断探索，从7世纪末开始到8世纪，出现了从浙江沿海出发直达日本的海上航线。浙江沿海的杭州、明州（宁波）、台州、温州等港口，因此成为通向日本的窗口。日本政府派出的遣唐使，实际成行的有16次，其中3次是在浙江宁波沿海登陆的，分别在659年、752年和804年。更加重要的是，进入9世纪，民间商人从浙江沿海港口进出，直接与日本进行贸易。例如842年，李处人从日本抵达温州；847年，张友信从明州出发前往日本；877年，崔铎从台州出发前往日本。

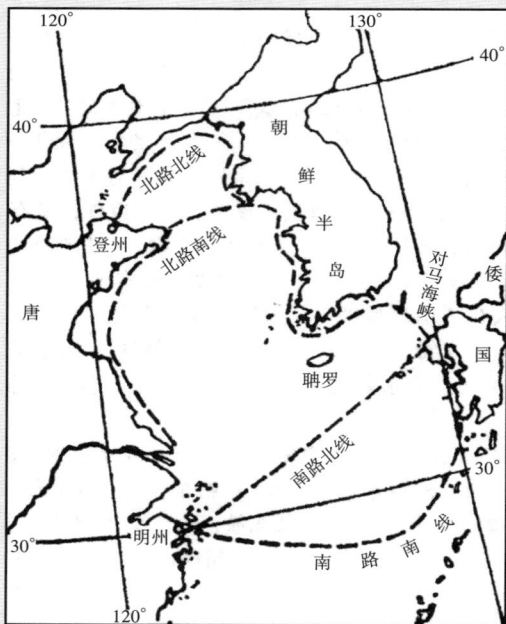

古代中国与日本之间的
海上航线

　　就海上丝绸之路南海航线而言，唐代浙江与东南亚地区没有直接的往来，但间接的联系已经出现了。浙江生产的越窑瓷器，经过海上丝绸之路，不仅辗转运销到东南亚及印度洋地区，而且还输入非洲北部的埃及等地。海外众多国家发现的越窑瓷器，正是浙江文化留下的印记。

　　这里需要说明的是，在讨论海上丝绸之路港口时，不少人热衷于探究哪个港口是最早的始发港。其实海上丝绸之路是由众多港口组成的交通网络，任何一个港口既是始发港，又是目的地港，还是中转港。唯一的始发港，是不存在的。从唐代开始到1840年前，宁波港一直是中国海上丝绸之路的主要港口，而浙江沿海的杭州、台州、温州、乍浦、舟山等地众多港口，则在不同的时期发挥过海上丝绸之路港口的作用。

四、兴盛于宋元

　　宋元两朝政府对海外交往总体上是持开放和鼓励态度的。在此背景下，浙江海上丝绸之路也进入了全面繁荣的新高度，主要表现在以下几个方面：

　　第一，出现了专门的外贸管理机构——市舶司。唐朝，只有在广州设立了管理海外贸易的机构市舶司。宋朝先后在9个地方设置过市舶机构，分别是杭州、澉浦、温州、宁波、密州、秀州、江阴军、泉州和广州，其中前4个都在浙江。元朝正式设立的市舶司有7处，分别在：杭州、澉浦、宁波、温州、上海、泉州和广州。这从一个侧面说明，浙江在宋元海外贸易中，差不多占据了"半壁江山"。

　　第二，出现了直达东南亚的海上航线。北宋淳化三年（992），阇婆（今印度尼西亚一带）国王派出的使者在中国海商毛旭的引导下，经过 60 天的海上长途航行，到达宁波甬江口，前来中国朝贡。1296 年，温州人周达观随元朝政府派遣的外交使团出使真腊（今柬埔寨）。他们从温州港启航，沿福建、广东海岸线南下，最终到达目的地。1297 年六月，周达观他们从真腊返航，于同年八月回到宁波港。这说明从浙江沿海到东南亚的航线已经比较成熟了。

第三，出现了海外浙江侨民群体。唐末，已经有浙江商人到海外经商，如 819 年，越州人周光翰和言升则搭乘新罗人船只到日本。不过，他们做完贸易就回国了，尚未发现他们在当地居留的记载。进入宋朝，有些浙江人由于种种原因在日本生儿育女。例如南宋时，宁波石匠伊行末被请到日本后在那里成家立业，他的后代继续以石匠为业，并且成为一个著名的石匠世家。11 世纪末，日本博多（现属于福冈）出现了宋人居留地。虽然我们不知道到底有多少浙江侨民生活在博多，但至少在 1233 至 1253 年间，博多的华人首领谢国明是临安府人，他的墓地一直保存至今。

第四，浙江出现了外国侨民的聚居区。随着海上丝绸之路的持续兴盛，许多外国商人不仅在浙江居住下来，而且还逐渐形成了聚居区。宁波城里东门口的市舶司附近，有来自阿拉伯及波斯商人的市场"波斯团"，他们聚居的地方被称为"波斯巷"。在杭州，阿拉伯商人聚居在荐桥一带。他们建造的八间高楼，可以说是当时杭州的一个标志性建筑，被人们称作"八间楼"。清波门外的聚景园，则有阿拉伯人的公共墓地。至今依然保存在杭州凤凰寺的 20 方元代阿拉伯文古墓碑，更是阿拉伯人在杭城生活的有力证据。

第五，多种外来宗教汇聚。外国侨民来到浙江生活后，自然带来了他们的宗教信仰。其中最主要的是伊斯兰教。宋代宁波就在狮子桥北建有"回回堂",元代又在海运所西侧新建了一所。元朝延祐年间（1314—1320），回回大师阿老丁在杭州建造了真教寺。其次是基督教（元代一般称其为"也里可温"）。元代杭州的基督教教堂建造在荐桥东，名为大普兴寺。基督教在元代传入温州后，还因与道教争夺信徒而发生冲突。此外，浙江还有摩尼教的寺院，如宋朝慈溪的崇寿宫，元朝温州的选真寺和潜光院。这些外来宗教，使浙江文化更加丰富多彩。

五、剧变于明清

明朝建立后，一方面实行海禁政策，禁止私人进行海外贸易；另一方面建立朝贡制度，禁止外国商人到中国来进行民间私人贸易，只允许少数几个被正式承认的海外国家以政治上"朝贡"的名义与中国进行官方往来，并且规定它们只能分别在三个港口进出：宁波与日本交往，泉州与琉球交往，广州与东南亚及印度洋地区交往。这样，宁波就成了明朝与日本官方往来的唯一港口。清朝统一中国后，曾经设立了粤、闽、浙、江四大海关，其中浙海关于1686年设在宁波。但从1757年开始，清政府放弃了这种"多口通商"的政策，转而实行"广州一口通商"，宁波不再是对外贸易的港口。这个作茧自缚的闭关政策，使宁波及浙江成为最大的受害者。明清两朝政府对海外贸易的刻意打压，不仅严重阻碍了浙江海上丝绸之路的发展，而且还使中国错失了一次迈向世界的大好机遇。

宋元时代，东亚海域基本上是和平的，没有出现过多少重大的暴力事件。但明朝建立后，东亚海域出现了倭寇，而浙江沿海则是倭寇活动最为猖獗的地区。同时，在明朝政府严禁私人海外贸易的背景下，沿海民众为了生计，不得不铤而走险，以走私的形式从事海外贸易，并且与倭寇结合在一起，亦盗亦商，冲击着官方的海外贸易管理体制。清朝建立稳固的统治后，海盗活动并未消失，1800年前后还出现了一次高潮。美国学者安乐博甚至这样写道："1520—1810年是中国海盗的黄金时代，中国海盗无论是在规模上还是在范围上，一度都达到了世界其他任何地方的海盗均无以匹敌的地步。"明清时期的浙江海上丝绸之路，就是在各种海盗的持续骚扰下艰难展开的。

特别重要的是，15世纪末，欧洲人通过地理大发现开启了全球化时代。1497年底，葡萄牙船队绕过好望角，于1498年5月来到印度西海岸的商业中心卡利库特城，从而开辟了从大西洋越过非洲直达印度的新航线。这样，海上丝绸之路南海航线就开始扩展为环球航线。1511年，葡萄牙人攻占马六甲，开启了通向中国的海上门户。此后，葡萄牙人来到广东沿海，并于1524至1548年间在宁波沿海的双屿建立起了欧洲人在东亚的第一个贸易据点。浙江因此而被纳入海上丝绸之路全球网络。从浙

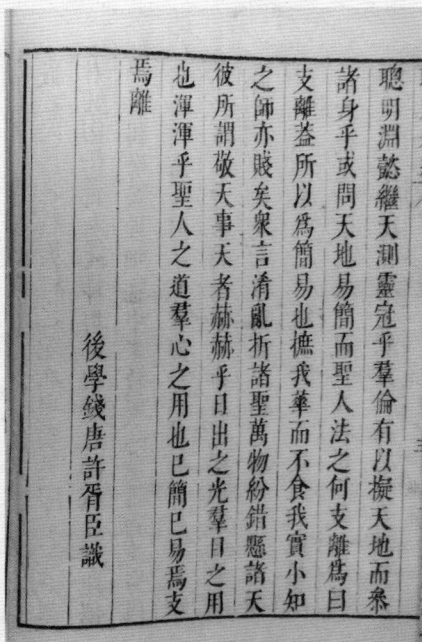

艾儒略《职方外纪》1623年杭州刻本上的杭州人许胥臣序文（局部）

江启运的中国商品，被远销到欧洲。此外，浙江沿海的一些居民也漂泊到了西欧。17世纪后期，从宁波出发的商船还直接航行到西班牙统治下的菲律宾。进入1700年，英国人来到舟山进行贸易。随着全球化时代的到来，欧洲文化也源源不断地传入中国。浙江学者在学习西方先进文化的过程中，一直走在前列。明清之际，杭州成为中西文化交汇的学术研究中心，并且通过与西方学术界的密切互动，在中国古代景教研究等领域中引领着国际学术的前沿发展。

由于浙江海上丝绸之路自16世纪起被纳入全球航线，来自五洲四海的产品以前所未有的规模迅速传入浙江。尤其是原产自美洲的农作物番薯、玉米、土豆、辣椒、南瓜、向日葵、番茄、四季豆、烟草等，通过不同的路线传入浙江之后，不仅为人们提供了更加多样的食物，改变了人们日常食物结构，丰富了各阶层的社会生活，而且还扎根浙江土地，成为本土农业的重要组成部分，支撑着整个浙江社会的运行。

值得一提的是，从16世纪开始，在浙江发生的一些事件，还对中国历史进程产生了重要影响。一个典型例子是，葡萄牙人自15世纪末开始海外扩张以来，所遇到的对手或者是落后的非洲部落，或者是分裂之中的印度，或者是弱小的东南亚国家，因此，葡萄牙人在从大西洋进入太平洋的整个过程中，都是所向披靡，战无不胜。到了中国沿海后，葡萄牙人也想凭借先进的船舶及武器，以武力强行占取落脚点。但他们在浙江沿海建立的第一个贸易基地双屿港于1548年被明朝军队彻底捣毁，这使他们清醒地认识到中国是一个前所未遇的强国。因此，葡萄牙人不得不调整策略，逐渐放弃海盗式的暴力强占方式，转而以谦卑恭顺的姿态，向明朝政府宣称自己是因为向往中华文明而前来朝贡的，同时又通过各种手段向

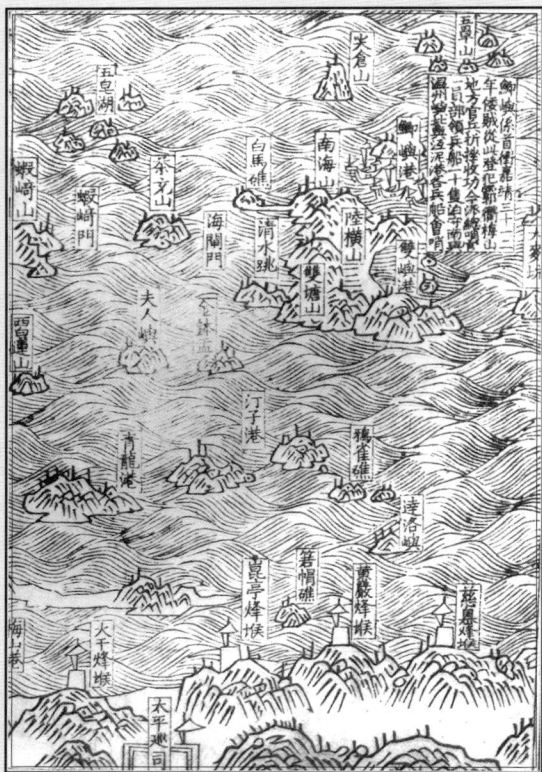

1575 年出版的《两浙海防类考》上的双屿港

明朝官员行贿。另一方面，明朝政府在以武力驱赶葡萄牙人的过程中也逐渐认识到，这是一批历史上从来没有出现过的新型"蛮夷"，他们不仅拥有先进的武器，而且还精于经商，因此不能照搬历代治理其他"蛮夷"的传统方法来对付葡萄牙人。这样，明朝政府也调整了之前对"蛮夷"一味清剿的做法，转而采用怀柔的策略。由于中葡双方都调整了策略，最终的结果是，中国政府同意葡萄牙人在缴纳关税及地租的前提下入居澳门，葡萄牙人则在接受中国政府管辖的前提下实行自治。从此，澳门成为东西方文化交汇的枢纽。因此，双屿是澳门历史的序曲，双屿的覆灭与澳门的凸显存在着内在的联系。

　　另一个影响更大的实例是，公元1700年之后，英国商人多次到舟山来进行贸易，并且受到了浙江官员及民众的欢迎。乾隆皇帝虽然清楚地知道，英国人所需要的丝绸、茶叶等货物主要产于江浙地区，如果允许英国人在宁波贸易，既可以节省英国人的商业成本，又可以促进东部地区的进一步发展，但他出于对国家海防安全的担忧，最终还是于1757年宣布禁止英国商人前往宁波贸易。从此，清政府的外贸政策就从"多口通商"转为"广州一口通商"。此后，以英国为首的西方势力持续对清政府的"广州一口通商"制度发起了越来越猛烈的冲击，最终结果就是1840年爆发的鸦片战争。

　　总之，从明朝建立到1840年前，浙江海上丝绸之路一直受制于相互对抗的正反两股力量。反的力量主要是朝廷的残酷打压，以及倭寇海盗的野蛮冲击。正的力量主要是民间海外贸易的冲动，以及公元1500年之后全球化所带来的机遇与活力。这两股力量相互撞击，结果使浙江海上丝绸之路历史充满了剧烈的动荡，并且在动荡中催生出前所未有的巨变，而这样的巨变又酝酿出更加剧烈的动荡。400多年的浙江海上丝绸之路发展史，就是在这样的动荡剧变中曲折发展的，同时也为进入下一个历史阶段积蓄能量。

六、转型于近代

　　1840年爆发的鸦片战争，揭开了中国近代史的序幕。1842年8月，清政府签订《南京条约》，被迫放弃"广州一口通商"政策，转而开放广州、厦门、福州、宁波、上海等五个港口城市。《南京条约》标志着中国开始沦为半殖民地半封建社会，同时也标志着海上丝绸之路转型为近代国际海上航线。

从公元前200年左右开始，在长达2000年的历史长河中，航行于海上丝绸之路的船舶虽然式样各异，种类繁多，但都是木帆船。1840年之后，英国侵略军的火轮船越来越频繁地出入中国沿海，预示着蒸汽轮船时代的到来。鸦片战争结束后，来到中国的外国蒸汽轮船更是与日俱增，逐渐成为远洋航运的主要船型，并且最终完全取代了木帆船。因此，海上丝绸之路是木帆船时代的航线，而鸦片战争后的国际海上航线则是蒸汽轮船的航线。

鸦片战争期间出现在宁波沿海的英国侵略军轮船式样

鸦片战争之前，中国人一直是海上丝绸之路的主角。鸦片战争之后，西方人主导了国际海上航线。鸦片战争之前，从海外输入中国的货物主要是各式香料、奇珍异宝、名贵药材等。这些昂贵的奢侈品，基本上是供上层社会享用的，与普通民众关系不大，因而不会改变社会日常生活。鸦片战争之后，西方工业制品大规模输入中国，并且深刻地改变了中国人的日常生活。从此，火柴取代了火石火镰，煤油灯和电灯取代了菜油灯和蜡烛，窗玻璃取代了传统的窗纸，机制缝衣针成为家庭必备用品，钟表成为最常见的计时器，肥皂和热水瓶进入普通人家，自行车取代了骏马成为理想的交通工具，自来水取代了水井，电话和抽水马桶成为顶级奢华生活的象征。火车和汽车不仅完全改变了人们的出行方式，而且还彻底颠覆了传统的城市景观和乡村面貌。此外，西方的机器设备、科学技术、文化知识等主要也是通过海上航线输入中国的，进而使中国近代工业得以产生，催生出中国近代文化，并且使整个社会发生史无前例的巨变。因此，鸦片战争之前的海上丝绸之路在性质上根本不同于鸦片战争之后的近代国际海上航线，我们不能把它们混为一谈。或者说，海上丝绸之路的历史到了鸦片战争就结束了。

浙江是鸦片战争的主要战场之一，同时也是海上丝绸之路向近代国际海上航线转型的主要历史舞台。根据《南京条约》，宁波成为中国最早对外开放的"五口通商"城市之一，并于1844年元旦正式开埠。此后，古老的宁波港见证了从帆船港向轮船港的进化，见证了从农副产品转运港向工商业贸易港的过渡，见证了从东亚海域中心向国际海运节点的演变。在从海上丝绸之路向近代国际海上航线转型的过程中，宁波在许多方面走在全国的前列。1844年，英国女子马利（Mary Ann Aldersey）在宁波创办了中国内地最早的女子学校。1845年—1860年在宁波设立的华花圣经书房，不仅是当时中国唯一拥有四种中文活字的出版印刷机构，而且还运用先进的电镀技术制造出中文活字，从而为西式中文活字取代传统木刻汉字奠定了基础。1851年，美国人玛高温（Daniel J. Macgowan）在宁波出版了最早介绍电磁学及电报知识的中文著作《博物通书》，书中还提出了世界上第一套汉字电码方案。玛高温1854年在宁波

1856年宁波华花圣经书房出版的《地球说略》

玛高温在《博物通书》中设计的中文电报机

创办的《中外新报》，是鸦片战争后中国创办的第二种报刊，晚于1853年在香港创办的《遐迩贯珍》，早于1857年在上海创办的《六合丛谈》。1855年，宁波商人购得"宝顺号"轮船，这也是近代中国引进的第一艘轮船，在中国近代史上有着重要地位。宁波港向近代国际海上航线的转型，还带动了整个浙江的近代化过程，不仅为浙江省走在中国近代化前列奠定了坚实的基础，而且还为今天浙江在现代化建设上进行积极探索留下了宝贵的文化遗产。

从汉晋开始到鸦片战争之前，在中国海上丝绸之路的巨大历史图景中，浙江从边缘逐渐走到中心，并且在剧烈动荡的世界历史进程中艰难而又曲折地不断前进。绵延近2000年的浙江海上丝绸之路发展史，内涵非常丰富，包括涉外港口与远洋航线，船舶建造与航海技术，政治外交与使节往来，对外贸易体制与管理机构，民间海外贸易与侨民跨国流动，货物流通与人员迁徙，文化交流与科技

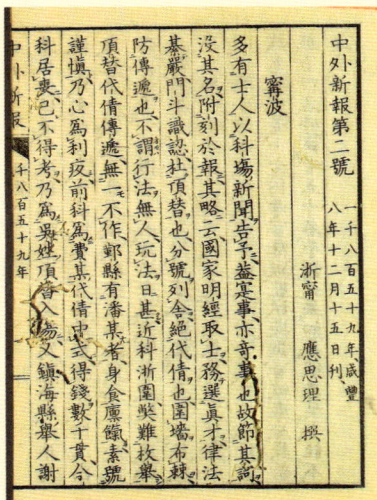

日本翻刻的宁波《中外新报》

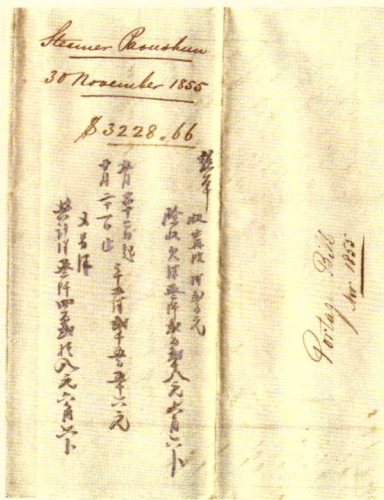

1855年11月宝顺轮账单

传播，宗教信仰与民俗文化等众多方面。我们把浙江海上丝绸之路发展历程中形成的所有文化，统称为"浙江海丝文化"。大体上来说，浙江海丝文化由四大内容组成：第一是物质文化，如港口、船舶、航海仪器等；第二是制度文化，如政府的外贸管理制度、民间的合股分红制度、船员间的团队管理制度；第三是精神文化，如海神崇拜、宗教信仰、音乐绘画等；第四是中外人物，如商人水手、外交官员、僧侣文人等。

在惊涛骇浪中奔波于海上丝绸之路的中外人物，是浙江海丝文化的创造者，他们在浙江海丝文化中留下了最为灿烂的印记。下面，我们就从这些勇蹈风涛的人物讲起。

第一章

漂洋越海的浙江人

绚丽灿烂的浙江海丝文化是在漫长的岁月中由浙江人、外省人以及外国人共同创造出来的。其中从事跨国贸易的商人不仅是浙江海上丝绸之路的主要开拓者，而且也是浙江海丝文化的重要创造者。

第一节　从"越州商人"到博多"纲首"

一、"越州商人"

今天航行在远洋航线上的船只，无论是豪华邮轮还是巨型集装箱货轮，都是依靠柴油机等机器装置来推进的，同时还依靠卫星导航技术来确定位置及航行方向。但在古代，既没有柴油机等机器，更没有卫星导航技术，人们是如何在海上航行的呢？在东亚海域，至少在汉朝，人们已经总结出了海风变化的一个规律：夏天吹的是强劲的西南风，冬天刮的是猛烈的东北风。根据这种自然规律，人们在进行远途航行时，一般选择在夏天前往北方，在冬天向南航行，这样就可以借助自然风力来推动帆船前进。人们在航海时，尽量贴近海岸线，这样，沿途的岛屿、山峰、河口等自然景观以及城楼、高塔等人工建筑就可以作为导航的标志，确保不会迷失方向，同时也可以比较容易地从岸上补充淡水、食物等。

在唐朝建立之前，从浙江出发的海上航线，先沿着海岸线经过山东半岛北上，然后抵达朝鲜半岛西海岸，最后越过对马海峡到达日本。7世纪后期到9世纪末，朝鲜半岛处于新罗的统治之下。新罗商人因地理之便，掌握着中国与日本之间海上贸易的主导权。浙江商人最初也是跟随新罗商人到日本从事贸易的。日本史书《日本纪略》明确记载，819 年六月，大唐越州（绍兴）商人周光翰、言升则等人乘坐新罗人的船只到达日本。日本官员马上向周光翰等人打听唐朝的最新消息。周光翰等人告诉日本官员说：我们都是偏远地方的小老百姓，不知道都城长安发生的事情，只是听说军阀李师道率领精兵反叛朝廷，唐朝皇帝虽然派出重兵前往镇压，却未能成功，所以中国一片混乱。这样，周光翰等人就向日本官员提供了关于中国的最新消息。第二年，周光翰、言升则等人又搭乘渤海国使节的船只离开日本。

周光翰和言升则是现今所知最早出现在海上丝绸之路上的浙江商人。从《日本纪略》的记载来看，他们依附于新罗商人，实力有限，甚至还没有自己的船只。他们也不是从浙江直接往返日本的，而是经由朝鲜半岛。不过，就在他们之后，中国商人的实力迅速壮大，并且与新罗商人分道扬镳，利用自己的船只独立从事对日本的贸易。更加重要的是，他们也逐渐找到了从浙江沿海横渡东海直达日本的新航线。842 年，有个叫李处人的中国商人驾船到了日本后，觉得自己的船已经破旧不堪，于是花了 3 个月时间在日本值嘉岛用当地木材建造了一艘新船。这年八月，他从值嘉岛启航，经过 6 个昼夜的航行，到达温州。日本僧人慧运（又写作"惠运"）就是乘坐李处人的这艘新船来到中国的。此后慧运一直在中国学习佛法，直到 847 年六月，才搭乘中国商人张友信的船只从明州（宁波）甬江口出发，借助强劲的西南风，只花了三个昼夜就到达了值嘉岛。也就是说，在木帆船时代，从宁波到日本列岛的最短单程时间只需 3 个昼夜，可以说是非常便捷了。而这个张友信后来就作为翻译留在日本太宰府。862 年九月，张友信驾船从值嘉岛起锚，运载着真如亲王等日本僧人抵达宁波沿海。这表明，浙江沿海直达日本的航线已经越来越成熟了。

张友信于847年六月从宁波到达日本时，船上除了慧运等日本僧人外，还有一个中国僧人，他就是义空。义空原本是浙江盐官（现属海宁市）一个禅宗僧人，受日本皇太后之邀前往日本传法。到了日本后，义空获得了仁明天皇的赏赐。皇太后还把义空以开山祖的身份安置在刚创建的京都檀林寺中。由于皇室的大力支持，再加上自身佛学造诣精深，义空在日本享有很高的声誉。

义空在离开中国之前，有两个好朋友，他们就是徐公直、徐公祐两兄弟。徐氏兄弟大概是苏州人，他们在苏州拥有房屋和田地等产业。徐公直起先在婺州（现在的金华）担任过名为"衙前散将"的低级官职，后来又到苏州任衙前散将。徐公直的弟弟徐公祐则是一个从事中日贸易的商人。在日本文献《高野杂笔集》中，保存着徐公直所写的3封信，以及徐公祐所写的5封信，收信人都是义空。此外，还有一封徐公祐写给徐公直儿子（也就是徐公祐的侄子）胡婆的信。

从保存在《高野杂笔集》的信件中可以知道，义空到了日本之后，继续与徐公直、徐公祐两兄弟保持密切联系。徐公直是唐朝政府体制内的官

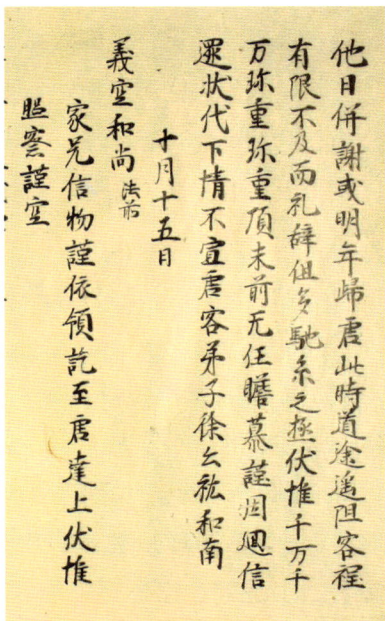

保存在日本的徐公祐致义空信件抄本（局部）

员，虽然职位不高，但构建起了一个包括官员、僧人在内的庞大关系网。徐公祐是个商人，没有在政府里任职，不过他的哥哥徐公直为他的对日贸易提供了坚实的依靠。所以，徐氏兄弟是官商结合的一个典型。这在当时也是非常普遍的现象。徐公祐往来于中国与日本之间，买卖货物，传递消息。徐公直不仅让徐公祐将浙江出产的茶叶、丝绸、瓷器等礼品带给义空，而且还将自己的儿子胡婆送到日本，给义空做侍童。徐公祐前往日本，至少852年之后的某个夏天是从宁波港出发的。根据徐公祐自己撰写的信件，他是这一年六月五日从宁波出发的，二十二日到达位于日本九州的太宰府。徐公祐不仅带来了徐公直送给义空的信件及礼物，还给胡婆带来了衣服等物品。当时日本政府规定，中国商品运入后，先由政府派人优先购买，然后才能进行民间贸易，而且中国商人只能住在太宰府专门接待外国人的机构鸿胪馆中，不能随意到其他地方去贸易。所以徐公祐在写给义空的信中说，希望能够在京都找到关系去贩卖货物，以获得更高的利润。实际上，徐公祐是希望能够绕过日本的外贸管理体制，去做些走私贸易。这表明，从事浙江与日本之间贸易的唐代商人，不仅在跨海航行上具有冒险精神，而且在海外市场开拓上也具有冒险精神。

为了扩大关系网络，徐公直和徐公祐兄弟还努力与日本僧人建立关系。853年八月，日本僧人圆珍从值嘉岛搭乘唐朝商船航行到福州，接着先后到达温州、台州、天台、越州（绍兴）等地。855年，圆珍从越州启程前往唐朝首都长安，路过苏州时生病了，于是就在徐公直家中养病。圆珍第二年从长安、洛阳等地返回越州时，再次住到徐公直家中。这说明圆珍对徐公直是非常信任的。

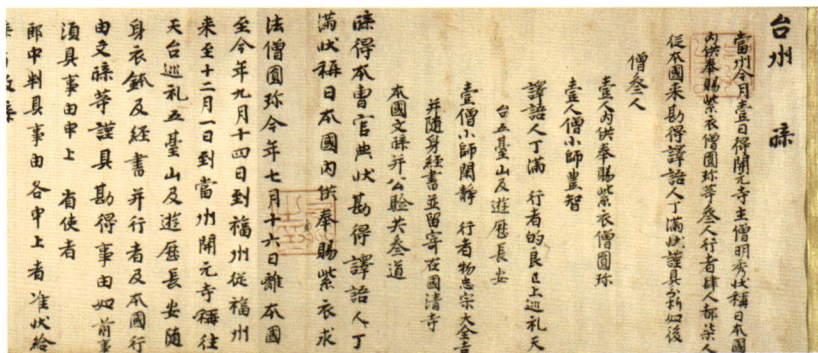

853年日本僧人圆珍申请的台州通行证（局部）

858年六月初，圆珍在台州搭乘渤海国商人李延孝的商船离开中国。同船到达日本的还有其他一些中国商人，其中两个是浙江人，一个名叫李达，另一个名叫詹景全。根据保存在日本的史料，李达祖籍河北，他本人是婺州（金华）永康人。詹景全也是婺州人，但由于他的祖籍在越州，所以又被称为"越州商人"。六月下旬，圆珍和李达、詹景全一起抵达日本。

圆珍回到日本后，致力于宣传天台宗，并于868年成为日本天台宗第五任座主。891年，圆珍去世。927年，日本天皇赠予圆珍"智证大师"的谥号。圆珍去世前，与李达、詹景全等中国商人的联系并没有中断。在位于滋贺县大津市的日本天台宗寺门派总本山园城寺（又名三井寺）中，至今还收藏着李达、詹景全和圆珍的一些往来信件及唱和诗作。有一年冬，李达从中国到达日本后，马上写信向圆珍问好，并且送上袜子等礼物。

圆珍在中国五年，除了前往长安等地旅行外，主要居住在天台山，所以对天台山有着非常美好的印象。返回日本后，他不仅常常思念天台山，而且还写下了怀念天台山的诗作。作为生长在天台山

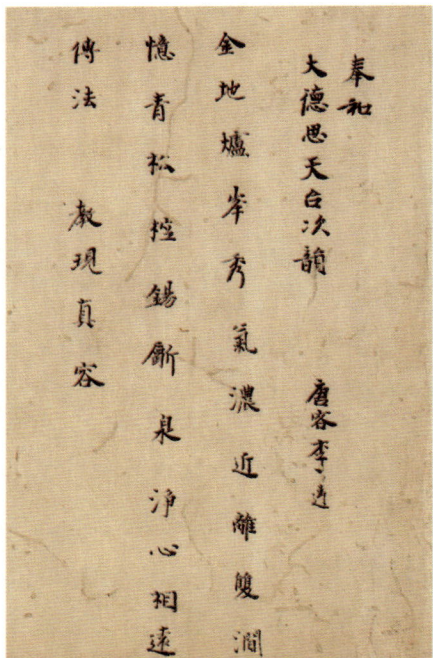

日本园城寺藏李达唱和诗

附近的商人，李达也写了唱和诗。圆珍的原诗已经失传了，但李达的唱和诗还保存在园城寺，全诗为："金地炉峰秀气浓，近离双涧忆青松。控锡斸泉净心相，远传法教现真容。"诗中的"金地"，指的是天台金地岭，又称佛陇峰。这里的智者塔院（又名"真觉寺"，俗称"塔头寺"），安葬着天台宗实际创始人智者大师智顗（538—597）的遗体。"炉峰"，指的是天台山上石梁瀑布附近的香炉峰。"双涧"，指的是天台国清寺外的著名景观"双涧回澜"。相传国清寺建立之初，距离水源地很远，僧人们用水极为困难，而寺院里面又都是坚实的石头。有个名叫普明的高僧一边用自己的锡杖撞击石头，一边说道："要是石头中能流出泉水来，那该多么令人高兴啊！"几天之后，石头中真的流出了泉水。这就是国清寺"锡杖泉"的由来。李达诗中"控锡斸泉净心相"，讲的就是这个传说。"远传法教现真容"，则把圆珍比作具有神奇法力的高僧普明。

与李达相比，我们对詹景全了解得更多一点。至少在856年九月之前，詹景全和另一个"越州商人"刘仕献已经在日本经商了。詹景全他们结束此次日本之行回国后，来到天台山。此时，圆珍正在国清寺重建因“会昌灭佛”被毁的建筑。于是，詹景全等人捐献了4000文钱，用来建造3间僧房，主要是给以后来学习佛学的留学僧们居住的。858年六月，詹景全、李达等人与圆珍一起从台州到达日本。詹景全等中国商人居住在太宰府鸿胪馆，圆珍住在城山四天王院。在随后的几个月里，詹景全等人和圆珍往来甚密。园城寺就收藏着詹景全于十月十一日写给圆珍的一封请柬，内容如下：“请大德诸徒众：右，今日辰时，聊备空饭，谨专状谘屈，伏惟降重。谨状。”辰时，相当于上午7至9点钟，古人的吃早饭时间。“空饭”是詹景全谦虚的说法，意思是“没有什么菜肴，只有一点淡饭”。由此可知，圆珍和詹景全等人到了日本后，经常相互宴请。这封请柬，就是詹景全回请圆珍及其徒弟来吃早饭的。

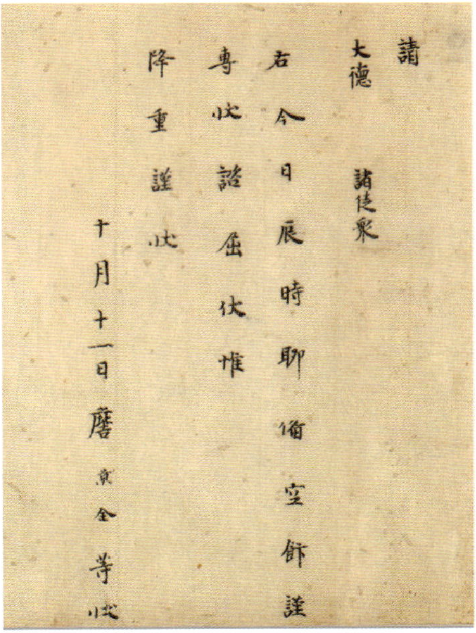
請
大德　諸徒衆
右今日辰時聊備空飯謹
專狀諮屈伏惟
降重謹狀
十月十一日詹景全等狀

詹景全给圆珍的一封请柬

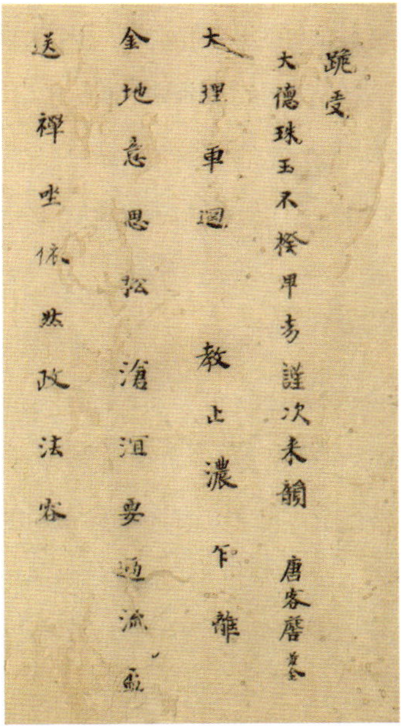
跪受
大德珠玉不棄早篇謹次來韻　唐客詹景全
大理東迴教止濃下離
金地息思松滄洄要通流函
送禪坐依然改法容

日本园城寺藏詹景全唱和诗

园城寺还藏有詹景全所写的《跪受大德珠玉，不揆卑劣，谨次来韵》二首。第一首是："大理车回教正浓，乍离金地意思松。沧溟要过流杯送，禅坐依然政法容。"诗中的"大理车"，比喻天台宗的教义。"金地"是指以金地岭为代表的天台山。传说晋代有个异僧杯渡和尚，能够利用木杯在水上横渡。"流杯送"借用这个典故，表示圆珍跨越大海将天台宗传到日本。"政法"即正法，意思是正确的佛法，代指天台宗。全诗既反映了圆珍对天台山的怀念之情，又赞美了圆珍在日本弘扬天台宗。

詹景全唱和诗第二首写："一乘元议道无踪，居憩观心静倚松。三界永除几外想，一诚归礼释迦容。"诗中的"一乘元议"指天台宗教义。"观心"是天台宗常用术语，意思是通过反思自己来认识佛法。"三界"指欲界、色界、无色界。由于"三界"被认为是不断轮回的无涯苦海，因此佛教的最终目的是要跳出"三界"，到达不生不灭的涅槃境界。"几"是佛教术语"根机"，大意是指每个人接受佛教的天生能力。这首诗表达意思是，对于世人来说，只有信奉天台宗，才能实现超越"三界"的最终目的。

李达和詹景全的这三首诗，韵脚都是"松"和"容"，很可能是在同一个时间，为了唱和圆珍的同一首诗而写的。我们还可以根据这样的韵脚，来推想圆珍的原诗。更加重要的是，这三首诗充分体现了作者在诗歌及佛学上的造诣。由此可见，当时到日本进行贸易的浙江商人具有很高的文化修养。

圆珍在中国期间，曾在长安拜访过大兴善寺高僧智慧轮。圆珍返回日本后，继续通过詹景全等浙江商人与智慧轮保持往来。862年，詹景全将智慧轮赠送给圆珍的一批礼物带到日本，包括八本新译佛经，金刚、无畏、不空三位密教大师的画像等。次年，圆珍请詹景全带信给智慧轮，表示感谢。詹景全于864年从中国到日本后告诉圆珍，由于中国北方动乱，道路不通，所以无法将信送至长安的智慧轮。

唐朝时台州开元寺是著名的寺院，圆珍不仅在这里生活过，而且还与开元寺的常雅、间丘、季皋等僧人建立了深厚的友谊。圆珍回国时，常雅还亲自"相送到海门"。海门位于椒江的入海口，是古代台州通往海外的门户，现在是台州市椒江区下属一个街道。回到日本的圆珍，与常雅等人的联系并没有中断。有一年夏天，圆珍专门托詹景全给常雅捎来四斤水银。常雅将这些水银分给了季皋等僧人，并且告诉圆珍说，间丘已经去世了。常雅还请詹景全将天台所产茶叶以及中药带给圆珍。常雅在信中写道：听说日本朝廷重视佛教，非常高兴（"忻庆之至"）。他还动情地说：自己已经年老

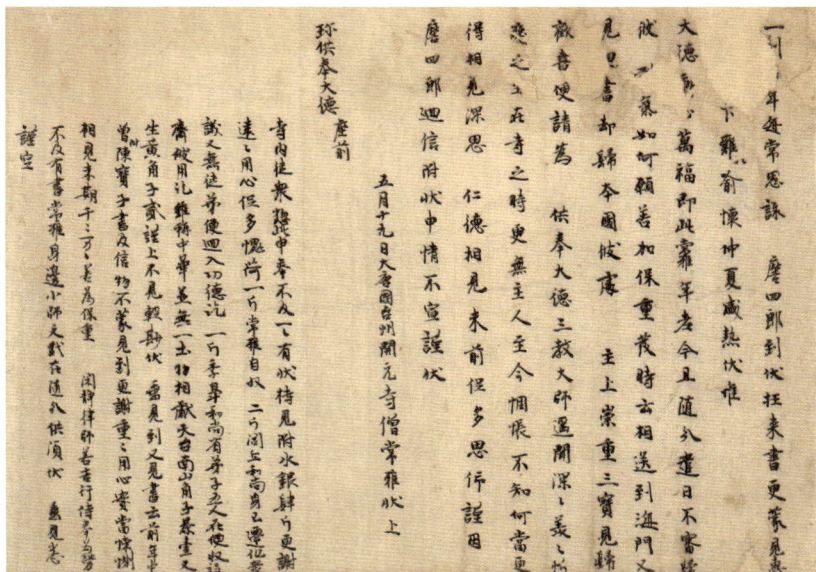

常雅写给圆珍的信

了，大概不可能与圆珍再次相见了，所以请圆珍多多保重（"相见未期，千千万万，善为保重"）。常雅的这封信不仅被詹景全带到了日本，而且至今还保藏在园城寺。

除了台州的常雅等僧人外，圆珍与一个法名为"德圆"的温州僧人也有密切的联系。据说武则天曾经下令用丝绸绘制 400 幅佛教图画，上面描绘的是西方极乐世界。其中一幅（长二丈四尺，宽一丈五尺）不知什么原因流到了德圆的手中。867 年，德圆请詹景全将这幅佛教绘画作为贵重礼物从中国带到日本，赠送给圆珍。詹景全自己也向圆珍赠送了两幅佛教绘画，上面画有释迦、迦叶、慧能等佛教圣贤。

877 年，李达、詹景全、李延孝等商人，以及日本入唐僧人圆载、智聪等人同乘一船，离开浙江沿海，又一次前往日本，不幸途中遇到风暴，詹景全、李延孝和圆载等人都溺水而死，李达和智聪幸免于难，到达日本。

劫后余生的李达并没有放弃海上生活，依然从事中国与日本之间的贸易。881 年，李达乘坐张蒙的船只，从中国来到日本，并为圆珍带来了《大藏经》120 多卷。李达于 882 年离开日本返回中国时，圆珍委托李达带信给智慧轮。圆珍在信中说，日本收藏的佛教著作《大毗卢遮那经义释》有缺失，而圆珍在长安期间曾在智慧轮生活的大兴善寺中见过该著作的完整本子，因此请求能够抄回缺失的部分，同时附上 50 砂金作为抄写的费用。圆珍还派出自己的弟子三惠与李达一起前往中国。但智慧轮已经无法收到此信了，因为他已于 876 年离开人世。我们也不知道李达是否将此信带到了中国，因为此后中国及日本的史料中均没有再出现关于他的记载。

二、博多"纲首"

李达离开日本的882年，唐朝在黄巢起义军的猛烈冲击下已经摇摇欲坠。在这群雄并起的岁月中，贩卖私盐出身的浙江临安人钱镠看准时机，投身军旅，并以出色的军事才华脱颖而出，不断击败对手，实力迅速壮大。907年，唐朝灭亡，中国进入分裂动荡的五代十国时期。统治浙江的就是钱镠建立的吴越国（907—978）。

吴越国僻居东南一隅，土地资源不足。为了扩大财政收入，吴越国的统治者利用濒临大海的自然优势，积极发展海外贸易，而日本正是吴越国交往的最主要对象。吴越国官方非常重视与日本建立外交关系，但日本统治者自唐朝末年开始对发展中日关系并不热心，不仅停派了遣唐使，而且对中国官方的来信也采取消极态度。这样，吴越国与日本之间的往来，主要就靠民间贸易来维持。在日本文献中，保存了不少关于吴越商人前往日本的记录，其中较为著名的有蒋承勋、蒋衮、盛德言等。

935年，蒋承勋到日本开展贸易，并且向日本官方献上了几头羊。这是现今所知最早到达日本的吴越国商人。此后，他几乎每年都往来于吴越国与日本之间。这些吴越国商人除了经商外，还为两国政府传递文书。一个典型的例子是947年，蒋衮再次到日本，并且带上了吴越国王写给日本政府的信函。当政的日本大臣藤原实赖给吴越国王写了一封文笔优美的回信，信中有这样的文字："生涯阻海，云涛几里，南翔北向，难付寒温于秋鸿，东出西流，只寄瞻望于晓月。"藤原实赖还托蒋衮给吴越国王带上砂金200两，作为回礼。

960年，宋太祖赵匡胤建立宋朝。978年，吴越国纳土降宋，浙江成为宋朝的一个行政区域。宋朝建立之初，就对海外贸易持开放态度，鼓励民间商人出海贸易。不过，日本政府却竭力限制中日贸易。这样，中国商人就主导了对日本的贸易。有人统计过，在北宋160多年（960—1127）的时间里，往来于中日之间的商船，可以确定的共有70多次，其中没有一艘可以断定为日本商船。在北宋初年的对日贸易中，台州是重要的门户，台州商人则是一支重要的力量。983年，日本僧人奝然等人就是搭乘"吴越商客陈仁爽、徐仁满"的帆船从日本到达台州的。986年，奝然他们又携带着释迦牟尼雕像等物品，乘坐台州宁海县（现属宁波市）商人郑仁德的船只从台州返回日本（详见本书第三章第二节）。

在北宋初年远赴日本的浙江商人中，最为著名的当推周文裔和他的儿子周良史。周文裔是宁海东吞人。东吞位于清溪北侧，在古代是个港口，帆船可以通过清溪进入三门湾，然后前往日本。从东吞向西，则可以从陆路到达佛教圣地天台山。至少在五代时期，来自朝鲜半岛的新罗商人就已经通过海上丝绸之路到三门湾一带经商，并且留下了一些地名，例如象山县的新罗吞山、现在台州黄岩区的新罗坊、临海市的新罗山、台州沿岸的新罗屿等。在新罗商人的影响和引领下，三门湾周边一些中国商人也投身对日本的海外贸易。

在宁海县志及周氏族谱等中国方面的资料中，以及《御堂关白记》《小右记》等日本史料中，都可以找到关于周文裔、周良史父子的一些记载。根据这些记载，我们可以知道，早在公元1012年之前，周文裔就已经到日本进行贸易了。后来，他频繁往来于浙江与日本之间，并且在日本娶妻成家，生下了儿子周良史。周良史少年时，被他父亲送回到宁海东吞老家，在宁海接受了一些中国传统文化的教育，成年后与他父亲一起致力于对日贸易。1026年，周良史还以"日本国太宰府进奉使"的名义来到明州（宁波），希望能够前往宋朝首都汴京朝贡，但明州政府没有同意。

大概在 1027 年，周良史在东奁结婚，他的夫人施氏来自宁波城内的一个望族。1028 年，周良史和他的父亲周文裔一起再次前往日本贸易，并在日本逗留了几年，但后来就在历史记载中消失了。周良史于 1028 年离开东奁前往日本后，他的夫人施氏生下了周良史的遗腹子周弁。终生守寡的施氏把全部的心血倾注在周弁身上，苦心培育。周弁最后也没有辜负施氏的期盼，刻苦学习，终于成为宁海县的第一个进士。周弁的后代，也有许多人考中进士。这样，周家也就从一个从事海外贸易的家庭成功地转变为显赫的官宦之家，成为无数中国人羡慕的对象。

从唐朝的周光翰、詹景全，到北宋初年的郑仁德、周文裔和周良史父子，一批又一批的浙江商人不畏鲸波之险，沿着海上丝绸之路前往日本进行贸易。但这个时期，日本政府对于中日贸易则持消极的态度。首先，日本政府严禁日本国民前往中国贸易。其次，日本政府规定中国商人必须隔几年才能到日本进行贸易，而不能每年都去日本，这就是"年纪制"。第三，中国商人到了日本后，只能居住在太宰府鸿胪馆，而不能随意外出活动。最后，贸易结束后，中国商人必须离开日本，而不能在日本长期生活。周良史的母亲是日本人，一直生活在日本。周良史本人曾经多次向日本权贵赠送厚礼，希望日本政府同意他留在日本陪伴年迈的母亲。但即便如此，他也未能获得日本政府的批准。

就在周良史去世后的几十年间，日本政府为了发展经济，增加财政收入，逐渐放宽了对中国商人的限制，允许他们在博多居住下来。这样，在 1100 年前后，在博多就出现了中国商人的聚居区，日本人称其为"唐房"。考古调查表明，唐房区域位于现在 JR 博多站的西北侧，相当于现在的圣福寺、承天寺、栉田神社、冷泉公园、妙乐寺遗址一带。在古代，这个区域正好在位于停泊商船的港湾旁边。其中圣福寺所在的位置，曾被称为"宋人百堂"，即宋朝商人的居住区，后来因荒废而成墓地。1195年，日本僧要荣西在其废墟上建立起了圣福寺。在整个唐房区域，出土了许多中国产的瓷器，有些瓷器的底部，还写着中国姓氏，更加重要的是，不少姓氏后面往往带有"纲"字，如"张纲""丁纲""周纲""陈纲""庄纲"等。所谓的"纲"，就是"纲首"的意思，指的是海外贸易商队或商船的首领。也就是说，这些瓷器是由中国商船运到博多的。不过，我们无法确定他们是不是浙江商人。可以肯定的是，居住在博多的一些中国商人参与了日本和浙江之间的贸易，其证据就是宁波发现的三块石碑。

这三块石碑的发现要归功于一位著名的宁波籍学者——马廉。马廉是"北大五马"中最小的一位，他对明清小说戏曲研究尤深。1930年前后，宁波市为了拓宽马路而拆除城墙，结果发掘出了从汉晋到清代的大量铭文砖石。当时正在宁波的马廉非常重视这些珍贵的文物，收藏了千余块古砖石，其中包括我们所要讨论的三块南宋石碑。1933年，马廉将自己搜集的古砖石全部捐献给了宁波天一阁。多数砖石被放置在一个特地建造的陈列室"千晋斋"中，而那三块石碑则被砌入了内室的墙壁中。由于上面的文字歪歪斜斜，难以辨清，所以长期以来无人注意。20世纪80年代，宁波学者林士民等对它们进行了全面的研究。此后，这三块石碑受到国内外学者的高度重视。目前，这三块石碑收藏在宁波博物院。

第一块石碑高36厘米、宽38厘米，四边勒有简单的框线，下端刻有一朵样式简单的五瓣莲花，碑心约刻有66字，分为7行，竖刻，均为手书楷体，全文为："日本国太宰府博多津居住弟子丁渊，舍身十贯文，砌路一丈，功德奉献三界诸天、十方智圣、本宅上代、本命星官、见生眷属、四惣法界众生、同生佛果者。乾道三年四月。"

宁波发现的日本华侨丁渊石碑

第二块石碑高47厘米、宽30厘米，形式和第一块基本相同，碑心刻有49字，分为7行，竖刻，均为手书楷体，全文为："日本国太宰府居住弟子张宁，舍身砌路一丈，功德奉献三界诸天、宅神香火、上代先亡、本命元辰、一切神祇等。乾道三年四月。"

第三块石碑高89厘米、宽36厘米，式样与前两块基本相同，但没有下框线，碑心刻有43字，分为6行，竖刻，均为手写楷体，内容如下："建州普城县寄日本国孝男张公意，舍钱十贯，明州礼拜路一丈。功德荐亡考张六郎、妣黄氏三娘，超升佛界者。"

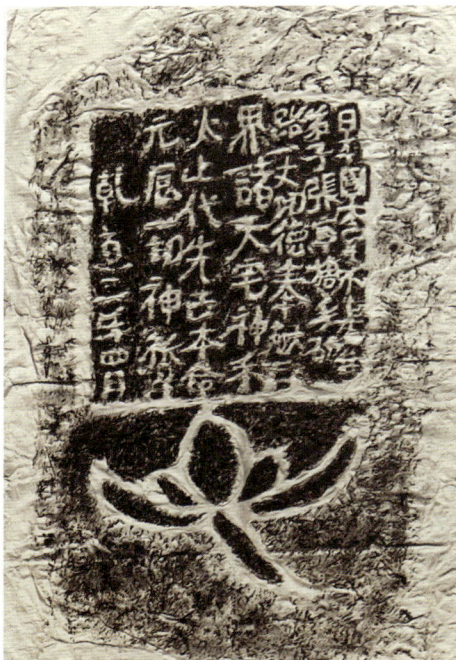

宁波发现的日本华侨张宁石碑

宁波发现的日本华侨张公意石碑

这三块石碑，都是用宁波当地常见的石英砂岩黄石制成。从字体、式样等因素来看，它们当出自同一工匠之手，都制于乾道三年（1167年）农历四月，此时正是来自日本、高丽的商船利用季风聚集宁波的时候。三块石碑的奉献者，分别是丁渊、张宁和张公意，其中张公意自署"建州普城县"，可见他的原籍应是宋朝福建路建州的浦城县。他的其余两个同伴，应当也是福建人。碑中使用的年号是宋朝的纪年。碑文中明确写到这三个人"居住"或"寄"住于日本，第一块石碑甚至明确说是住在博多（"日本国太宰府博多津居住弟子丁渊"），所以他们应当都是生活在博多的华侨。从碑文上来看，他们大概不太富裕，财力有限（每人仅舍钱十贯砌路一丈），而且文化程度也不高（把自己原籍"浦城"误写为"普城"）。种种迹象表明，这几个华侨很可能在日本商船上充当一般的海员，来到明州的目的不是回国定居，而是经商。

当时，明州的一座佛教寺院正在募修门前的一条"礼拜路"，丁渊、张宁和张公意这三位福建籍旅日华侨于是各出钱十贯，捐修道路一丈，并将此佛门功德奉献给佛教诸神（"三界诸天""十方智圣"）、天地神祇（"宅神""本命星官""本命元辰""一切神祇"）、前代祖宗（"本宅上代"、"上代先亡"、"亡考"、亡妣），冀求自己祖先的亡灵能够得以超度，自己在世上的生活能够得到庇佑。石碑上所刻的莲花，象征着佛教徒向往的西方极乐世界"莲邦"。这三块石碑，既反映了当时东南沿海流行的民间宗教信仰，同时也说明远在博多生活的华侨依然恪守着这样的习俗。

从博多来到宁波的丁渊等三人都是福建人，我们不知道当时有多少浙江人生活在博多。但可以肯定，在13世纪后期的博多，有个华人首领是浙江人，他就是谢国明。

在圣福寺东南一公里左右的地方，即福冈市博多区博多站前一丁目，有条被称为"出来町"的道路。路尽头的转角处，有个小园子，里面生长着一棵枝繁叶茂的大楠木（樟树）。园门口立着一块用日文、简体中文、英文和韩文四种文字撰写的牌子，其中简体中文的文字是："谢国明之墓。谢国明，宋（现在的中国）的贸易商人，镰仓时代（1185年—1333年）居住于博多。他除了主导日宋贸易，诚信佛教，竭力资助圣一国师建立承天寺之外，还救济贫民和普及针灸。他去世后，被葬于此地。据说墓碑旁栽种的楠木，日益茁壮，围绕着整个墓碑，因此被尊称为'大楠先生'，深受人们的爱戴。"进入园子，除了那棵郁郁葱葱的楠树外，还有一块高大

博多谢国明墓

的石碑，上面刻着"谢国明之碑文"几个大字，下方是碑文。现将碑文抄录如下：

是宋临安府人，谢太郎国明之葬地也。尝归化于本邦，到于博多，卜居于柽田神祠之侧。国明职在纲首，素崇敬佛乘，将建立一禅刹，请境地于都督府少卿藤原资赖，相灵地于乡之东偏而寄舍焉。四条天皇仁治中，圣一国师归自宋，国明大喜，乃斩刈荆棘，创立承天精舍，请国师为开山祖师焉，敕为天下祈愿道场。自尔以来，五百余载，法裔黄缘，以迄于今日矣。其初，实国明是由。国明笃志于道，夙夜咨询法于国师弗懈，于禅渊无所不探其深矣。国明好施，里之穷民多仰食。又旁知针药之术，用以起人之疢疾者不鲜□矣。于今，其药方犹传而存矣。弘安三年庚辰十月七日卒，葬寺东境，建以五级石浮屠。后种樟树于其侧，初仅一小株，及历载纪，枝叶畅茂，根荄蟠屈，拥肿包孕其墓，人不知其窀穸之处也。耕夫息焉，马牛系焉，然世人犹或有思慕其德，谊而供香华焉。祷而礼祀者，亦有灵验也云。宽保中，官赐环树地，方五十步，表为国明之茔域。今兹天保癸巳之春，请于厅府，某甲等合志同力，□树竭（碣）勒文，以不朽其事焉。请之予，仰惟国明至诚，上归于三宝，下孚于群黎，左右宝地，永护大法焉。其功可以勒，其德可以铭。

铭曰：

一茎草上，梵阁巍然。掀翻仙灶，吞却龙渊。于此于彼，维德维全。领纲首职，会国师禅。乌飞兔走，五百余年。无功德处，果遍大千。天保癸巳之春，镇西，敕赐承天禅寺传法沙门圆证大完谨撰并书。

从上述文字中可以知道，这块石碑是日本天保癸巳年（1833）春天，博多承天寺住持圆证大完为纪念谢国明而撰写的。碑中讲明，谢国明是宋代临安（杭州）商人。不过，这篇碑文说谢国明于弘安三年庚辰（1280）卒并不正确，因为日本福冈宗像大社收藏的一份文书表明，谢国明在1253年已经去世，他的妻子出家为尼。所以现在一般的看法是，谢国明大概活跃于1233至1253年之间，是来自宋朝杭州的一位商人首领（纲首）。

《谢国明之碑文》中提到的圣一国师，是日本僧人圆尔（1202—1280）去世后的谥号。圆尔自小开始学习佛学，年轻时到过好几个寺院求法。圆尔于1232年来到博多后，因为受到其他寺院僧人的攻击而陷入困境之中。在此时刻，谢国明向圆尔伸出了援助之手，将他迎入家中保护起来。1235年春，圆尔从日本出发，抵达明州（宁波），先后到过宁波天童寺、杭州灵隐寺等寺院，最后来到杭州径山万寿寺。径山万寿寺当时位居"五山十刹"之首，被誉为"天下东南第一释寺"，住持无准师范（1179—1249）被称为"天下第一宗师"。圆尔投入无准师范门下之后，刻苦学习，深得无准师范的器重。1241年五月，圆尔搭乘商船离开宁波港，踏上返程之旅。但由于遇上风涛，他乘坐的帆船漂到高丽沿海，直到十月才回到博多，并受到了谢国明的热情接待。1242年，在谢国明的大力支持下，承天寺建成，圆尔被聘为开山之祖。

圆尔出任承天寺住持后，写信将此消息告诉远在杭州径山的无准师范，并请他为寺院题字。无准师范收到来信后，非常高兴，题写了许多堂额牌匾，其中有不少被幸运地保存到现在，仅匾额就有"敕赐承天禅寺""释迦宝殿""选佛场""潮音堂""大圆觉""香积""归云"等，堂牌有"上堂""小参""说戒""巡堂""普说"

保存在日本的圆尔画像

等。无准师范在给圆尔的回信中还特地写道："你要我写的题字我全部写好寄给你，但生怕你的寺院太大，而我的题字又太小，不知是否可以用？如果不可以用，请随时来信，我可以再写一次。"（"所言大字一一写去，又恐寺大而字小，不知可用否？如不可用，后便寄声，又当书去矣。"）由此可见无准师范与圆尔之间的深厚感情。无准师范的这封信，几经流传，现在收藏在东京畠山纪念馆。无准师范与圆尔之间的通信，主要是由谢国明安排船只传递的。

　　1242年，径山寺不幸发生比较严重的火灾。圆尔和谢国明获此消息后，非常不安。谢国明立即出资，在日本购买了一千多块优质木板，由几条船运往中国，捐献给无准师范，用于径山寺的灾后重建。1243年，无准师范专门给圆尔写信，表示感谢。在这封信中，无准师范还告诉圆尔说：那些运送木板的船只，在从日本到中国的途中，由于狂风巨浪而损失严重；其中有一条船运载着500多块木板已经到了华亭（现在上海市松江区），还有一条船运载着300多块木板到了庆元（宁波），运载其余木板的另一条船尚未到达中国。无准师范还叮嘱圆尔，要向"纲使"谢国明转达谢意。无准师范的这封亲笔信，现在收藏在东京国立博物馆。由于信中主要讲到了木板从日本运到中国的事情，所以被称为"板渡墨迹"。这封信中还反映了谢国明在财产上的雄厚实力，以及他组织海上运输的杰出能力，特别是他对浙江故乡的一片深情。

　　东京国立博物馆还藏有一封德敷写给圆尔的信件，被称为"德敷墨迹"。根据东京五岛博物馆收藏的无准师范的墨迹《山门劝缘疏》，这个德敷是无准师范手下的一个中国僧人，担任"都监寺"

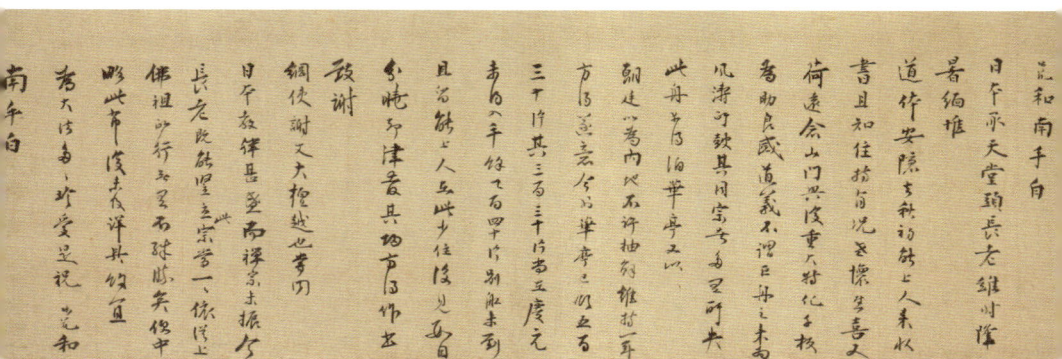

无准师范《板渡墨迹》

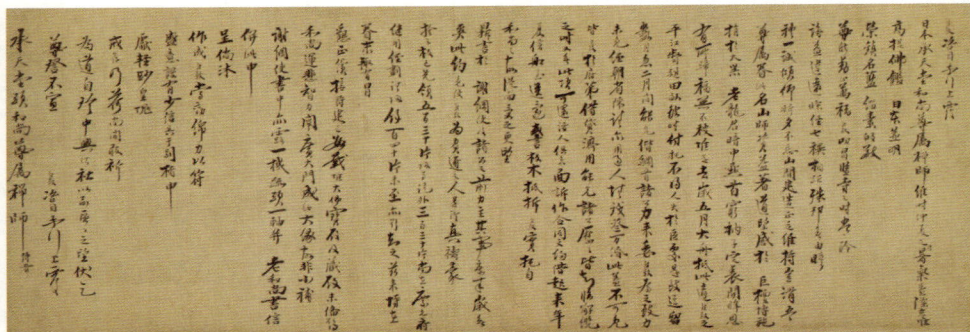

《德敷墨迹》

一职，负责径山寺的财务等重要事务。在《德敷墨迹》中，德敷把谢国明称为"谢纲使"。德敷在信中一方面对谢国明捐献木板表示感谢，同时也希望谢国明能够再捐点木板。《德敷墨迹》还表明，径山寺与谢国明之间也存在着贸易往来。

在福冈，流传着许多关于谢国明的传说。据说有一年，博多地区灾荒严重，瘟疫肆虐。到了除夕，人们贫病交迫，愁容满面，不知如何过年。正在这时，谢国明在承天寺设斋济困，免费提供荞麦面，让大家享受了一顿美餐，欢快地进入新年。人们也由此认为过年吃荞麦面能够祛病消灾，带来好运。在博多地区，人们因此而把过年时吃的荞麦面称为"幸运荞麦面"。由于过年吃荞麦面象征福气和好运，所以这个习俗就在日本各地慢慢流传开来。此外，人们还认为，剪刀也是由谢国明从中国引入博多的。因此，博多人将剪刀称为"唐剪刀"。后来，博多逐渐形成了制作剪刀的传统。博多剪刀现已成为福冈的一个品牌，被列为福冈民间工艺特产。

今天的福冈人把谢国明视为福冈历史上三大伟人之一。福冈承天寺开山堂内供奉着江户时代（1603—1868）用木头制作的谢国明坐像。福冈市博物馆还藏有一幅江户时代绘制的谢国明画像，上面的赞文写道："冷泉津上巨禅丛，插草繁兴檀越功。忆昔谢家生玉树，芳馨长振万松风。"文中的"冷泉津"，是博多的异称。"檀越"则是指施财建造承天寺的谢国明。

在谢国明墓地中，谢国明去世时栽种的楠树早已枯朽，现在见到的楠树是后人补种上去的。不过，在谢国明去世后的700多年间，一项专门纪念谢国明的庆典活动却没有中断过。这项庆典活动名为"谢国明遗德显彰慰灵祭"，简称"大楠样千灯明祭"或"千灯祭"，这也是福冈最古老的祭典。"谢国明遗德显彰慰灵祭"每年8月21日在承天寺内举行。这天晚上，人们点亮灯笼，咏诵佛经，献上特制的荞麦面，感激谢国明的恩德。

谢国明，一位来自杭州的商人，通过自己的慷慨善举，赢得了日本人民由衷的感恩。延续700多年的福冈"谢国明遗德显彰慰灵祭"，从一个侧面反映了浙江海上丝绸之路对日本的贡献。

第二节　渡海弘法到东瀛

一、鉴真和他的浙江弟子

浙江海上丝绸之路既是商品贸易的通道，也是文化交流的纽带。古代浙江与日本之间的文化交流，一个重要内容就是佛教东传日本。在这个传播过程中，既有日本僧人前来浙江取经，也有浙江僧人远渡日本弘法。需要说明的是，这里所说的浙江僧人，既指浙江籍的僧人，也包括生活在浙江寺院的外省僧人。

浙江僧人远赴日本传法，至少可以上溯到唐朝。唐玄宗李隆基天宝二年（743），扬州大明寺僧人鉴真（688—763）应日本方面的邀请，决定东渡日本，但没有成功。744年初，鉴真从长江口启程进行第二次东渡时，由于遇上狂风恶浪而漂到浙江舟山，被人救起后，当地官府将他们安置在宁波阿育王寺。同年，鉴真前往杭州、湖州等地讲授佛教戒律。返回阿育王寺后，鉴真策划第三次东渡，但由于中国僧人向官府告发而未能成行。于是，鉴真吸取教训，决定从福州出发前往日本。他还派出自己的心腹弟子到福州去购买船只。

744年冬，鉴真带领弟子离开育王寺，打算前往福州。他们向南经过奉化，在宁海白泉寺过夜。接着又冒着飞雪，翻山越岭，到达天台国清寺。随后，他们路过临海，来到黄岩禅林寺住宿。他们本来计划从温州进入福建，但官府派人来到禅林寺，把鉴真带回扬州。这样，鉴真的第四次东渡计划也就失败了。748年，鉴真从扬州出发，进行第五次东渡。由于天气恶劣，风高浪急，他们乘坐的船只在浙江沿海逗留了两个多月，最后漂到了海南岛。

753年底，鉴真从长江口的黄泗浦（现在属于江苏省苏州市张家港市）出发进行第六次东渡，两个多月后终于到达日本太宰府。虽然鉴真最终并不是从浙江出发抵达日本的，但在他的六次东渡过程中，第二次和第五次都曾在浙江沿海逗留，第三次和第四次则是直接在浙江策划的。鉴真在浙江的这些经历，从一个侧面反映了浙江在海上丝绸之路上的地位。

鉴真到日本后，受到了朝野各界的热烈欢迎。日本天皇授予他"传灯大法师"的僧位。鉴真被尊为日本律宗的始祖。他在佛教、建筑、医学、文学、书法、饮食等方面，都对日本做出了重要贡献。日本世界文化遗产奈良唐招提寺就是由鉴真亲自设计的。鉴真还将大量的佛经佛像、金银珍宝等从中国带到日本，其中有一些显然与浙江有关，下面列举三例：

（1）《南本涅槃经》。东晋僧人法显到印度求法取经回来后，于417年将一部印度佛经的一部分翻译出来，取名为《大般泥洹经》（共6卷）。421年，生活在北凉的印度僧人昙无谶将这部佛经完整地翻译出来，取名为《大般涅槃经》（共40卷）。431年，在南朝宋统治下的建康（南京），谢灵运和僧人慧严等人以昙无谶的《大般涅槃经》为主要依据，参考法显翻译的《大般泥洹经》，对这部佛经进行润色加工，最后完成的佛经被称为《南本涅槃经》（共36卷），而昙无谶的译本则被称为《北本涅槃经》。那位参与《南本涅槃经》翻译的谢灵运（385—433），正是浙江上虞的杰出文学家、旅行家、佛学家。

（2）天台宗创始人智颛的著作，包括《菩萨戒疏》《天台止观法门》《法华经玄义》《法华经文句》《四教仪》《小止观》《六妙门》等。这说明，作为律宗南山宗传人的鉴真，也将天台宗介绍到了日本。

（3）绍兴书法家王羲之（303—361）的真迹行书一帖，以及王羲之的儿子王献之（344—386）的真迹行书三帖。这几件书法作品，被献入日本宫廷中。有学者认为，鉴真带到日本的王羲之真迹行书，就是现藏日本宫内厅的《丧乱帖》，但目前看来这个说法证据不足。我们还不能确定鉴真带到日本的王羲之父子书法作品到底是哪几幅。

鉴真于753年最后一次东渡日本时，有14个弟子跟随他同行，其中两个弟子来自浙江寺院。一个是思讬，另一个是法载。

思讬在日本写过一部《延历僧录》，这也是日本最早的僧传。遗憾的是，原书已经失传，只有一些佚文保存下来。现存的《延历僧录》这样记载说："思讬沂州人，住开元寺，后入天台山。俗姓王氏，琅琊王仙人王乔之后。"据此，思讬是沂州（现在属于山东省临沂市）人，他出生的家族琅琊王氏，正是古代著名望族。此处所说的开元寺，有可能是指沂州开元寺，但更有可能是指台州开元寺（今临海城内巾山西麓的龙兴寺），因为根据思讬著作而编写的《唐大和上东征传》明确说，思讬是"台州开元寺僧"。

《延历僧录》又说，思讬是根据唐玄宗（712—756年在位）的敕令而出家为僧的，"扬州鉴真和尚为受戒依学。在唐得十九年，佐师共行佛事；经劳过海得十二年。四渡造舟，五回入海"。也就是说，至鉴真于753年成功东渡时，思讬已经跟随鉴真19年了。这样，鉴真应该是在734年在扬州为思讬授戒的。现在不清楚的是，思讬是先在台州开元寺和天台山学佛，后到扬州成为鉴真的徒弟，还是先在扬州由鉴真授戒，然后到台州开元寺及天台山。不过，从《延历僧录》的这段记载来看，他应当是先到台州开元寺及天台山，后到扬州跟随鉴真。因为自从他成为鉴真的弟子后，在19年的时间里一直"佐师共行佛事"，没有离开过鉴真，这就意味着他不可能再到台州开元寺及天台山。

思讬是鉴真忠实的信徒。在鉴真六次东渡过程中，思讬始终相伴，用《延历僧录》中的话来说就是"四渡造舟，五回入海"。鉴真的传记《唐大和上东征传》则写道：在鉴真六次东渡的过程中，有200多人先后退出，只有"学问僧普照，天台僧思讬"两个人不畏艰险，坚持不懈，"始终六度，经逾十二年"，最后与鉴真一起成功抵达日本。

思讬到日本后，先是与鉴真一起住在东大寺戒坛院。日本天皇特地赐给他们两块土地，用来建造寺院，其中一块是某个亲王的旧宅。正是在思讬和普照的建议下，鉴真选定了这块亲王旧宅，设计建造了唐招提寺。《延历僧录》在关于思讬的记载中写到，日本天皇曾经"敕西大寺造八角塔样"，也就是说让思讬为西大寺八角塔制造模型或绘制图纸。这说明思讬对建筑有很深的研究，是个建筑专家。据此推断，思讬应该参与了唐招提寺的设计建造。此外，日本方面史料还说思讬精于佛像的制作（"得造佛像之妙"）。现在依然供奉在唐招提寺主殿金堂内的卢舍那佛像、药师如来像，据说都出自思讬之手。根据传说，思讬因为思念故乡而在奈良建造了一座中国风格的寺院，并将其命名为"实圆寺"。这座寺院后来改名为"传香寺"。传香寺现今供奉地藏菩萨，寺内的山茶花是奈良的名花。

在鉴真之前，来自洛阳福先寺的僧人道璿于736年应邀到日本奈良传法，住在大安寺西唐院。鉴真他们到达日本后，道璿通过交往，认为思讬功底扎实、知识丰富，于是把思讬请到大安寺，讲授《四分律疏》等佛教典籍。思讬在大安寺生活了四五年，培养出了一批高僧。除了讲经授法外，思讬还被邀请到宫廷中洒香水做法事。

鉴真晚年曾对思讬说过："我希望自己能够以坐着的姿势死去；我死后，把我的画像陈列在一个房间里。"由此可见鉴真对思讬的信任。763年五月六日，鉴真端坐在唐招提寺中，安详地去世。思讬用干漆夹苎工艺制作了一座鉴真坐像，这也是日本最古老的塑像，现藏唐招提寺御影堂，是日本的国宝。1978年，邓小平在访问日本期间，瞻仰了这座鉴真像。此后，中日双方积极推动鉴真像"回家省亲"。1980年4月，日本裕仁天皇接见了将要护送鉴真像到中国巡展的唐招提寺住持森本孝顺长老等人。4月13日，森本孝顺长老等人乘专机护送鉴真像抵达上海，随后在扬州、北京等地巡展。其间，邓小平还会见了森本孝顺等日本代表。

鉴真像是用中国传统的干漆夹苎工艺制作的。其制作流程是，先用木头做成骨骼支架，再将稻草缠绕在木头上。接着用黏土做成泥胎，然后以生漆为黏合剂，将苎麻布一层层地裱背在泥胎上。等到生漆阴干后，从后背的口子中把泥胎里面的木头、稻草和黏土等取出。由于鉴真像的身子其实是空心的，所以并不沉重，特别是便于在发生火灾时从寺院中抢救出来。不过，鉴真像的双手是用木头做的。最后一道工序，就是在人像表面涂上色彩。这种干漆夹苎工艺据说是东晋美术家戴逵（326—396）发明的。戴逵虽然是安徽人，但在魏晋南北朝这一动荡不定的岁月中，他南渡到天台山北麓的剡县（今天的嵊州）生活。在天台山地区，干漆夹苎工艺代代相传，至今不绝，2006年入选中国首批国家级非物质文化遗产代表性项目名录。天台县还建有干漆夹苎非遗博物馆。思讬实际上是把天台山地区流行的雕塑制作工艺带到了日本。

思讬制作的鉴真像高80.1厘米，真人大小。鉴真身披袈裟，双脚相交，盘膝端坐（这种姿势被称为"结跏趺坐"）。双手平放在腿上，右手叠在左手上，掌心朝上，两个拇指的顶端触碰在一起（这样的手势在佛教中被称为"定印"）。鉴真闭目微笑，嘴巴自然合上，脸部肌肉从容舒展，面容轻松丰满，整个表情既慈爱又庄严。在这样的表情中，我们似乎可以感受鉴真博大深邃的思想以及对人类的无限关爱。那件自上而下覆盖整个身体的袈裟，线条柔和，衣褶流畅，显得宽敞飘逸，衬托出整个坐像的静穆稳重。这座鉴真像，体现了思讬高超的手艺和非凡的才华。

鉴真去世后，思讬写了一首题为《伤大和尚传灯逝日本》的五言诗，全诗如下："上德乘杯渡，金人道已东。戒香余散馥，慧炬复流风。

鉴真像

月隐归灵鹫，珠逃入梵宫。神飞生死表，遗教法门中。"诗中的上德是指鉴真，金人是指佛像。这两句赞美鉴真将佛教传播到日本。戒香和慧炬，都是代表佛教。这两句是指佛教在日本兴盛起来。灵鹫是佛教的圣地，梵宫是梵天的宫殿。这两句表示鉴真已经去世了。最后两句的意思是，鉴真虽然已经去世了，但他留下的教诲必将永存不灭。这首诗既表达了思讬对鉴真的深厚感情，同时也反映了思讬在文学上的造诣。

鉴真到了日本后，虽然受到了许多贵族甚至天皇的支持，但也遭到了一些保守势力的诽谤攻击。为了捍卫鉴真的声誉，思讬专门撰写了一部著作——《大唐传戒师僧名记大和上鉴真传》（共三卷，简称《大和尚传》）。为了扩大影响，提高权威性，思讬后来将自己的《大和尚传》交给日本文学家淡海三船（722—785，又名真人元开），请他按照日本人的阅读习惯进行改写。淡海三船出身于皇族，是当时的"文人之首"。淡海三船对思讬的《大和尚传》进行了修改加工，于779年完成了《唐大和上东征传》一书（简称《东征传》）。

思讬的《大和尚传》现已失传，只有一些佚文保存下来。但淡海三船据此改写的《东征传》则完整地留传至今，成了研究鉴真及唐代中日文化交流史的重要著作。不过，在淡海三船的《东征传》中，依然可以看到思讬的痕迹，有些部分甚至可能直接抄录了思讬的原文。一个明显的例子是，《东征传》一方面使用唐朝年号（如"天宝十二载"），另一方面在提到与日本有关的人物或官职时，又常常加上"日本"两字，如"日本君王""日本国使""日本同学僧玄朗，玄法二人"等。淡海三船作为日本学者，不可能使用唐朝的年号，更没有必要在这些地方特地加上"日本"两字。只有思讬这个中国僧人才会使用唐朝年号，并且在著作中加上"日本"两字作为识别。因此，这些文字应当是从思讬的原著中抄来的。另一个例子是，淡海三船《东征传》在列举跟随鉴真东渡的人员名字时，最后一个基本上都是思讬。这是因为这些文字本来就是出自思讬之手，所以他谦逊地将自己的名字放在最后一个。因此，淡海三船的《东征传》实际上浓缩着思讬的贡献。正因为如此，日本观智院收藏的一部《东征传》抄本将此书作者署名为"天台沙门思讬与真人元开撰"。

跟随鉴真东渡的另一个浙江僧人是法载。《东征传》明确说他是"衢州灵耀寺僧"。但在浙江省现存的文献中，找不到关于法载的史料，我们也不知道他是否出生于浙江。日本文献说，法载"聪慧有高志，受业鉴真大师，博圆戒品，深通台教。在唐开法于衢州

《唐大和上东征传》日本一个抄本中关于鉴真从宁海县到国清寺的行程记载

灵耀寺，名震当世"。鉴真去世之前，专门嘱咐法载作为唐招提寺的总负责人（"上首"），法载因此作为唐招提寺的第二祖。鉴真创建了唐招提寺，法载作为鉴真的继承者，继续推进唐招提寺的营造，建成了一些僧房。可惜关于法载的资料实在太少了。

二、宋朝东渡日本的浙江僧人

思讬和法载都来自浙江的寺院，他们是现今所知最早东渡日本的浙江僧人，是将佛教从浙江传播到日本的先驱。但在此后的五代及北宋时期，很少有浙江僧人前往日本。直到南宋晚期，出现了浙江僧人东渡日本的小高潮。其中较早渡日的僧人是寂圆（1207—1299）。

寂圆是河南洛阳人，但自小在宁波天童寺出家，是曹洞宗第十三代祖师如净（1163—1228）的弟子。1223年，日本僧人道元（1200—1253）渡海入宋，先后到过天童寺、阿育王寺、径山寺等浙江著名寺院，最后也成为如净的弟子。这样，道元和寂圆就成了同门师兄弟。1227年，道元离开浙江返回日本。寂圆本来打算与道元一起前往日本，但因为其师如净病重而未能成行。如净去世后，寂圆于1228年到日本，跟随道元先后在京都宇治市的兴圣寺和福井县吉田郡的永平寺研习佛学。1261年，寂圆在福井县大野市创立宝庆寺。这座寺院是日本曹洞宗的第二道场。宝庆寺现在还藏有寂圆的画像。

寂圆之后去到日本的浙江僧人是兰溪道隆（1213—1278）。道隆是西蜀涪江（今重庆市涪陵）人，少年出家，曾在径山寺无准师范门下学习过，后到宁波天童寺习佛。道隆在天童寺遇上了来自日本京都泉涌寺的日本僧人明观智镜，获知日本虽然佛教发达但禅宗未能流行，于是立志到日本去弘扬禅宗。1246年，道隆率弟子义翁绍仁等人从宁波出发抵达日本。他先后到过福冈圆觉寺、京都泉涌寺、镰仓寿福寺等寺院。当时日本已经进入镰仓幕府（1192—1333）时代，执政的北条时赖（1227—1263）非常器重道隆，任命他为镰仓常乐寺的住持。1253年，北条时赖在镰仓新创建长寺，聘请道隆出任开山住持。北条时赖去世后，道隆有两年作为开山住持生活在镰仓禅兴寺。不过，道隆最后还是回到了建长寺，并在这里去世。他去世后，日本天皇赐以"大觉禅师"的谥号。在道隆之前，日本僧人兼修天台宗、真言宗及禅宗。道隆的一个重要贡献是：从理论和实践两个方面推动了日本僧人从多宗"兼修"向"纯修"禅宗的转变。在日本，现在还保存着许多与道隆有关的文物。镰仓建长寺就藏有道隆

日本藏兰溪道隆像

画像（上面有道隆的亲笔题识）、铜钟（上面的铭文是道隆撰写的）、道隆书写的僧人日常行为规范《法语》《规则》等，以及木制

日本藏兰溪道隆木像

道隆坐像等。在日本其他地方，也藏有一些关于道隆的文物，如东京五岛博物馆所藏道隆书法作品"风兰"，署名是"建长比丘兰溪道隆书"。

与道隆有关的另一个僧人是兀庵普宁（1197—1276）。普宁是四川成都人，自小出家，在浙江追随无准师范先后到过宁波阿育王寺、杭州径山寺，是无准师范门下的"四哲"之一。普宁在浙江许多寺院生活过，包括杭州灵隐寺、宁波天童寺、象山灵岩寺等。1260年，普宁应道隆、圆尔之邀请，抵达日本，先在博多圣福寺生活，后来又被圆尔请到东福寺。北条时赖非常崇拜普宁，还说曾在梦中参拜过普宁。在北条时赖的多次邀请下，普宁于1262年出任镰仓建长寺第二代住持。1263年底，北条时赖去世，普宁失去了主要支持者，于是产生了回国的念头。1265年，普宁留下了"无心游此国，有心复宋国。有心无心中，通天路头活"的偈语，离开日本回国。

普宁回国后，曾在婺州（义乌）双林寺、温州江心屿龙翔寺生活过。不过，生活在南宋的普宁依然与日本僧人保持联系。日本京都北村美术馆藏有普宁于1268年写给日本僧人的亲笔信《与东岩慧安语》，奈良国立博物馆藏有普宁于1270年所写的《与东岩慧安尺牍》。这两封信所使用的纸张都是经过特殊处理的，并且饰有莲

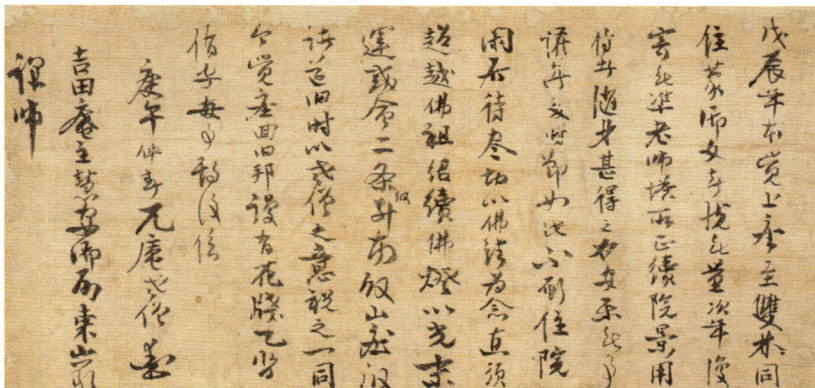

普宁《与东岩慧安尺牍》

池花纹。所以，这两封信不仅见证了浙江与日本之间的佛教交流，而且还为研究宋代浙江造纸史提供了实物依据。此外，滋贺县MIHO美术馆藏有普宁书法作品"欠呻"。现今存世的《兀庵普宁禅师语录》，收录了普宁的主要著述。普宁在日本创立的佛教门派，被称为"兀庵派"或"宗觉派"。

上面几位渡日僧人虽然都是长期在浙江的寺院里生活，但原籍并非浙江。南宋时期，前往日本的浙江籍僧人渐多。其中最为重要的是以下两位：

1. 大休正念（1215—1289）

正念是温州永嘉人，在去日本之前，曾在现在的浙江、江苏寻访高僧，1250年开始投奔到杭州径山寺住持石溪心月（？—1256）门下。在径山寺，正念遇上了一位来自日本的僧人无象静照（1234—1306）。两人一起学习了四年，由此之故，正念对日本有了一定的了解。心月去世后，正念先后到过新昌大佛寺、宁波天童寺。1269年，50多岁的正念离开天童寺，渡海到达日本。他在镰仓建长寺受到了兰溪道隆的热情接待。道隆还主动退让，把自己负责的禅兴寺交给正念来主持。后来，正念先后入住镰仓建长寺、龟谷山寿福寺。1279年，正在寿福寺的正念获知南宋灭亡的消息，不禁感叹道："信风从西来，不堪闻故国"，"道与时偕行，伤心泪沾襟"。1284年，正念担任镰仓圆觉寺住持。1289年，正念在正观寺去世。正念的存世著作是《大休和尚语录》。他创立的佛教禅宗流派被称为"大休派"或"佛源派"。

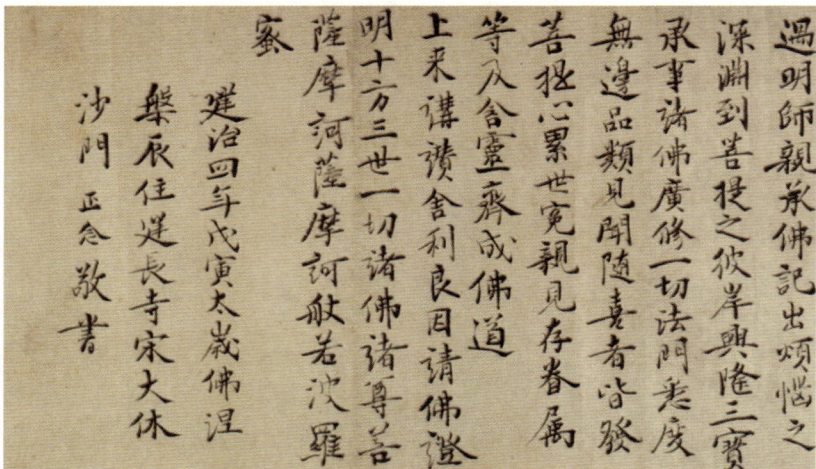

日本藏大休正念亲笔信（局部）

在正念留下的文物中，最著名的大概就是《天台石桥颂轴序》。天台石桥，就是指天台山名胜石梁。宋代，人们普遍认为五百罗汉就住在天台山，石梁旁边的方广寺是五百罗汉的道场。于是，来自四面八方的善男信女络绎不绝地前来朝拜，其中包括成寻（1011—1081）、荣西（1141—1215）等日本僧人。1262年，那位曾经与正念一起在径山高僧石溪心月门下学习过的日本僧人无象静照也来到天台石梁，向五百罗汉献上茶汤后，在梦幻中似乎听到了五百罗汉发出的声音，于是写下了两首诗："崎岖得得为煎茶，五百声闻出晚霞。三拜起来开梦眼，方知法法总空花"；"瀑飞双涧雷声急，云敛千峰金殿开。尊者家风只如是，何须赚我海东来。"

静照后来带上这两首诗，拜访各地的名僧，请他们唱诗作和。最后，总共有41位南宋名僧写下了唱和诗，每人两首，共82首。其中有几个作者可以确定是浙江僧人，如阿育王寺住持物初大观、曾在杭州中天竺及灵隐等寺院担任住持的虚舟普度、新昌县云居寺住持东州惟俊、天台山万年报恩光孝禅寺住持妙弘。还有几个作者生平事迹不清楚，但从署名上来看应当也是浙江僧人，如台峤半云德昂、霞城德咏、天台德璇、天台宗逸、天台智月、钱塘净罩、四明如寄等。在南宋僧人所写的82首诗中，有74首是《全宋诗》等中国现存文献中没有见到过的。因此，这些诗歌，为研究宋代浙江文学提供了宝贵的资料。

静照还专门到过新昌大佛寺，会见了在这里做住持的师兄正念。静照向正念出示了自己写的那两首诗，正念因此也写下了两首唱和诗："浓浇一盏雨前茶，满室虚明现晓霞。若作梦中奇特见，知君眼底又添花"；"桥横飞瀑跨层崖，尊者相逢笑脸开。机境一时俱裂破，又随烟雨下山来"。这里所说"桥横飞瀑"，就是指天台石梁。这里的"知君眼底又添花"，指的是天台山佛教文化中的"罗汉供茶"。今天我们喝茶，是把开水冲在干燥的茶叶上。但宋代喝茶，是先把茶叶细末放在茶具里，注入少许沸水，再使用一种被称为"茶筅"的特制工具，慢慢地把茶叶细末调成糊状，然后饮用。在天台山，人们也用这种糊状茶汤来供奉罗汉。人们还可以把糊状茶汤上出现的一些图案想象成花卉，并且认为这些图案的出现就是

大休正念《天台石桥颂轴序》

灵异超凡的奇迹，象征着吉祥福瑞。"知君眼底又添花"，就是指静照在天台石梁以茶供奉罗汉时，茶具中出现了神奇的花卉图案，说明静照在佛学上造诣精深，受到了罗汉的眷顾。

静照于1265年回国时，把自己及41位南宋僧人所写的84首诗制成诗轴，带回日本，这就是《天台石桥颂轴》（全称为《无象照公梦游天台石桥颂轴》或《无象照公梦游天台偈》）。1274年初夏，静照来到镰仓禅兴寺，见到了在这个寺院中做住持的正念。两位年轻时在杭州径山一起习佛的同学，晚年在日本重逢，可谓意外惊喜。静照拿出《天台石桥颂轴》，请正念作序。正念见到这个20多年前的"旧物"，感慨万千，不禁回想起昔日在中国时的师友故交，"捧读不忍释手"，最后提笔写下了一段长长的序文。正念很有感触地写道："公昔之寓唐土，亦犹予今之寓日域。"正念最后写道，无论日本僧人来到中国，或者中国僧人到了日本，只要领悟佛法，那么就可以突破时间和空间的桎梏，进入"大唐国里打鼓，日本国里作舞"的意境。正念的这篇《天台石桥颂轴序》，作为日本的重要文物，收藏在东京的五岛美术馆中。

2. 无学祖元（1226—1286）

祖元是法名，无学是法号。俗姓许，鄞县人。少年时在杭州净慈寺出家，后来到径山师从无准师范学佛。无准去世后，祖元在浙江各地游历，到过宁波阿育王寺、杭州灵隐寺、宁波天童寺等著名寺院，先后又到宁波白云庵和台州真如寺任住持。1275 年开始，元朝军队南下，社会动荡，祖元到温州能仁寺避难。据说第二年元军进入能仁寺时，大家都跑了，只有祖元端坐在大殿中。元军把剑架在他的脖子上，他却平静地对元军念起了一首诗歌："乾坤无地卓孤筇，喜得人空法亦空。珍重大元三尺剑，电光影里斩春风。"诗中的"筇"指的是竹子做的手杖，表示挂着手杖在世上孤独生存的祖元自己。前两句大意是：茫茫宇宙居然容不下我这个孤独的僧人，好在人体是空的，诸法也是空的。潜台词是：反正人、法都是空的，所以被元军杀死了也无所谓。此句表达了祖元坦然面对死亡的无畏气概。后两句是劝说元军不要枉费力气（不要在"电光"的影子中徒劳地去斩杀春风），也就是不要滥杀无辜。元军听后，深感震惊，不仅惭愧地离开了，而且还向祖元做礼致谢。祖元的这首诗非常著名，被人称为《临剑颂》。

1279 年，应镰仓幕府执权北条时宗（1251—1284）之邀请，祖元离开宁波天童寺到达日本，担任镰仓建长寺住持。1282 年，北条时宗出巨资在镰仓创建了圆觉寺，祖元被聘为开山祖师。两年后，祖元又回到建长寺，最后在这个寺院中去世。祖元遗骨最初埋在建长寺，1335 年被迁至圆觉寺。圆觉寺现在还有与祖元相关的文物古迹，如祖元刚去世后给他制作的木刻雕像、1284 年绘制的祖元画像、"无学"印章、祖元亲笔信等。圆觉寺方丈室庭院里的老柏树据说也是祖元亲手种下的。传说祖元作为圆觉寺开山祖师初次来到镰仓时，鹤冈八幡宫的天神使者化身为白鹭为祖元引路。现在圆觉寺前面的"白鹭池"就是根据这个传说而得名的。此外，京都承天阁美术馆藏有祖元1279年所写"与长乐寺一翁偈语"，东京根津美术馆藏有祖元于1280年所写的书法作品。祖元去世后，日本天皇先后赐给他"佛光国师"和"圆满常照国师"的谥号。祖元自己的文章，主要收录在《佛光国师语录》中。

祖元在日本影响很大，一个典型的例子就是《临剑颂》的传播。根据传说，祖元凭借《临剑颂》从元军剑下逃过一劫。祖元东渡日本后，日本人不仅获知了这个故事，而且还添油加醋，越编越离奇。更有意思的是，《临剑颂》后来又通过一个名叫雪村友梅（1290—1355）的日本僧人而传回了中国。

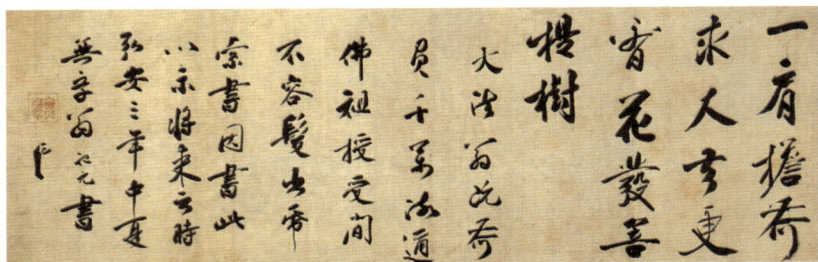

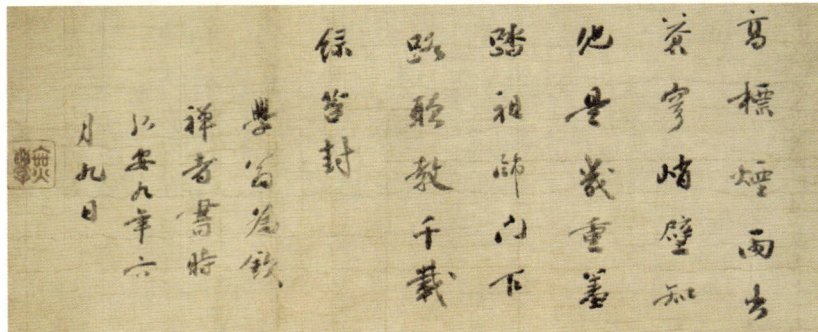

日本藏无学祖元书法作品

雪村友梅曾经在建长寺和圆觉寺生活过，而祖元就曾在这两所寺院里担任过住持，并且留下许多遗迹，所以友梅一定非常熟悉祖元的事迹。1307年，友梅来到中国，到过元大都（今北京）、嵩山等地。1309年左右，友梅来到湖州万寿寺，深受住持叔平隆的器重。大概在1310年前后，湖州官员因怀疑友梅是日本间谍而将他逮捕入狱，对其严刑拷打，最后决定将他处死。据说1313年就要行刑时，友梅突然放声诵咏《临剑颂》，这种临危不惧的气势使在场的官员们大为震惊，最终没有将他处死。友梅后来被流放到四川，而那个千方百计保护他的中国僧人叔平隆则死在狱中。

我们不知道湖州官员是否真的是因为友梅吟诵《临剑颂》而免他一死的，但这个传奇故事在友梅死里逃生之后就开始在中国流传了，而且中国人还以为《临剑颂》是友梅自己写的。1325年，日本僧人中岩圆月（1300—1375）来到嘉兴本觉寺，拜访住持灵石如芝（台州人）。他们两人在交谈时，灵石如芝对中岩圆月说："你们日本有个僧人叫雪村友梅，来到中国后，当官兵用剑架在他脖子上的时候，他毫不畏惧，朗诵了这四句诗：'乾坤无地卓孤筇，且喜人空法亦空。珍重大元三尺剑，电光影里斩春风。'最后官兵们非但不敢杀害他，而且还悔谢而去。"中岩圆月告诉灵石如芝说，这首诗的作者并不是日本人雪村友梅，而是浙江人无学祖元。灵石如芝听后不仅不相信，反而指责说："我们这里的人都说这首诗是日本人雪村友梅写的，但你却说不是日本人写的，而且有好几个日本人都这样说，你们日本人的风气是不是就是想损害自己同胞的声誉？"中岩圆月听到这番指责，一定是非常委屈的。不过，可能是由于来到中国的日本僧人带来了越来越多的证据，灵石如芝后来还是接受了《临剑颂》作者是祖元的观点，并将其写入《无学禅师行状》中。

1325年，就在灵石如芝和中岩圆月讨论《临剑颂》的作者是不是雪村友梅的那一年，流放到四川的友梅被赦免刑罚，重获自由。随后，他在四川、湖南、江苏等地生活了好几年，于1329年返回日本。友梅回到日本后，不仅在佛教界非常活跃，而且还是文学界的一个代表人物。他的《岷峨集》，收录了他在中国期间撰写的文章。他在日本撰写的诗文，收录在《宝觉真空禅师语录》中。通过友梅的这些作品，祖元的事迹在日本获得了更加广泛的传播。

祖元《临剑颂》后来一直被日本人传诵。日本著名作家夏目漱石（1867—1916）在其代表作《我是猫》中引用过这首诗。《临剑颂》中的"电光影里斩春风"，更是成了人们熟悉的名句，甚至被用作刀剑或电子游戏的广告词，当然意思已经偏离了祖元的原意，变成了形容锋利或迅捷的语汇。但这种语义上的变异，正反映了祖元对日本文化的深远影响。

第三节　进出明州的大宋"神舟"

一、安焘的高丽之行

古代没有飞机，中国历代王朝的外交使节如果要去海外，只能乘坐帆船。浙江位于中国海岸线的中部，向东可以抵达日本，向北可以前往朝鲜半岛，向南可以远航东南亚等地，所以古代中国有许多外交使节就是通过浙江海上丝绸之路往返的。在向北航行的外交使节中，最著名的就是北宋时期的徐兢。

东亚历史一进入 10 世纪，就发生了许多重大事件。916 年，辽太祖耶律阿保机建立契丹国（后改为辽）。918 年，王建创立高丽，随后逐步统一朝鲜半岛。960 年，赵匡胤建立宋朝。在此后的一个半世纪中，东亚历史舞台上波谲云诡，变幻不定。在这样的历史背景下，与朝鲜半岛一苇可航的浙江，就在宋朝与高丽的官方交往过程中发挥了不可替代的重要作用。

宋朝与高丽同属汉字文化圈，都尊奉儒家，这为两国建立友好关系提供了坚实的文化基础。高丽开国之君王建在 943 年为子孙留下的十条遗训中，第四条就是要他们遵守中原汉人的旧制，不要效仿契丹人："契丹是禽兽之国，风俗不同，言语亦异，衣冠制度，慎勿效焉。"不过，良好的愿望往往屈从于残酷的现实。面对着强大的辽国，高丽不得不从实际需要出发制定自己的外交政策，以求生存。从 1009 年开始到 1019 年，辽军大规模入侵高丽。高丽曾向宋朝求助，但宋朝出于自身安全的考虑，反应冷淡，没有伸出援助之手。结果，高丽倒向辽国一边，逐渐中断与宋朝的外交关系，从 1031 年开始的 40 多年间，一直没有和宋朝发生过官方往来。

1067 年，宋神宗即位。他主张联合高丽共同抗击辽国，高丽方面也愿意恢复与宋朝的邦交，这样，宋朝和高丽的外交关系开始进入全盛时期。1071 年，高丽使臣金悌率领 100 多人的庞大使团入宋朝贡，他们渡过大海后到达山东登州。宋神宗对金悌使团十分重视，下令隆重接待。金悌使团最后也是从登州返回高丽的。

金悌使团成功访问宋朝，激发起高丽与宋朝的统治者进一步发展双方关系的热情。但是，高丽不得不顾忌近在咫尺的契丹，所以，为了避免引起契丹的注意，高丽请求改变朝贡线路，不要在登州上岸，而是到明州（宁波）登岸。当时登州邻近契丹人统治的区域，而明州则远离敌占区，所以宋朝政府从政治及军事的需要出发，多次下令禁止商人前往登州一带经商，以防止有人由海路通敌。另一方面，宋朝政府又努力将对高丽的海上贸易集中到明州，甚至多次规定不是从明州往返高丽的商船都是违法的，明州港因此而成为前往高丽的唯一合法港口。这样，当高丽请求改变朝贡线路时，宋朝政府立即同意了，尽管从明州前往北宋首都汴京（现在的开封）的路程要远远超过从登州前往汴京的路程，路上所花费用也更高。

1073 年，高丽派遣太仆卿金良鉴率使团向宋朝皇帝朝贡。这一年秋天，金良鉴使团抵达明州。明州地方官立即将此消息上报给朝廷。宋神宗对接待工作亲自做了周密的安排：1.派遣熟悉海上航线的人前往"接引"；2.相关部门要用隆重的仪式迎接；3.所有费用由政府提供，以免增加民众负担；4.禁止民众与高丽使节贸易；5.秘密调查高丽使团中有无辽国的间谍。第二年正月，金良鉴使团从明州北上，沿大运河抵达汴京，宋神宗在垂拱殿接见了他们。

为了巩固与高丽的关系，1078 年春，宋神宗决定派遣安焘率领外交使团从明州出发，前往高丽。这也是两国恢复外交关系后宋朝派出的第一个使团。宋神宗对这个使团异常重视，使团出发前，还专门设宴送行。宋神宗甚至对使者的相貌也有专门的要求，并且亲自选定了人员。正使安焘（1034—1108）是河南开封人，自幼以聪明而著名。由于欧阳修（1007—1072）的推荐，安焘在仕途上获得了跃升。安焘长相出众，一表人才。宋神宗见到他后非常欣赏，就将他留在身边工作。宋神宗让安焘担任赴高丽使团正使的一个重要原因，也是由于他的堂堂仪表。相比之下，福建人林希（1035—1101）就是个倒霉蛋。本来朝廷定下由林希担任副使，但就要启程出发的时候，宋神宗突然觉得林希的长相不好，看起来忧郁寡欢、死气沉沉，所以临时把林希撤下了。宋神宗这样解释说："高丽人期盼宋朝使节已经很久了，我们派出使节前往高丽的目的，是要让他们感受到朝廷对高丽人的关爱友好之情。但如果高丽人见到林希的这副长相，一定会大失所望，根本不可能感受到朝廷关爱他们的初衷。"不过，宋神宗大概觉得这显然不是一个冠冕堂皇的理由，所以一定要说林希其实内心是不想去高丽的，只是迫于朝廷的压力才勉强答应。为了证明自己对林希的这个判断是正确的，宋神宗最后把林希贬到杭州，让他去负责"楼店务"（相当于房管局，管理那些属于官府的房地产）。

宋神宗自己选定的副使是另一个福建人陈睦。陈睦是个诗人，1061年科举考试时的榜眼。陈睦能够入宋神宗的法眼，除了才华之外，一定也是气度不凡的。在这个使团的主要成员中，至少有两个人与浙江有关。一个是丰稷（1033—1107），鄞县人，也是文学家和书法家，明代宁波著名书法家丰坊（1492—1563）就是他的后代。另一个是郑晴韩，曾经做过衢州开化县令。

为了确保使团出使成功，宋神宗于1078年正月特地下诏，要求明州打造出使专用船只。同年三月，宋神宗亲自给两艘大船赐名。他将一艘大船命名为"凌虚致远安济神舟"，将另一艘命名为"灵飞顺济神舟"。由于这两艘船非常庞大，所以被人们称为"万斛船"。斛是古代容量单位，古人用"万斛"来形容船只之大。唐代诗人杜甫就用"蜀麻吴盐自古通，万斛之舟行若风"的诗句来描述长江航运。凌虚致远安济神舟和灵飞顺济神舟这两艘大帆船大概是在现今宁波市镇海区的甬江口打造的，宋代这里建有造船基地。2008年，镇海建造了一艘仿古"万斛神舟"，作为古代海上丝绸之路的一个标志。

当然，要确保出使成功，还需要高丽方面的配合。为此，宋朝于1078年四月派遣明州教练使顾允恭带着外交公文，搭乘商船前往高丽，通报宋朝使节即将到访。高丽国王文宗获此消息，喜出望外，下令认真准备接待，并以此作为赏罚官员的依据。

1078年六月，安焘率领的宋朝使团乘坐凌虚致远安济神舟和灵飞顺济神舟，从明州定海（现在的镇海）启航抵达高丽，受到热烈欢迎。高丽史书《高丽史》说是"王及国人欣庆"，中国史书《宋史》说是高丽"国人欢呼出迎"。高丽国王组织了一个高规格的接待小组，成员中包括两位访问过宋朝的官员：一位是已升为刑部尚书的金悌，另一位是已升为户部尚书的金良鉴。高丽国王还特地将宋朝使团安置在名为"顺天馆"的国宾馆中。"顺天"的意思，就是归顺天朝（即宋朝）。高丽国王对宋朝使团的重视，由此可见一斑。

两天后，高丽国王文宗派遣太子到顺天馆把宋朝使团接到王宫中。文宗自己虽然正在病中，但还是让人搀扶着来到大殿迎接宋朝使团。大殿中举行的一个重要仪式，就是文宗接受宋朝皇帝的诏书。文宗感动地说："大宋皇帝专门派遣使臣来到我这个小国，让我无比荣幸，同时也感到惭愧难当。"为此，他下诏让高丽官员好好款待宋朝使团。

宋朝使团回国前，高丽国王文宗上表宋朝皇帝，除了表示感谢外，还请求宋朝皇帝派出医生去给他治病，并请求宋朝皇帝赏赐药物。1078年九月，安焘率领的宋朝使团沿原路回到明州。宋神宗要求使团成员马上前往汴京。宋神宗对这次出使非常满意，包括丰稷和郑晫韩在内的使团成员都升了官。

使团首领安焘得以升官的一个重要原因是，宋神宗认为他在高丽期间非常懂得外交礼节（"知礼"）。但安焘在高丽的实际表现可以说是毫不"知礼"。《高丽史》这样记载说：安焘等人离开高丽之前，高丽国王除了按规定赠给他衣带、鞍马等礼物外，还额外赏给他大量的金银、宝货、米谷、杂物等，其数量之多，甚至两艘"万斛船"也装载不下。于是，安焘等人请求把这些赏赐品换成银钱，高丽国王文宗只得同意他们的要求。所以，高丽人说："很久没有见到来自中华的使节了（'不见中华使久矣！'），没想到这次来的中华使节居然是这副德行（'不图所为如是'）。"安焘他们在高丽的所作所为，无疑有损宋朝的国家形象，所以宋朝一些官员获知此事后，向宋神宗上奏说，安焘等人"害义辱命，启侮外夷"，必须追究其罪行。但此刻的宋神宗，正陶醉在因安焘成功出使而带来的外交成就中，所以根本没有理会对安焘的这些指控。宋神宗还让人以书面形式把这些指控转告给安焘和陈睦。由此可见，宋神宗是多么希望与高丽建立起密切的外交联系。

安焘使团以明州为基地，成功出访高丽，大大提高了明州的政治地位。随后，宋朝政府采取一系列措施，强化明州在对高丽外交中的作用，使之成为通往高丽的外交窗口。1079年，宋神宗亲自对镇海接待高丽使节的两个机构进行命名，一个是国宾馆，被称为"乐宾馆"；另一个是举行宴会的地方，被称为"航济亭"。此外，宋神宗把拨给明州用于接待高丽使节的专用经费增加到两千六百缗，以便更好地接待高丽使节。

安焘从高丽返回时，重病在身的高丽国王文宗请求宋朝能够提供名医良药。宋神宗对此极为重视，火速落实。安焘他们是1078年九月回到明州的。同年十月，宋朝政府就选定邢慥、邵化及、秦玙等宫廷医生组成医疗使团，并且指定时任内殿承制的王舜封作为使团首领。1079年七月，王舜封率领包括邢慥等医生在内的80多人使团抵达高丽，为文宗治病。从宋神宗接到高丽国王的请求，到派出医疗使团抵达高丽，前后不到一周年，可以说是非常高效了。其背后的动力，就是宋神宗对高丽的重视。王舜封他们还带去了中国各地所产的大批药材，其中包括浙江的"台州乌药"。这些输往高丽的医生和药材表明，浙江海上丝绸之路也是医药交流之路。

宋神宗估计，高丽国王收到这些药材后，很可能会遣使回谢，而且到达的地点一定是在明州，所以在1079年六月就派人先到明州做好迎接的准备，并且吩咐说，如果高丽使团是由其王子率领的话，就让衢州通判胡援来负责接待。结果，高丽派出的使团是由户部尚书柳洪、礼部侍郎朴寅亮率领的。他们于1079年年底出发后，在浙江沿海遇上飓风，船只损坏严重，无法继续航行，于是到明州来准备购买船只。一心想发展与高丽关系的宋神宗最后决定把宋朝使团乘坐过的那艘大船——灵飞顺济神舟借给了他们。

高丽使团在浙江沿海遇险后，随身所带的高丽布等贡品也落入海中，随波漂流到各地，被温州等地沿海居民捡获。宋神宗下诏，这些捡获的高丽贡品必须全部上缴，否则就要治罪。更绝的是，宋神宗在诏令中还说，如果捡到高丽贡品而藏匿不缴的话，一旦被人告发，那么告发者就可以获得十分之三的奖赏。这条鼓励告发的措施，应当说是非常有效的。

此次作为高丽使团负责人的朴寅亮，是高丽著名文人。他曾于1071年跟随金悌入宋朝贡，并留下"门前客棹洪涛急，竹下僧棋白日闲"的汉文诗句，获得宋朝士人的高度赞誉。由于《鄞县志》等浙江地方志也转录了相关记载，结果使人误以为朴寅亮的这首诗是在明州写的。实际上，此诗的题目应为《使宋过泗州龟山寺》，与宁波无关。不过，朴寅亮在浙江沿海遭遇风浪后，确实是被宁波人救起的。带人前往救援的是象山县尉张中。朴寅亮善作汉诗，张中大概也喜欢写诗。高丽贡使扬帆而来，历经狂风恶浪，大难不死，如此情景，很可能使宾主诗兴大发，相互唱和。但张中没有想到的是，他会因此而获罪。有官员向朝廷弹劾说：明州象山县尉张中居然和高丽贡使一起作诗，似有通敌之嫌。远在开封的神宗皇帝不明就里，下令将张中降职。

1080年正月，朴寅亮等高丽使臣抵达汴京，受到宋神宗的接见。由于他们带来的贡物已在浙东沿海遇险时丢失，所以两手空空，只能向宋神宗请罪。宋神宗并不计较，反而认为"风波不虞"，不是他们的过错。朴寅亮等人还向宋朝官员讲述了象山县尉张中把他们从海中营救起来的经过。于是，在查明真相后，宋神宗认为张中营救高丽使臣有功，免去了对他的处罚。此外，在高丽使团回国前，宋神宗特地让人写信告诉高丽国王，朴寅亮他们丢失贡品是由于在海上遇险而造成的，不能怪罪朴寅亮等人。

1083年，高丽国王（文宗王徽）去世。宋神宗除了派遣王舜封率领使团从明州出发前往高丽吊唁外，还下令要明州政府挑选重要的佛寺，组织37名僧人做一个月的道场，以悼念高丽国王。在浙江历史上，专门为一个外国国王举行长达一个月的佛教悼念活动，这可能是唯一的一次。由此可见宋朝皇帝对高丽的重视，也反映出明州在宋、丽外交关系中的重要地位。

1085年，宋神宗也去世了，继位的是宋哲宗赵煦（1077—

1100）。但是，两国关系没有因为这两位国君的相继去世而受到影响，只是在宋朝方面，不如神宗时积极主动。虽然高丽多次派出使团来宋，但宋朝没有派出正式使团前往高丽。1096年，王颙成为高丽的新国王，是为肃宗。为了保持与宋朝的良好关系，他决定派遣使节向宋朝皇帝通报自己已成为高丽的新国王。1098年，高丽肃宗派遣尹瓘等人出使宋朝，他在表文中以"臣"自称，而称宋"皇朝"。宋哲宗获此消息后，专门派人到明州等待。尹瓘等人于这一年十一月抵达明州。他们来到汴京觐见宋哲宗时，请求赐给他们《太平御览》及《神医普救方》等书。宋哲宗说，等高丽使节下次来时，再把这些书给他们。

1099年六月，尹瓘等人从明州返回高丽。但他已经不可能再次见到宋哲宗了，因为1100年正月，年仅23岁的宋哲宗去世。继位的是宋徽宗赵佶（1082—1135）。这年五月，宋朝政府通过明州将此国家大事通报给高丽。高丽国王于六月派出使团前来吊唁宋哲宗，又于七月派出另一个使团来庆贺宋徽宗登位。这样，宋朝与高丽的关系也就进入一个新的阶段。

二、徐兢的海上图经

北宋建立后，最主要的敌人就是由契丹人创建的辽国。不过，到了宋徽宗做皇帝时，辽国已经衰落，而由女真族建立的金国（1115—1234）则急速崛起。这样，宋徽宗就想抓住机遇，联合高丽消灭辽国，一举实现其祖先未能实现的大业。所以，如果说此前宋朝皇帝的策略是"联丽制辽"的话，那么，到了宋徽宗时就变成了"联丽灭辽"。在这个宏大理想的驱动下，宋徽宗更加迫切地发展与高丽的外交关系。1103年，宋徽宗派遣户部侍郎刘逵、给事中吴栻，携带着丝绸、武器、金玉器等异常丰厚的礼物出使高丽。使团中还有牟介、范之才等四名医生。这个使团于这一年的五月从明州出发，七月离开高丽返回明州。这次出使的一个重要特点是，使团中的几个成员都写下了关于高丽的著作，包括吴栻的《鸡林记》（共二十卷），随从人员王云的《鸡林志》（共三十卷），另一个随从孙穆的《鸡林类事》（三卷）。所谓的"鸡林"，就是指朝鲜半岛。可惜的是，吴栻的《鸡林记》已经失传，王云的《鸡林志》只残存八条，孙穆的《鸡林类事》也严重缺损。不过，残存的文献对于研究高丽政治、物产、风俗、语言依然具有不可取代的价值。如孙穆《鸡林类事》说，高丽虽然土地贫瘠，但盛产人参、松子等；高丽模仿宋朝铸造了"海东重宝""三韩通宝"等货币。王云《鸡林志》则说高丽的海岛上有一种黄漆树，六月采割，其色彩犹如黄金，然后放在烈日下晒干，这就是浙江人所说的"新罗漆"。

宋朝与高丽的使臣不断经过明州往返，使宋朝皇帝觉得应当在明州设立一个高规格的涉外机构。1117年，宋朝在明州建立了专门接待高丽使团的机构——高丽使馆，这也是宋朝政府在江南地区设立的唯一的高丽使馆。宋徽宗还专门为高丽使馆亲笔题词。根据文献记载，这个高丽使馆位于现在宁波城内月湖旁边的宝奎巷西端。1999年，考古工作者在这里发现了大量文物，包括铸于1111年的"政和通宝"、越窑瓷器、高丽青瓷等。今天，这里建有明州与高丽交往史陈列馆。

明州设立高丽使馆后，在宋朝对高丽的外交中发挥了更大的作用。高丽国王通过明州官员请求宋朝皇帝派遣精通"大方脉、疮肿科"等方面的医疗专家。为此，宋徽宗派出了一批太医，于1118年七月到达高丽。1123年，宋朝又向高丽派出了由路允迪率领的使团，这也是宋朝与高丽外交活动中最为著名的一个使团。

1122年春，宋徽宗准备派遣路允迪等人出使高丽，但还没有启程，到了这一年的九月，又听说高丽国王（睿宗）去世了，于是，就给路允迪等人增加了为高丽国王吊唁的使命。1123年，宋朝使团出发。使团的正使是河南商丘人路允迪，官职是"给事中"，副使是浙江绍兴人傅墨卿，官职是"中书舍人"。主要随行人员有安徽和县人徐兢（1091—1153）。这个徐兢对科举考试兴趣不大，但在书法、诗歌、绘画、音乐等方面都有很高的造诣。据说高丽睿宗曾请求宋朝派个精通书法的人随使团一起到高丽。大概由于这个原因，酷爱书法的宋徽宗选中了他所欣赏的徐兢。徐兢出使高丽回来后，根据自己的所见所闻，于1124年秋完成了《宣和奉使高丽图经》四十卷，进呈给宋徽宗。

徐兢的《宣和奉使高丽图经》详细记载了他们从宁波出发往返高丽的具体过程，是研究浙江海上丝绸之路的珍贵文献，其价值主要体现在两个方面。

第一，为研究古代海船提供了依据。

徐兢介绍说，宋朝政府规定，如果朝廷要派使团前往海外，先是让福建和浙江的有关部门出钱雇佣民间船只。这些被雇来的帆船被称为"客舟"，要集中到明州的船场进行装饰美化。每艘客舟长十多丈，深三丈，阔二丈五尺，可以装载两千斛粟米。客舟内部被分隔成独立的舱室，分别用来储水做饭、安顿士兵。客舟后部的甲板上建有专供使团成员居住的"桥屋"，不仅四面有窗子，而且还配有豪华装饰。每艘客舟上，有水手60多人。徐兢还以这样的文字描述客舟："上平如衡，下侧如刃，贵其可以破浪而行也。"据此可知，在浙江海上丝绸之路中航行的远洋帆船就是尖底的。尤其需要重视的是，客舟上出现了以下几个装置。

（1）减摇竹囊。在波涛汹涌的大海中，一艘十多丈长，二丈五尺阔的帆船，虽然前后也会晃动，但左右摇摆一定更加剧烈，所以，为了减轻左右摇摆的幅度，人们把几根大毛竹捆绑在一起，做成竹囊，安装在客舟船舷两侧以增加海水的阻力。当然徐兢不知道增加阻力这个概念，所以只是说："于舟腹两旁，缚大竹为囊以拒浪。"我们可以把这种装置称为"减摇竹囊"。减摇竹囊只是临时捆绑在帆船上的，这个装置后来发展为固定在船舷上的"减摇龙骨"。1978—1979年，宁波市区发现了一艘北宋木船，上面就有用半圆木做成的减摇龙骨。在现代海洋船舶上依然经常可以见到类似的装置。船史专家认为，减摇龙骨在国外最早出现于19世纪的头25年，所以那艘北宋木船表明，中国应用减摇龙骨的时间比国外大约要早700年。而作为减摇龙骨前身的减摇竹囊，更是古代中国对世界造船史的一大贡献。

（2）石锚和滑轮。现在的船只如果要在海中停泊在某个地方，就要从船头放下铁锚。沉重的铁锚被放到海底之后，尖尖的锚爪就会深深地扎进海底的泥土中，从而使船只停泊不行。通过徐兢的《宣和奉使高丽图经》，我们知道，在铁锚出现之前的宋代，人们用两个坚实的大木钩夹住一块长方形大石头，做成石锚。由于石头的重力，两个大木钩被沉入海底，然后扎进泥土中。石锚尾部系着一根粗大的藤索，但由于石锚非常重，人力难以直接拉动，所以水手们就把藤索安置在船头的一个滑轮上。借助滑轮，就可以比较容易地放下或收起石锚了。泉州以及日本沿海发现的宋元石锚，印证了徐兢的记载是正确的。如果遇上特别大的风浪，人们还可以在客舟的两侧另外放下石锚，从而使船只稳定地停泊在大海中。

（3）风帆与风向标。徐兢告诉我们，客舟上面装有十根橹。不过，橹主要是在进出港口时使用，而在大海上航行则依靠风帆。一艘客舟上至少有"大樯"和"头樯"两根桅杆。大樯10丈高，头樯8丈高。帆分为"布帆"和"利篷"两种。从名称上来推断，布帆大概是用麻布之类制作的，一艘客舟上至少有50幅；利篷是竹编的，可以根据风向左右调节。如果遇上正风，就会张开50幅布帆。如果遇上偏风，则张开利篷。由于正风不易遇上，所以更多的是使用利篷。大樯的顶端，还有10幅小帆，被称为"野狐帆"，是在无风之时使用的。为了测定风向，客舟上还立有一根杆子，杆顶有一个被称为"五两"的装置，是用羽毛做的。由于羽毛非常轻捷，所以只要遇上微风，就会根据风向转动，类似于现在的风向标。

（4）测深仪器铅锤。作为一个亲身经历过远洋航海的人，徐兢这样写道：在大海上航行，惧怕的并不是海水之深，而是因海水不够深而搁浅；此外，由于船底是尖尖的，一旦潮水退去，木船就会因无法端正地立在泥土上面而发生侧翻，这也是水手们最为担心的。为此，水手们就将一根绳子系在一个铅锤上，放入海底以确定海水深度。目前，国内水下考古工作者共发现了两件铅锤：一件是在广东"南澳一号"明代沉船上发现的；另一件就是在浙江象山"小白礁一号"清代沉船上发现的，铅锡合金铸造，高9.3厘米，呈上细下粗圆锥状，顶端有一圆孔用于穿系绳子。从徐兢的记载来看，至少在宋代，航行在浙江海上丝绸之路上的帆船已经普遍使用铅锤了。

（5）夜间联络方式与指南针。徐兢叙述说，当船队在危险的洋面上航行时，指挥船上要不时地燃起火把（"举火"），而其他船只也要"举火"回应。在没有无线电通信技术的古代，船队之间就是用这种方式在黑夜里相互联络，最大限度地保证航行安全。特别重要的是，徐兢的《宣和奉使高丽图经》中有这样一段记载："是夜，洋中不可住，惟视星斗前迈。若晦暝，则用指南浮针，以揆南北。"也就是说，夜里航行时，通过观察星辰来确定前进的方向，但如果遇上阴暗的天气，看不见星辰，就用"指南浮针"来进行导航。这一记载有力地证明，北宋时期，航行在浙江海上丝绸之路中的帆船已经使用了指南针。有学者甚至说，徐兢的《宣和奉使高丽图经》是"最早记述中国远洋航船以罗盘导航成功来回"的著作。

徐兢记载说，宋朝使团乘坐的船队共由八艘帆船组成，其中客舟六艘，另有两艘"神舟"。前面已经讲过，1078年安焘使团前往高丽时，宋神宗特地下诏在宁波建造了两艘庞大的"万斛船"，并且给这两艘大船取了很长的名字，分别是"凌虚致远安济神舟"和"灵飞顺济神舟"。宋徽宗觉得自己派出的使团更加重要，所以不仅要建造两艘更大的船只，而且还给这两艘船取了更长的名字，分别是"鼎新利涉怀远康济神舟"和"循流安逸通济神舟"。这两艘神舟同样是在镇海甬江口的造船场建造的。不过，徐兢虽然比较详细地记载了客舟的大小及形制，但对于两艘神舟的介绍却很少，只是说神舟的大小及装置，船上的货物及人员都是客舟的三倍（"若夫神舟之长阔高大，什物器用人数，皆三倍于客舟也"），所以非常壮观，"巍如山岳"，"走出冠古今"。我们只能从徐兢对客舟的介绍中，来想象神舟"巍如山岳"的样子。

第二，为研究浙江通往高丽的海上航线提供了第一手资料。

徐兢的《宣和奉使高丽图经》，犹如一本航海日记，生动地记载了从明州前往高丽的海上航线以及航行过程：

宣和五年（1123）五月十四日，官员们在明州城内（现在的宁波市海曙区）设宴为使团送行。

五月十六日，使团船队从现在的宁波三江口起锚，沿甬江向东航行。

五月十九日，船队到达现在的镇海甬江口，然后到旁边招宝山下的龙王庙里烧香祈祷，结果出现一条类似于蜥蜴的动物，大家认为这就是东海龙王的化身，是个非常吉祥的兆头，预示着航行途中会得到龙王的保佑，可以安全出发。

五月二十四日，天气晴朗，一些官员在招宝山顶对着茫茫大海焚香礼拜；使团成员乘坐八艘帆船离开甬江口，船上敲锣打鼓，旗帜招展，从招宝山旁进入大海，依次经过虎头山（即后来所说的虎蹲山，现在因围垦而成陆地）、七里山（即现在所说的七里峙）、蛟门（即现在所说的中柱门）、大小二榭山（即现在所说的大榭岛和小榭岛），下午停泊在芦浦（现在宁波市北仑区穿山村一带）。也就是说，船队离开甬江口后，并不是直接向东北，而是沿着现在宁波市北仑区的海岸线向东南航行，到了穿山村一带后，再向东南航行，前往舟山沈家门。

五月二十五日早上，船队进入沈家门，当时这里有几户居民，主要以打鱼砍柴为生。下午，突然刮风下雨，于是，每艘船都将一条木制小船模放入大海，船模里放有佛经、食物以及写有船上所有人员名字的纸条。这种仪式的目的，是祈求海中妖魔保佑船队平安。

五月二十六日，船队来到梅岑岛（也就是现在的普陀山），使团成员以及船上兵卒都到岛上礼拜观音，与僧人们一起通宵祈祷。

五月二十八日，天气晴朗。清晨，使团成员乘坐的八艘帆船同时启程。由于就要离开陆地进入大洋，所以正使路允迪和副使傅墨卿都穿上正式的官服，朝着汴京的方向拜别；向大海中扔下《风师龙王牒》《天曹直符》等13张道符，祈求风平浪静，一路平安。从这里开始，海水变成碧蓝色。船队进入浙江嵊泗列岛洋面，先后经过海驴礁（后来又称"海螺礁""海礁山""海礁"等），蓬莱山（岱山，古称"蓬莱仙岛"），半洋礁（现在嵊泗东、西半洋礁一带）。

五月二十九日，船队逐渐离开浙江海域，先是进入白水洋（长江口以南至钱塘江口一带海域），然后进入黄水洋（长江口以北至江苏海州湾一带海域）。徐兢时代人们已经知道，由于这一海域靠近黄河入海口，而黄河又将大量泥沙带入海中，致使这个海域泥沙很多，"其水浑浊"，因而被称为"黄水洋"。由于有大量的泥沙沉积，所以海水较浅，许多船员因帆船搁浅而丧命。这样，船队经过黄水洋时，就要用鸡和黍来祭祀死者的亡灵。更加重要的是，船员还要用铅锤来测量海水深度，确保船只不会搁浅。

宋朝使节的船队从甬江口开始，沿着浙江和江苏的海岸线自南而北航行。但到了黄水洋之后，大概在北纬34度的江苏沿海急转航向，改为自西向东航行，前往朝鲜半岛西南。这一海域的海水很深，能见度很差，用徐兢的话来说就是"暗黑如墨"，所以这一海域就被称为"黑水洋"。徐兢还说，这个海域"怒涛喷薄，屹如万山"，帆船随着波涛上下颠簸，致使船上的人"肠胃腾倒，喘息仅存"。

船队自西而东艰难地横渡黑水洋之后，于六月二日看见夹界山（现在的小黑山岛），徐兢说此岛是华夷的分界线（"华夷以此为界限"）。这样，船队就进入了高丽海域，在朝鲜半岛西侧沿海向北航行，依次经过白山（现在的红岛）、黑山（现在的大黑山岛）、月屿（现在的前后曾岛）、苦苦苦（现在的猬岛）、群山岛（现在古群山群岛）、和尚岛（现在的大舞衣岛）、牛心屿（现在的龙游岛）、紫燕岛（永宗岛）等众多岛屿，于六月十日随着潮水进入礼成江口，途中经过停泊，于六月十二日在礼成港上岸。六月十三日从陆地到达高丽王城（现在的开城）。

宋朝使团的船队停泊下来后，高丽官员乘坐彩色小船把使团成员迎接上岸，住入宾馆。第二天，举行了隆重的宋朝使团入城仪式。仪仗队高举彩旗开道，接着是骑兵，还有载歌载舞的乐队，宋朝皇帝的诏书放在特制的彩色车上，宋朝使团官员盛装骑在马上，全副武装的兵士站在道路两旁全程护卫。在高丽王宫中，宋朝正使路允迪和副使傅墨卿都朝南站立，使团其他成员按照官位大小依次站在他们两人之后，高丽国王则面向北面，接受宋徽宗的诏书。整个接受诏书的仪式，极其庄严，充分体现了高丽对宋朝的臣服关系。宋朝使团还专门为高丽睿宗举行了悼念仪式，不过，整个仪式也是以居高临下的方式举行的。

宋朝使团于五月二十四日离开甬江口开始出海航行时，正是南风盛吹的季节，所以一路上比较顺利，六月十二日就抵达高丽礼成港了，前后不到一个月。完成外交使命后，宋朝使团于七月十五日登船启航，按原路返回，但由于路上风向不顺，直到八月二十七日才到达镇海，路上足足花了一个多月。由此可见，在木帆船时代，浙江古代海上丝绸之路很大程度上要受自然条件的制约。

徐兢所在使团出使高丽后顺利回到明州，巩固了两国关系，同时也进一步提升了明州在宋朝对外交往中的地位，从而为宋朝浙江海上丝绸之路的持续兴盛创造了良好的政治环境。

第四节　西欧最早的浙江华侨群体

一、浙江沿海的双屿港

16 世纪之前，浙江商人、僧人和外交官等，通过海上丝绸之路到达的海外国家主要集中在东亚海域的日本和朝鲜半岛，也有少数浙江人前往东南亚，其中最为著名的就是元朝温州人周达观（约 1266—1346）。他于 1295 年作为翻译官随同元朝使团从温州港出发，到达真腊（现在的柬埔寨），1297 年回到宁波港，并且根据所见所闻写出了《真腊风土记》一书。但无论如何，到 1500 年为止，浙江人的海外活动范围都是在亚洲海域，目前没有资料表明有任何浙江人到过亚洲以外的地区。但进入 1500 年之后，有的浙江人走出了亚洲，漂洋过海到了欧洲，而背后的动力，则是全球化浪潮的兴起。

15 世纪末，欧洲人开始在全球范围内进行大航海活动，从而揭开了全球化的序幕。当时主导大航海活动的是西班牙和葡萄牙这两个国家。葡萄牙人的主要目的，是要寻找一条绕过非洲进入亚洲的海上航线。1488 年初，迪亚士率领船队抵达好望角。1497 年底，达·伽马的船队绕过好望角，于 1498 年 5 月来到印度西海岸的商业中心卡利库特城，从而开辟了从大西洋越过非洲直达印度的新航线。此后，一批又一批的葡萄牙人沿着达·伽马开辟的航线来到印度，并不断向东开拓。

1511年，葡萄牙人攻占了马六甲，开启了通向中国的海上门户。至少在1513年，葡萄牙人已经穿过马六甲来到了广东沿海。葡萄牙人初到中国时，中国人对其一无所知，于是根据阿拉伯人对欧洲人的称呼Franj，将他们称为"佛朗机"。葡萄牙人驾着帆船不断来到广东沿海后，经常进行海盗式的抢劫。1522年，葡萄牙人在新会县西草湾被明朝军队打败，于是在中国商人的引导下，沿着福建、浙江沿海北上，大概于1524年在浙江沿海建立了一个被他们称为Liampo的贸易基地。经过专家们的持续研究，现在可以肯定，葡萄牙人所说的Liampo就是"宁波"的音译，实际上是指中国人所说的双屿港，位于现在的舟山市六横岛上。遗憾的是，考古工作者目前在六横岛上还没有找到这个双屿港的具体位置。

葡萄牙人以双屿港为基地，大肆进行走私活动。同时，双屿港吸引了来自江苏、浙江、福建、广东、安徽等地的中国走私分子，还有来自东南亚、日本，甚至非洲东岸的走私分子。这样，双屿就成了一个国际武装走私分子的巢穴。以葡萄牙人为主导的武装走私分子一边勾结浙江、福建的豪门贵族进行非法贸易，一边还在宁波沿海抢劫居民、焚烧房屋，甚至公然掳掠明朝军人，勒索赎金。

双屿港的武装走私活动日益猖獗，最后引起了朝廷的高度重视。1547年秋，明朝世宗皇帝（1507—1567）派遣江苏人朱纨（1494—1550）前往浙江、福建沿海，统一指挥反走私活动。1548年，朱纨从浙江松阳、福建福清等地调来军队，于四月初六对双屿发动进攻。四月七日天亮之前，躲在双屿港内的中外走私分子突然驾船冲出港口，突围而逃。明朝军队一面追击出逃的走私船，一面进入双屿港进行搜索，结果发现被走私分子遗弃的大小船只 27 艘以及 20 多间茅草屋，还有天妃宫等。明朝军队将这些船只、房屋全部焚毁。在双屿之战中，明军不仅缴获了葡萄牙人的新式武器，而且还俘获了来自非洲的三个黑人。在浙江历史上，双屿之战可以说是中国人与欧洲人之间的第一次战役，也是中国军队首次打败欧洲武装分子的战役。

朱纨像

　　朱纨指挥明朝军队捣毁国际武装走私巢穴双屿港后，本来想派兵在此驻扎，但军人们都不愿留守于此。朱纨从郭巨（现属宁波北仑区）出发，渡海到双屿进行了实地考察，最后决定填塞双屿港，以免再次被走私分子利用。填塞的方法是，先打下木桩，然后填入石块。从此双屿港就沉入淤泥之下，至今不知所在。

　　葡萄牙人在双屿活动的时间虽然不到 30 年（1524—1548），但在浙江海上丝绸之路的发展历史上却有重要的意义。第一，双屿是欧洲人在东亚沿海建立的第一个贸易点，这使宁波地区成为中国最早受到全球化浪潮冲击的区域之一。第二，随着葡萄牙人的到来，第一次出现了双屿→马六甲→印度果阿→葡萄牙里斯本的海上航线，从而首次将宁波纳入全球性的海上贸易网络之中。第三，由于双屿与日本之间也存在着贸易联系，所以双屿就成了连接海上丝绸之路东海航线与南海航线的枢纽。同时，由于双屿使欧洲人与日本发生了直接的联系，欧洲文化通过双屿而首次传入日本。这样，浙江海上丝绸之路的内容就变得更加丰富。第四，通过海上丝绸之路，双屿成为中国最早将货物直接输往欧洲的基地，其中最主要的货物就是瓷器。在葡萄牙贝雅地区博物馆（Museu Regional de Beja），收藏着一件中国青花耳盏，里面还有葡萄牙文铭文："EM TEMPO DE PERO DE FARIA DE 1514"。也就是说，这个瓷器是一个名叫 Pero de Faria 的人于 1541 年订制的。这位 Pero de Faria 是葡萄牙殖民者，曾于 1526—1529 年、1539—1543 年两度出任葡萄牙驻马六甲总督。在中文文献中，也提到过这个葡萄牙总督。1548年十月，朱纨向世宗皇帝上奏说，浙江福建的许多走私分子运载丝绸、瓷器等货物，前往马六甲，去投靠"番王别琭佛哩"。此处的"番王"，就是指葡萄牙总督，"别琭佛哩"正是 Pero de Faria 的音译。1541 年正是双屿走私基地的兴旺时期，因此，葡萄牙贝雅地区博物馆所收藏的这件青花耳盏，应当是这个葡萄牙驻马六甲总督"别琭佛哩"通过双屿而向中国的瓷窑订制的。第五，双屿之战的经验教训，使明朝政府改变了对葡萄牙人以剿为主的方针，转而采取以抚为主的政策：允许葡萄牙人在澳门居住下来。或者说，澳门的出现，与双屿港有着直接的关系。最后，通过从双屿至欧洲的海上航线，一些浙江人历经艰险漂泊到了西欧，从而成为最早旅居欧洲的浙江华侨。

二、西班牙法庭上的宁波人

有一批浙江旅欧华侨资料，保存在西班牙塞维利亚的印第安斯档案馆（Archivo General de Indias）的司法档案中，一直不为人知，进入21世纪才被西班牙学者希尔（Juan Gil）教授发现。而要了解这批资料，必须先介绍一下西班牙人在美洲的殖民统治。

自15世纪末开始，葡萄牙人致力于寻找绕过非洲前往亚洲的海上航线，而西班牙人则努力寻找横渡大西洋前往亚洲的海上航线。1492年10月，在西班牙国王的资助下，哥伦布首次渡过大西洋，到达美洲巴哈马群岛。不过，他坚信自己上岸的地方就是亚洲的印度，于是将当地居民称为Indio（意为"印度人"），中文译成"印第安人"。1519年，麦哲伦奉西班牙国王之命开始进行环球航行，于次年11月首次绕过美洲南端进入太平洋，1521年3月踏上菲律宾土地。16世纪下半期，西班牙人在菲律宾逐渐建立起殖民统治，并且把菲律宾人也称为Indio。为了便于与美洲"印第安人"相区别，我们把这个称呼翻译成"印第安斯人"，指的是生活在西班牙殖民统治下的菲律宾人。

作为殖民者，无论是西班牙人还是葡萄牙人，自开始海外扩张之日起，他们就以各种形式奴役土著居民，甚至将他们作为奴隶贩卖到欧洲。为此，早在1500年，西班牙女王就宣布，禁止将美洲土著居民作为奴隶运入西班牙。从1511年开始，西班牙政府多次重申这一禁令。不过，西班牙法令在明确禁止奴役"印第安斯人"的同时，又做了如下规定：只要奴隶主能够证明他所拥有的奴隶来自葡萄牙人的殖民地，而不是来自西班牙殖民地，那么，他就可以合法地继续拥有该奴隶。此外，西班牙法令还规定：如果殖民地上的土著居民拒绝信奉基督教，或拒绝臣服西班牙国王，那么西班牙人就可以发动所谓的"正义之战"；在"正义之战"中被俘的奴隶，不能获得自由身份。这些法令颁布后，在西班牙引发了大量的法律诉讼。因为：一方面，大批奴隶声称自己是来自西班牙殖民地的

"印第安斯人"，要求恢复自由身份；另一方面，众多奴隶主千方百计地证明自己所拥有的奴隶并不是真正的"印第安斯人"，而是来自葡萄牙人的殖民地，或者是在"正义之战"中俘获的奴隶。当时负责审理这些法律诉讼的机构主要有两个，一个是位于塞维利亚的"商务局"（Casa de la Constratation），另一个是位于马德里的"印第安斯委员会"（Consejo de Indias）。

在这些法律诉讼案中，有一个案件的原告是中国人（Chino），他的西班牙名字为"印第安斯人迭戈"（Diego Indio），简称为"迭戈"，被告则是一个名叫莫拉雷斯（Juan de Morales）的葡萄牙籍僧侣。由于莫拉雷斯是个僧侣，所以迭戈于1572年7月向西班牙塞维利亚的一个宗教法庭提出申诉，声称自己是一名"印第安斯人"，但被莫拉雷斯卖作奴隶，因此请求恢复自由人身份。后来，由于迭戈担心那个宗教法庭可能会庇护莫拉雷斯，所以于1572年10月向商务局提出申诉。这个案子整整审理了三年。

法庭记录写道，迭戈自称"来自中国"，"他的家乡叫Li-ampo"。显然，这个Liampo就是"宁波"的音译。法庭记录接着写道，"由于迭戈离开故乡时还是个孩子，所以他对故乡的记忆很少，只记得他的家乡离海不远"，但无法肯定是岛屿还是陆地，"他甚至不知道自己的父母是谁"。迭戈回忆说，在他的故乡，"有牛、绵羊、山羊，鸡……有一种水果叫龙眼（longuen），另一种水果叫荔枝（lachi）；那里没有葡萄牙人，但有一些西班牙人。那里还有黄金、白银、亚麻布、棉布、丝绒、绸缎。迭戈六七岁时，有个名叫卡斯塔涅达（Francisco de Castañeda）的西班牙总督把他从故乡带走，来到了一个他不知道名字的地方。在一座名叫圣母玛利亚的教堂中，一位教士给迭戈进行了洗礼，卡斯塔涅达手下的一个仆人成了迭戈的教父"。这份法庭记录后面还写道:"卡斯塔涅达乘船离开Liampo时,带上了迭戈和其他14或15名印第安斯人(这些人的名字迭戈已经忘记了),一同前往利马城。"据此可知,卡斯塔涅达和迭戈他们从中国返回美洲后,先是到了秘鲁的利马。后来,卡斯塔涅达派船将迭戈及其他一些"印第安斯人"从美洲送回西班牙。他们启航后,在海上遭到了法国海盗的抢劫。当迭戈和其他幸存者抵达里斯本时,已是"贫病交困,极度饥饿"。里斯本当局把迭戈安置到葡萄牙人费尔南德斯(Juan Fernandes)家里去做仆人。费尔南德斯是个鞋匠,他让迭戈学会了制鞋手艺。

法庭记录还说,迭戈在里斯本生活了十来年后,有一天,莫拉雷斯路过鞋铺,发现迭戈的长相与众不同,于是就问他来自何处,迭戈回答说自己是中国人。莫拉雷斯告诉迭戈,在里斯本一带并无其他中国人,相反,在西班牙的塞维利亚却有许多中国人,他们还会带上迭戈返回故乡。迭戈听信了莫拉雷斯的话,于1565年左右跟他来到了塞维利亚。在塞维利亚,莫拉雷斯雇佣迭戈继续做鞋,每周工资5里亚尔(reales),饭钱另算。为了能够返回故乡,迭戈勤奋工作,还积攒了一些钱。法庭记录写道:"迭戈至今还记得自己故乡的方言,但很少说这种方言",因为在塞维利亚,尽管有两三个印第安斯人懂得中国语言,但没有人能够听懂迭戈的方言。1572年,莫拉雷斯打算到美洲去发财,因而以92个金币(ducados)的价格把迭戈当作奴隶卖给了别人。但迭戈认为,他是"印第安斯人",而根据西班牙法令,"印第安斯人"是自由人,不能作为奴隶出售。因此,迭戈将其主人莫拉雷斯告上了法庭。迭戈向法庭陈述说:"我不是奴隶,由于莫拉雷斯答应帮我回到中国去,所以我才自愿跟他从里斯本来到塞维利亚的……我是个自由人,我有自己的职业，我把自己挣来的钱交给莫拉雷斯，让他替我购置食物和衣服，以便返回中国时所用。"

在法庭上，有不少人为迭戈做证，其中最主要的是一对居住在塞维利亚的夫妻。丈夫名叫埃斯特万（Esteban de Cabrera），妻子名叫胡安娜（Juana de Castañeda）。法庭记录写道，埃斯特万是个"来自中国的印第安斯人"，84岁，也是"宁波人"（natural de Limpoa）。埃斯特万告诉法官说，宁波"位于中国，在西班牙国王陛下统治下的新西班牙的另一侧"，"宁波位于海边，但不是岛屿。由于宁波是个陆地，所以可以从宁波前往内陆各地"。埃斯特万还说，"迭戈就在宁波出生、长大，我也是如此"，"当迭戈还是个六七岁的小孩时，我就认识他了"。法庭记录继续写道："大概26年前，卡斯塔涅达总督率领着两三艘帆船来到中国的这个地方，由于宁波是个海港，所以卡斯塔涅达总督就进入此地。"

埃斯特万在法庭做证的时间是1572年，由此倒推26年，卡斯塔涅达来到宁波的时间应当是1546年。当法官询问埃斯特万是否认识迭戈的家人时，埃斯特万回答说："我不认识迭戈的父母，我是在卡斯塔涅达位于宁波的房子里才初次见到迭戈的。"埃斯特万回忆说，几天后（到底几天他已记不清了），卡斯塔涅达总督率领船只离开宁波返回墨西哥，同时带上了埃斯特万和迭戈。在墨西哥生活了三个月后，他们又来到尼加拉瓜。埃斯特万在法庭上说："卡斯塔涅达总督用船将一批来自中国和秘鲁的印第安斯人送回西班牙，我和迭戈都在船上。"后来船在海上遭到法国海盗抢劫，埃斯特万和迭戈到了里斯本后失散。当埃斯特万在塞尔维亚再次见到迭戈时，迭戈告诉他，"由于莫拉雷斯答应帮他返回中国，所以他才跟随莫拉雷斯来到此城"。

对于埃斯特万的妻子胡安娜，法庭的文书说她"皮肤较黑"，40岁。胡安娜告诉法官，她是"利马城的土生居民"，即美洲印第安人。胡安娜还说："我是在利马初次遇见迭戈的，当时他还是个小孩子，但我记不得有谁提到过他的出生地"，"当卡斯塔涅达总督将一批来自中国和秘鲁的印第安斯人送回西班牙时，迭戈就在其中。我当时是年轻的姑娘，给卡斯塔涅达总督做仆人，根据总督的命令，我和这些印第安斯人一起返回西班牙。"接着，她讲述了从美洲返回西班牙途中遭到法国海盗抢劫的经历。胡安娜最后对法官说："迭戈是个自由人，就像我和我的丈夫一样。"根据时间推算，胡安娜在卡斯塔涅达总督家中做仆人时大概只有十几岁，很可能是被卡斯塔涅达收养的孤儿。

除了埃斯特万和胡安娜这对夫妻外，迭戈还有以下三个主要证人：贾茜娅（Isabel Garcia），傅朗西斯科（Francisco Diaz），罗德里戈（Rodrigo de Cabrera）。他们都是于1575年在法庭上为迭戈做证的。其中，贾茜娅是出生在巴拿马的美洲印第安人，55岁。贾茜娅说，她认识迭戈已有5年了。她相信迭戈是从中国来的，因为"中国离巴拿马很近，来自这两个地方的印第安斯人其实属于同一个民族，说着同样的语言"，"他们的长相也是一样的"。

傅朗西斯科年约45岁，裁缝，是塞维利亚居民。傅朗西斯科对法官说，"我本人就是在宁波这个地方长大的"，所以，"我可以和迭戈用宁波的方言进行交谈"；迭戈不仅在长相、肤色、心态、气质等方面都像宁波人，而且，还能准确地描述出宁波所特有的东西，因此，迭戈无疑就是宁波人。傅朗西斯科还说，"30年前，我从中国来到这里。我听说，凡是从中国来的印第安斯人，都是自由人。"

罗德里戈是个榨油匠，47岁，也宣称是个宁波人。法庭书记员记下了他的证词："大概27年前，卡斯塔涅达总督来到中国的宁波，……本案原告迭戈那时只有8岁左右，来到卡斯塔涅达的住所给他当仆人，他们在一起待了几天，然后卡斯塔涅达总督就离开宁波前往利马城，同时带上了本案证人罗德里戈和原告迭戈。"根据傅朗西斯科的说法，他离开宁波的时间是在30年前，即1545年。罗德里戈说自己是1548年左右（"大概27年前"）离开宁波的。而埃斯特万则说是在1546年。三者说法误差不大，基本相同，都是在1546年前后。据此推断，迭戈作为原告向塞维利亚法庭控告莫拉雷斯时，大约35岁。

法庭记录表明，迭戈、埃斯特万、傅朗西斯科、罗德里戈都是生长在宁波的中国人。大约在1546年，西班牙驻尼加拉瓜的总督卡斯塔涅达率领船队来到宁波沿海，逗留几天后，带上迭戈、埃斯特万、罗德里戈（可能还包括傅朗西斯科）返回美洲，到达秘鲁的利马后，又经过尼加拉瓜、巴拿马等地，最后历经磨难，来到西班牙的塞维利亚。也就是说，他们是从中国出发，向东渡过太平洋，经过美洲，最后横渡大西洋而抵达欧洲的。明末清初的意大利来华传教士艾儒略（Giulio Aleni，1582—1649）在其名作《职方外纪》中记载了从欧洲通往中国的两条海上航线：一条是从葡萄牙出发，越过好望角，渡过印度洋，最终到达中国，即"从西达中国之路也"；另一条是从西班牙出发，渡过大西洋，绕过美洲，渡过太平洋，最后到达中国，即"从东而来"的海上航线。借用艾儒略的说法，我们可以将从葡萄牙绕过好望角到达中国的海上航线称为"环球航线西道"，将从西班牙出发经由美洲抵达中国的海上航线称为"环球航线东道"。根据迭戈等人的说法，他们是通过环球航线东道到西班牙的。但是，这个案子的被告莫拉雷斯则坚称，迭戈是通过环球航线西道来到欧洲的，根本没有经过环球航线东道。

三、迭戈赢了

莫拉雷斯向法官自我介绍说，他是一个出生在葡萄牙、受过良好教育的僧侣。对于迭戈的来历，他向法官讲述了完全不同的故事："大约10年前，我在果阿购得迭戈，他是一个战俘奴隶；正因为他是战俘奴隶，所以我把他带到了莫桑比克的一个小岛上，他在岛上给我当了几年的奴隶；莫桑比克位于葡萄牙所属的印度地区。后来，我把他带到了葡萄牙，接着又带他来到了塞维利亚。在此期间，我一直拥有他，而且一直是把他当作奴隶而拥有的，他对此也无异议。虽然他以鞋匠为职业，而且手艺不错，但他一直承认是我的私人奴隶。"根据莫拉雷斯的说法，迭戈在印度果阿的原先主人是鞋匠拉摩斯（Diego Ramos），正是这个拉摩斯把做鞋手艺教给了迭戈。莫拉雷斯购买迭戈的代价是：给了拉摩斯一个年轻的奴隶，外加金币47元（pardaos）。莫拉雷斯购得迭戈后，让他学会了如何向上帝祈祷。

莫拉雷斯接着对法官说，他们来到塞维利亚之后，以埃斯特万为首的一些印第安斯人教唆迭戈编造假话，谎称自己来自西班牙所属的海外领地、经过美洲而抵达欧洲。莫拉雷斯还向法官介绍了东亚地理的基本知识："亚洲的部分地区处于葡萄牙人的统治之下，而不属于西班牙。"因此，即使迭戈是印第安斯人，他也不是来自西班牙海外领地的印第安斯人，而是来自葡萄牙海外领地的印第安斯人，所以根据西班牙相关法律，迭戈不能获得自由。

莫拉雷斯也找来了许多证人，其中三个是来自莫桑比克的黑人奴隶，分别是20岁的埃奈陀（Hernando）、22岁的迪各（Diego）、23岁的女奴费丽帕（Felipa）。埃奈陀说，他认识莫拉雷斯已有15年，认识迭戈已有10年，正是他陪同莫拉雷斯来到果阿，目睹了购买迭戈的整个过程，并且他清楚地记得莫拉雷斯支付的价钱。根据埃奈陀的说法，迭戈本来是信仰伊斯兰教的，后来才改信基督教。迪各和女奴费丽帕都说，他们是在莫桑比克遇见莫拉雷斯和迭戈的。迪各还说，在果阿和莫桑比克，有很多像迭戈那样来自"葡萄牙人所属中国"的印第安斯人。此外，还有几个黑人奴隶也做证说，他们在莫桑比克就遇见过迭戈。

这样，根据莫拉雷斯及其证人的说法，迭戈早就被人作为奴隶出售到葡萄牙人统治下的印度果阿，然后跟着新主人莫拉雷斯绕过好望角，由环球航线西道抵达欧洲，而不是像迭戈自己所说的那样是从西班牙人统治下的菲律宾出发，经由环球航线东道进入欧洲。由于本案原告迭戈与被告莫拉雷斯的说法完全不同，因此，整个案件的审理颇为曲折。

迭戈于1572年10月向驻塞维利亚的商务局提出申诉后，法庭即着手审理此案。11月，为了保护迭戈的人身安全，法庭决定由律师萨米恩托（Francisco Sarmiento）来监护迭戈。在此期间，莫拉雷斯离开欧洲前往美洲寻找发财机会，留下一个名叫阿隆索（Rodrigo Alonso）的代理人在塞维利亚处理各种事务。莫拉雷斯在美洲通过写信向阿隆索发号施令，同时也写信给法庭进行自我辩护。1573年，阿隆索向商务局提出，请求监禁迭戈。而萨米恩托律师则请求法官把莫拉雷斯从美洲抓回投入监狱。1573年7月，法庭作出了有利于被告莫拉雷斯的判决，萨米恩托律师立即代表迭戈向远在马德里的印第安斯委员会提出上诉。印第安斯委员会决定继续审理此案，并且传唤了包括迭戈在内的许多证人。经过控辩双方的激烈交锋，1575年7月，印第安斯委员会最后裁定：原告迭戈赢得此案，获得自由；被告方赔偿迭戈的一些损失。

　　迭戈一案经过持续三年的审理虽然结束了，但真相并没有因此而彻底大白。因为希尔教授还找到了埃斯特万于1599年3月15日签署的遗嘱。1572年的法庭记录说埃斯特万已有84岁，这显然是法庭书记官的误记，否则埃斯特万在立遗嘱时就有110岁了。埃斯特万于1572年为迭戈做证时，他的妻子胡安娜只有40岁，据此推断，那时的埃斯特万最多50岁。他在1572年说，他是26年前（1546年）离开中国的。如果此话可信，那么，他离开中国时，应当是20多岁的青年。而他在1599年立遗嘱时，应当是七八十岁。更加重要的是，在这份遗嘱中，埃斯特万说自己出生在广东（Canton），而不是宁波。他说自己是从广东到达葡萄牙人占据的澳门，然后从澳门出发，最终到达欧洲。也就是说，他是通过环球航线西道抵达欧洲的，而不是像他此前为迭戈做证时所说的那样，是通过环球航线东道抵达欧洲的。由于埃斯特万很可能并没有经过美洲，所以，我们不知道他是在什么地方遇见美洲印第安人胡安娜的，更不知道他们两人是什么时候结婚的。埃斯特万在遗嘱中说，他的遗产留给自己的女儿阿尔塔米拉诺（Francisca de Altamirano）。阿尔塔米拉诺的丈夫米格尔（Miguel de la Cruz）是个裁缝，很可能也是个中国人。在遗嘱中，埃斯特万吩咐说，要把一些财产捐献给塞维利亚当地的教堂。埃斯特万在遗嘱中还提到了一些债务人，其中一个就是曾为迭戈做证的傅朗西斯科，此外，还有两个"日本人"（japón），一个叫保罗（Paulo），另一个叫曼努埃尔（Manuel）。此前，学术界一直认为日本人最早是在1614年来到塞维利亚的，但这份遗嘱的发现，表明早在1599年日本人就已经出现在塞维利亚了。埃斯特万指定女婿米格尔为自己遗嘱的执行人，并且授权他负责收债。

埃斯特万于1572年在为迭戈做证时曾说过："宁波位于海边，但不是岛屿。由于宁波是个陆地，所以可以从宁波前往内陆各地。"此处所说的宁波，实际上是指1548年之前葡萄牙人在宁波沿海的居留地双屿港，而双屿港是位于六横岛上的。埃斯特万既然说宁波"不是岛屿"，这就表明他并不知道双屿港的实际地理状况。因此，埃斯特万说自己不是宁波人，而是广东人，应当是可信的。

迭戈、埃斯特万、罗德里戈等人多次提到，在1546年左右，西班牙驻尼加拉瓜总督卡斯塔涅达率领船队来到"宁波"（双屿港），并且把他们带到了美洲。考诸历史，当时西班牙确实有个名叫卡斯塔涅达的人，他原是律师，也担任过官职，1531—1535年曾代理西班牙驻尼加拉瓜总督。但卡斯塔涅达在代理尼加拉瓜总督期间名声很差，所以他为了逃避惩处，就离开尼加拉瓜前往巴拿马和秘鲁，后来也确实曾将一批印第安人奴隶从秘鲁运回西班牙。不过，卡斯塔涅达并没有像胡安娜所说的那样担任过秘鲁总督。卡斯塔涅达本人于1541年回到马德里，次年5月去世。因此，在审理迭戈案件时，卡斯塔涅达早已不在人世了。

根据迭戈、埃斯特万等人的说法，1546年前后，他们乘坐卡斯塔涅达率领的西班牙船只离开中国，向东航行，到达美洲。可事实上，西班牙人于1565年才在菲律宾建立立足点，同时发现从菲律宾往返美洲的航线。这样，西班牙人不可能在1547年前后就到达宁波沿海，并顺利返回美洲。在中外文史料中，也没有任何证据表明西班牙人曾到过双屿港。1547年前后在中国沿海活动的是葡萄牙人，而不是西班牙人。迭戈在法庭上说双屿"没有葡萄牙人，但有一些西班牙人"，这显然与历史事实不符。埃斯特万在遗嘱中说自己是搭乘葡萄牙人的船只向西沿着环球航线西道抵达欧洲的，据此，迭戈、罗德里戈等"宁波人"应当也是沿着这条航线来到欧洲的。

那么，迭戈、埃斯特万等人为什么要在西班牙法庭上坚称自己是乘坐西班牙人的船只、由环球航线东道经过美洲而来到欧洲的呢？原因很简单。因为只有这样陈述，才能证明迭戈这个"印第安斯人"并不是来自葡萄牙人所属海外领地，而是来自西班牙海外殖民地，因而理应摆脱奴役、获得自由。所以，这个案件可能的真相是：为了帮助自己的同胞迭戈摆脱奴役获得自由，在塞维利亚的一群中国人策划了这场诉讼。在这些华人中间，埃斯特万的年纪最大，可能也最有财力（尽管这点财产在西班牙人看来大概是微不足道的），应当是原告一方的核心人物。埃斯特万根据自己所掌握的一点环球航线知识以及西班牙法律知识，通过原告及几个证人的陈述，从不同的角度使法官相信迭戈来自西班牙国王所属的海外领地，与葡萄牙人没有任何关系，更不是通过葡萄牙人所控制的海上航线而进入伊比利亚半岛。同时，这个案件也说明，西班牙法官对于东亚地理及政治格局所知甚少，对中国的认识更是肤浅。正是由于当时的西班牙人对中国普遍缺乏足够的认识，所以，从1569年到1586年，才会有许多西班牙殖民者提出征服中国的狂妄计划。

为了使自己的同胞迭戈获得自由身份，埃斯特万在向西班牙法官做证时，甚至不惜改变自己的出生地，自称是宁波人。不过，迭戈的出生地应当就是双屿，至少是双屿附近的某个地方。因为，如果纯粹为了比较容易地获得自由身份，他完全可以声称自己出生于某个明确属于西班牙的地方（例如菲律宾），而根本没有必要把一个有争议的地方说成是自己的出生地。至于傅朗西斯科、罗德里戈是否出生于宁波，则无法确定，因为他们也有可能为了向法官证实迭戈的陈述而自称是宁波人。

根据迭戈等人在法庭上的陈述，迭戈于1546年左右离开宁波时只是个七八岁的孩子，傅朗西斯科和罗德里戈也都不到20岁，埃斯特万比他们稍大一些，应当20出头了。由于迭戈孩提时就已离开了双屿或附近的什么地方，所以，他对故乡已经没有多少记忆了。在回答法官问题时，他只知道自己的故乡位于海边，但无法确定是不是岛屿。他说自己的故乡有龙眼和荔枝这两种水果，这个说法无疑是错误的，因为整个宁波沿海地区都不生长这两种水果。相反，龙眼和荔枝却是广东的常见水果。很有可能，来自广东的埃斯特万误以为宁波也有这两种水果，于是就让迭戈如此陈述。当然，莫拉雷斯找来的证人埃奈陀说迭戈原本是个伊斯兰教徒，这也是根据想象凭空编造出来的，因为16世纪生活在浙江的汉族人根本不可能去信仰伊斯兰教。

葡萄牙人于16世纪初来到中国沿海活动后，正德十二年（1517），就有中国官员谴责葡萄牙人"略买子女"。负责浙闽沿海清剿中外走私集团的朱纨，在嘉靖二十八年（1549）上奏说，葡萄牙人"略取童男童女，烹而食之"。后来，许多中国人又痛斥葡萄牙人"好食小儿"，甚至清代官修的《明史》也说葡萄牙人"掠小儿为食"。实际上，葡萄牙人"好食少儿"之类的传说，并非事实，而是中国人对西方殖民者充满恐惧的想象。但16世纪发生在塞维利亚的迭戈案件表明，葡萄牙人在中国沿海劫掠儿童，则是无可争辩的事实。迭戈、傅朗西斯科和罗德里戈都是在儿童或少年时被葡萄牙人劫走的，而且都受到了奴役。迭戈本人，很可能先被葡萄牙殖民者作为奴隶带走，后来几经辗转，在印度果阿被出售给莫拉雷斯，最终流落到西欧。

从迭戈案件中可以知道，16世纪中期的塞维利亚，已经出现了一个规模很小的华人群体。他们人数不多，最多可能只有十来人，但精诚团结、相互帮助。在异国他乡，他们虽然处于社会的最底层，但都以手艺谋生，或是鞋匠，或是裁缝，或是榨油匠，凭着自己的双手，养家糊口。当他们以奴仆、苦力等身份漂洋过海，被葡萄牙人带到西欧时，身无分文、举目无亲，但他们辛勤劳动、节俭生活，很快白手起家，积累起属于自己的财产。迭戈就准备用积攒下来的钱购置衣物，以返回中国。埃斯特万在遗嘱中还吩咐，要把一些财产捐献给塞维利亚的教堂。我们在这个案件中还可以看到，孩提时就已离开故乡的迭戈，尽管对故乡几乎没有什么记忆，甚至连父母也记不清楚了，但依然对故乡充满了眷恋之情。由此可见，早在全球化的初始时期，中国人一踏上西欧的土地，就表现出正当谋生、勤劳节俭、爱国爱乡的特征。正是这些特征，构成了世界各地华侨的共同基因，虽然历经劫难，但生机勃勃、活力四射。

中国濒临太平洋，中国人海外移民的历史，至少可以上溯到10世纪的唐朝末年，到了宋朝，中国人已经成规模地向东南亚移居。北宋的朱彧在12世纪初完成的《萍州可谈》中说，中国人"过海外，是岁不归者，谓之住蕃"。那些侨居海外的中国人往往被当地土著称为"唐人"，并且享受很高的地位和尊严。曾航行海外的元人汪大渊记载说，东南亚的浡泥人"尤敬爱唐人"。一直以来，古代中国人海外移居的主要目的地是东南亚地区。从1500年前后开始，欧洲人掀起了大规模的海外探险活动，并且主导了全球化进程。但明朝统治者闭目塞听，根本没有意识到外部世界的变化，更拒绝正视全球化的挑战，反而紧闭国门，消极回避。这样，不仅海外中国人的利益得不到保护，而且中国沿海的一些居民也被西方殖民者掠为奴仆。以迭戈为代表的早期欧洲华侨，就是在这样的世界历史背景下来到伊比利亚半岛。他们就像片片枯叶，在全球化的浪潮中，听凭命运的摆布，最后无奈地漂泊到遥远的伊比利亚半岛。这个漂泊过程，可称之为"西漂"。对于16世纪那些"西漂"到伊比利亚半岛的中国人来说，这是一个身心备受摧残折磨的痛苦过程。虽然明朝统治者自认为是世界上唯一的文明中心，以"天朝上国"将远涉重洋而来的欧洲人视为"蛮夷"，但由于首次踏上伊比利亚半岛的中国人主要是奴仆，所以，在16世纪的西班牙，"中国人"（Chinos）这个名称的含义是地位卑贱的奴隶，而"印第安斯人"这个名称却代表着自由。正因为如此，中国人迭戈才要千方百计地向法庭证明自己是个来自西班牙海外领地的印第安斯人，并以坚强的毅力打了整整三年的官司，最终获得自由。这就告诉我们，全球化浪潮自兴起之日起，就是势不可挡的；试图通过紧闭国门来抵抗全球化洪流，是徒劳的；只有当中国积极主动地顺应并争取把握全球化进程时，"中国人"这个称呼才能在世界上获得尊重，中国人才能充满尊严地生活在世界任何地方。

第二章

云游浙江的外国人

无以数计的商人、僧侣、外交使节通过浙江海上丝绸之路前往海外国家，同时，来自不同国家的商人、僧侣、外交使节也通过海上丝绸之路来到浙江，并且以不同的方式推动着浙江走向世界。

第一节　天台山与来自朝鲜半岛的僧人

一、浙江与朝鲜半岛的早期佛教交流

浙江天台山既是风景旖旎的旅游胜地，又是名扬四海的宗教圣地。6世纪后半期，湖北荆州人智顗（538—597）来到天台山，创立了天台宗。这也是中国第一个成熟的本土化佛教宗派。由于天台宗以《妙法莲华经》为基本经典，所以又被称为"法华宗"。智顗则被人称为"智者大师""天台大师"。

智顗在创建天台宗时，正是朝鲜的三国时代。高句丽（前37—668），百济（前18年—660），新罗（前57年—935）三雄争霸，互相征战。在这兵荒马乱的动荡岁月中，从王公贵族到贩夫走卒都在迫切地寻求精神上的避风港，而佛教正好为人们提供了寄托心灵的港湾。在此背景下，从4世纪后期开始，朝鲜半岛上的一些僧人不畏艰辛来到中国学习佛法。其中至少有两个僧人来到天台山，跟随智顗学习。一个是波若，另一个是缘光。

波若是高句丽人，来到中国后，先是在陈朝（557—589）统治下的金陵（现在的南京）学佛。589年，陈朝被隋朝军队灭亡，波若就离开金陵到各地云游。596年，波若来到天台山佛陇寺，拜智颉为师。智颉认为波若悟性很高，是个可造之才，于是就对他说：
"你与天台宗很有缘分，应该找一个安静的地方独自好好修行，这
样必定能够修得正果。距离佛陇寺六七里远的地方，就是天台山最
高峰华顶峰，那里是我当初苦修的地方。你就到华顶峰去苦修吧，
一定会取得精深造诣的。"于是，波若就听从智颉的建议，到华顶
峰上去独自苦修了 16 年，其间不仅没有离开过华顶峰，而且连夜
里也不敢放弃修行。613 年，波若自己感到在人间的寿命即将结
束，于是从华顶峰上下来，先后到佛陇寺和国清寺向其他僧人告
别。几天后，波若端正地坐在国清寺中，安详地去世了。波若是目
前所知第一个长眠于天台山的朝鲜半岛僧人。

　　缘光出身于新罗的名门望族，天资聪颖，早年皈依佛门，但觉
得当时流传于朝鲜半岛的佛教理论比较浅薄，于是来到中国江南地
区，正好智颉在金陵讲授天台宗教义，因而就跟随智颉学习，几年
之后对天台宗有非常深刻的理解。缘光曾经根据智颉的安排来讲解
《妙法莲华经》，并且获得了听众的钦佩。后来，缘光来到天台山继
续研习，对天台宗有了更深的理解。据说有一天突然出现几个人，
说是要请缘光到天上去讲解天台宗。缘光默默地答应了。于是，他
突然停止呼吸，灵魂飞上天空，十天之后才苏醒过来。

　　缘光经过数年苦学，觉得自己已经掌握了天台宗要义，于是决
定搭乘海船返回新罗。由于缘光是从天台山返回新罗的，所以回程
的出发地应当是浙江台州或宁波的某个港。据说缘光与几十人上船
后，到了大海深处，帆船突然停止前进，只见一个人骑着马踏着海
浪飞奔而来，到了船头对缘光说："海神请先生到海底的宫殿中去
讲授佛法。"缘光说："为了弘扬佛法，我可以到海底去。但与我一
起坐在船上的这些人以及这条船，该如何办呢？"这个骑马的人说：

"船上的人都和你一起下到海底好了。船也不用你担心。"于是，缘光就和众人一起下船，海中出现一条平直的大道，而且还是铺满鲜花的。海神派出上百个仆人，把缘光他们迎入金碧辉煌的海底宫殿中。缘光为海神讲解《妙法莲华经》，海神听完之后，赠送给缘光许多珍宝，然后把他们送回到船上。

缘光回到新罗后，致力于弘扬天台宗，直至80岁去世。新罗人还传说，缘光的遗体火化后，舌头却鲜活如故，被缘光的两个妹妹供奉起来。而缘光的这个舌头有时还会念诵《妙法莲华经》。缘光的两个妹妹在研读《妙法莲华经》时，遇到不明白的文句，缘光的舌头居然会解答。关于缘光的这些神奇故事，当然是为了宣扬天台宗而编造出来的，但从中也可以看出朝鲜半岛居民对天台宗的推崇。

进入唐代，朝鲜半岛僧人继续来浙江学习天台宗，可惜只有几个人留下了片言只语的零星记载。南宋时期宁波僧人志磐在其记述天台宗源流的《佛祖统纪》中说，天台宗第七代祖师玄郎（673—754）有三个新罗弟子，分别是法融、理应、纯英。730年，这三位新罗僧人离开天台山回国。台州地方志记载说，国清寺前面有个新罗园，是唐代新罗僧人悟空建造的。不过，我们对这个新罗悟空的生平事迹一无所知。

892年，一个名叫道育的新罗僧人来到天台山，生活在平田寺（也就是现在的万年寺）。道育心怀慈悲，躬行苦修，坚持不懈。一年到头穿着一件厚重的百衲衣，见到残羹剩菜就收集起来作为自己的食物。在用柴火烧水、煮茶时，如果见到柴火中有小虫子，就将柴火扔得远远的，不忍心让小虫子被烧死。夏秋季节，他经常露出自己的胸膛背脊以及脚肚子，说是要用自己的血肉之躯来喂养蚊子小虫，以至鲜血直流。据说有一次道育遇上了一头老虎，结果老虎用鼻子在他身上嗅了嗅之后，就离开了。不过，道育始终没有学会汉语。出生在浙江德清的佛教学者赞宁（919—1001）于935年到天台石梁游览时，曾经和道育住在同一个房间里，但道育只会发出咿咿呀呀人的声音，两人根本无法交流沟通。尽管如此，赞宁在他的著作《宋高僧传》中还是说道育非常善解人意。道育在平田寺生活了40多年后，于938年去世。

道育来到天台山之前，中国历史上发生了两个重大事件。一个是755—763年爆发的安史之乱，使唐朝元气大伤。另一个是唐武宗在位期间（840—846）推行的大规模"灭佛"运动，使佛教受到了沉重打击，天台山国清寺也难逃劫运，所有建筑物被拆毁，僧人们被迫还俗。道育在天台山生活期间，更是中国历史的剧变时代。907年，唐朝灭亡，中国进入分裂动荡的五代十国时期（907—979）。907年，杭州临安人钱镠（852—932）建立吴越国（907—978），统治浙江及周边地区。

在这翻天覆地的剧烈动荡中，天台宗由于遭到连续打击而严重衰落，摇摇欲坠。佛经典籍更是散失殆尽，致使弘法无凭。吴越国刚刚建立时，国清寺的住持是台州人清竦。虽然清竦被尊为天台宗第十四代祖师，但他在讲解天台宗教义时，由于手头没有文献典籍，所以只好空口高论，被人称为"高论尊者"。清竦去世后，他的弟子温州永嘉人义寂（919—987）成为天台宗第十五代祖师。他在天台山螺溪旁建立了自己的道场，其位置在今天台县赤城街道传教村祥云峰下。义寂为了改变缺少典籍的尴尬局面，四处搜求天台宗典籍，但经过多年努力，最终也只是在金华觅获一本智颛写的《净名经疏》。相反，在遥远的高丽（918—1392）却保存着丰富的天台宗典籍。高丽是王建（877—943）创建的王朝，936年统一了朝鲜半岛。在这样的背景下，义寂向德韶（891—971）提出请求，希望设法到朝鲜半岛去求取天台宗典籍。

德韶是浙江龙泉人（也有文献说是缙云人），少年出家，四处寻访名师，长期在天台山弘法，建立了不少寺院。钱镠的孙子钱弘俶（929—988）笃信佛教，曾做过台州刺史，对德韶非常敬仰。钱弘俶于947年年底成为吴越国国王后，就封德韶为"国师"。德韶本人虽然是法眼宗（禅宗中一个派别）的第二代祖师，但他与天台宗的关系非常密切，所以就利用自己"国师"的地位，向钱弘俶建议派人到高丽去求取天台宗典籍。这样，钱弘俶就派出使节，带着德韶写的书信以及贵重礼物前往高丽。

高丽光宗（925—975）收到吴越国的请求后非常重视，于960年派遣一个名叫谛观的高丽僧人护送《智论疏》《仁王疏》《华严骨目》《五百门》等佛教典籍来到吴越国，同时也和中国僧人讨论佛教教义。高丽王光宗还特地嘱咐谛观说："《智论疏》等书是禁止流传的佛教典籍，你到了中国后，可以向中国僧人请教书中的难点，如果中国僧人答不上来，你就不要把这些典籍交给中国僧人，早点回国。"960年，谛观从高丽出发，第二年来到天台螺溪，拜访义寂。结果，出乎高丽国王预料的是，谛观被义寂的佛学造诣所折服，不仅心悦诚服地把带来的所有典籍奉献给义寂，而且还师从义寂，留在螺溪研习天台宗，直到970年左右去世。谛观去世后，人们在他的遗物中发现了一本《天台四教仪》。在这本著作中，谛观对天台宗教义进行了深入浅出的阐释，后来成为学习天台宗的基本入门书。谛观在天台山期间撰写的这本《天台四教仪》，流传很广，《佛祖统纪》说它"盛传诸方"，甚至传入了朝鲜半岛、日本等地。历史上有100多位学者对《天台四教仪》进行过注释。

二、宝云义通

谛观将天台宗的大量典籍从高丽带回中国，为天台宗的复兴奠定了坚实的基础。天台宗学者后来这样评价说："教门中兴，实基于此！"而与谛观同时代的另一位朝鲜半岛僧人，来到浙江之后直接成为天台宗的第十六代祖师，从而为天台宗的复兴做出了更大的贡献。这个僧人就是义通（927—988）。

义通的生平事迹，主要收录在南宋志磐撰写的《佛祖统纪》中。这部著作记载说：义通，俗姓尹，字惟远，出生在高丽的一个王族家庭，母亲姓耽；义通因出生时与常人不同，所以自小被送入一个叫"龟山院"的高丽寺院中学习佛法；长大后，他对《华严经》《大乘起信论》有比较精深的研究；950年前后，义通来到中国。遗憾的是，在朝鲜半岛的文献中，找不到关于义通家庭及龟山院的记载，所以我们不知道他来华前的活动。

义通来到中国后，先是到天台山云居寺跟随德韶学习禅宗。当时云居寺是比较兴盛的，有500左右僧人。相比之下，天台宗第十五代祖师义寂在螺溪居住的寺院却显得冷清没落。用南宋宁波高僧宗晓的话来说，此时的天台宗"经五代离乱，仅存一线"。不知由于什么原因，义通在德韶门下学习禅宗并且取得一定成就之后，下决心来到螺溪，跟随义寂学习天台宗。

义通在义寂的指导下专心学习，在佛学上造诣日进，成为义寂的得意弟子，并且获得了很高的声誉。义通在螺溪生活了近20年后，决定离开天台，返回高丽去传播天台宗。于是，他来到宁波，等待前往高丽的商船。当时宁波的最高官员（刺史）名叫钱惟治

（949—1014），他是吴越王钱镠的曾孙、钱弘俶的养子。钱惟治听说义通到来后，就以隆重的礼节前去拜见，并且请义通为自己授戒。宁波的其他官员及僧人也纷纷向义通请教。钱惟治还盛情邀请义通留在宁波传授天台宗，而义通却回答说："我就是打算回到高丽去传教，而不是留在这里。"钱惟治说："传教的目的是普度众生，既然如此，何必一定要返回高丽呢？留在这里不是一样可以普度众生吗？"这样，在钱惟治的执意挽留下，义通只好留在宁波。

当时宁波有个名叫顾承徽的人，以前曾经做过福州转运使，是个很有权势的官员。在古代宁波城内，月湖周边是富人贵族的居住区，顾承徽在月湖东侧也有房子。顾承徽多次听过义通讲解佛经，对义通深为敬佩，于是在968年将月湖边的房子捐献出来，作为义通传教的寺院。在义通的主持下，这个寺院发展很快，十余年后已有房子100多间、佛像70尊、僧人50多人。981年年底，义通的弟子延德到汴京请求宋太宗御赐寺额。第二年，宋太宗赐其"宝云禅院"之额。此后，义通生活的寺院就被人称为"宝云寺"，义通本人则被称为"宝云义通""宝云通公"等。

宋朝皇帝亲赐寺额，大大提高了宝云寺的地位，促进了宝云寺的发展。义通本人也"誉振中国"，受到了人们的敬重。已经"纳土归宋"的钱弘俶与义通也有书信往来，并且写过几首诗赞美义通，有三首被幸运地保存至今。其中一首诗题为《宝云通公法师真赞》，全文为："不离三界，生我大师；白毫异相，满月奇姿。戒珠普照，慧海无涯；人天福聚，瞻之仰之。"志磐在《佛祖统纪》中说，义通的头顶有个肉髻，眉毛如果拉直的话有五六寸长。通过钱弘俶的这首诗，我们可以想象义通堂堂相貌，以及长长的白色眉毛。钱弘俶的另外两首诗标题都是《诗寄赠四明宝云通法师》，其中最后一首为："相望几千里，旷然违道情。自兹成乍别，疑是隔浮生。得旨探玄寂，无心竞利名。苑斋正秋夜，谁伴诵经声？"从这首诗中，我们可以看到钱弘俶对义通的仰慕之情。

义通在宝云寺弘法过程中，培养了众多弟子。其中最为重要的有两个，分别是尊式（964—1032）和知礼（960—1028）。尊式是宁海人，宋朝皇帝后来赐他"慈云大师"之号。尊式这样称赞他的恩师义通："章安既往，荆溪亦亡；诞此人师，绍彼耿光。"文中的"章安"，是天台宗第五代祖师灌顶（561—632）的别号；"荆溪"则是天台宗第九代祖师湛然（711—782）的别号。知礼是鄞县人，宋朝皇帝后来赐他"法智大师"之号。知礼继承了义通的衣钵，成为天台宗第十七代祖师。他还是一位技术精湛的雕版专家，日本清凉寺释迦像纳入品中的弥勒像上就注明是"越州僧知礼雕"（参见本书第210页）。

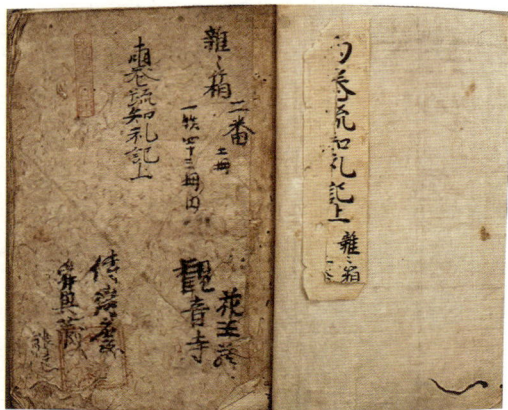

日本收藏的知礼著作《两卷疏知礼记》

天台宗发源于天台山，隋唐时期非常兴盛，但唐朝灭亡后日益衰落，甚至到了"仅存一线"的地步。义通来到宁波后，致力于传教弘法，并且培养出尊式、知礼等年轻英才，天台宗因此而逐渐复兴，义通被誉为"中兴教观之鼻祖"。此外，天台宗的中心也从天台山转移到了宁波。明代重立天台山祖庭的高僧无尽（1554—1628）写过一本记载天台宗历史的著作《天台山方外志》，他在书中这样感叹："台教正统，智者而下迄螺溪凡十二世，皆弘道兹山。自宝云传教四明，法智中兴之后，是道广被海内，而四明、三吴尤为繁衍。台山者始渐浸微，亦犹佛教盛传震旦，而西域是后终晦不明。"民国时期编写的《鄞县通志》则总结说："五代以后，台宗衰于台而盛于明。"

义通到宁波之后，不仅推动了天台宗的复兴，而且也促进了宁波佛教事业和文化事业的兴旺。他生活的宝云寺，迅速发展成宁波城内一个重要寺院。义通和他的宝云寺也被历代宁波人视为宁波的自豪。南宋宁波重臣史浩（1106—1194）在拜访宝云寺时，曾经写过一首专门赞美义通的诗歌，其前半部分这样写道："止观宗旨，鼎盛于隋。末法不竞，将遂堙微。通师崛起，三韩之湄。风帆万里，舍筏从师。得道已竟，言归有期。四明檀越，顾氏承徽。捐宅为寺，尽礼邀祈。名曰宝云，金刹巍巍。师既戾止，学徒影随。户外屦满，声走天涯。台山坠绪，接统兴衰。"这些诗句，生动地概括了义通对天台宗的贡献。清代浙东学术的代表人物全祖望（1705—1755）在描述月湖时也这样写道："并湖甲第，嵯峨尺五。碧瓦朱甍，更仆难数。其最先者，给事故庐，犹传仙坞，漕使遗居，后为梵宇。吾不能毕陈矣"；"是邦仙释之场也，洞天福地则有其四，佛地则有其三。其在湖上，有可言者，宝云片石，义通传教；延庆尊者，于焉分派。"全祖望自己注明，这里的"漕使遗居，后为梵宇"，就是指最初由顾承徽捐献出来的宝云寺。

　　根据文献记载，以顾承徽所捐房屋为基础的宝云寺，位于现在海曙区宁波市第一人民医院的东侧。南宋嘉定十三年（1220），宁波官员在宝云寺西侧建立起鄞县县学。到了明朝初年，由于鄞县县学的扩建，县学与宝云寺紧挨在一起。县学的师生们认为，宝云寺里的念经梵唱之声严重干扰了他们诵读孔孟圣人著作，于是要求地方官把宝云寺迁走。另一方面，宝云寺的僧人们也觉得与县学相邻颇有不便，希望能够迁到别处去。宝云寺的僧人最后在月湖边的竹湖坊找到了一块空地，并于1500年将宝云寺迁到此地，而原来的宝云寺则被并入了鄞县县学。

　　在竹湖坊新建的宝云寺，在明清时代依然比较兴盛。在19世纪后半期绘制的《宁郡舆地图》上，就有红色外墙的宝云寺。清朝灭亡后，宁波逐渐建立起新式基础教育体系，但宝云寺没有变动。这样，在1914年出版的《最新宁波城厢图》上，宝云寺的北面就出现了高等小学校（即现今宁波市海曙区镇明中心小学的前身）。1949年新中国成立后，宝云寺已经破败不堪，只留下大雄宝殿。

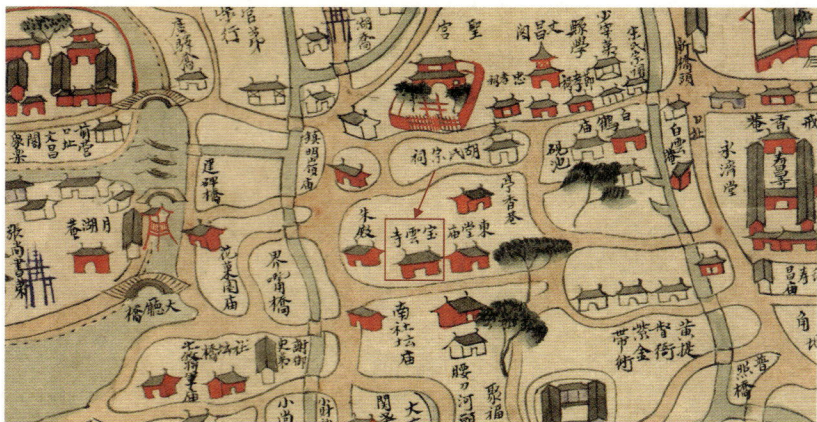

清末《宁郡舆地图》上的宝云寺

后来宝云寺被拆，在其原址上先后设立过土纺厂和电池厂。现在，这里已经成为居民区。

义通在宁波生活了20年后，于988年去世。他的遗体火化后，被埋葬在阿育王寺的西北角，因为义通生前曾经多次应邀在阿育王寺讲经授法。但60多年后，义通的墓地已经一片荒芜。1125年左右，宝云寺和阿育王寺的僧人一起把义通的遗骨迁葬到阿育王寺对面的乌石岙。这样，义通这位来自朝鲜半岛的天台宗祖师就长眠在浙江的土地上，成为浙江与朝鲜半岛文化交流的一个象征。

三、高丽王子

义通出生在朝鲜半岛，渡海越洋来到中国江南，在天台宗"仅存一线"的危急时刻继承了天台宗的命脉，承担起了复兴天台宗的使命，为天台宗的发展和浙江佛教的繁荣做出了不可磨灭的贡献，被后人尊为天台宗第十六代祖师。在他去世后将近一个世纪，另一个高丽僧人则把天台宗从浙江带回了高丽。这个僧人就是义天（1055—1101）。

义天是高丽国王文宗（王徽）的第四个儿子，原名王煦，字义天。由于宋朝哲宗皇帝（1077—1100）的名字叫赵煦，所以，为了避讳，这个高丽王子后来就把"义天"当作自己的名字，而不再使用王煦这个名字了。义天11岁就被父母送入寺院学习佛法。他在寺院中刻苦学习，自强不息，很快获得"僧统"职位，高丽国王还赐给他"祐世"称号。义天去世后，高丽国王又赐他"大觉"谥号，册封他为"国师"。这样，义天又被人称为"僧统义天""大觉国师"。

义天学习佛教时，高丽流行的是华严宗和法相宗，天台宗虽然已经传入，但并没有形成体系，更没有得到国家的正式承认。义天本人主要学习华严宗，同时又对其他宗派怀有浓厚的兴趣。令他特别遗憾的是，天台宗尚未在高丽扎根。于是，他决心到宋朝来拜师求法。他还通过往来于宋朝与高丽之间的商船，和宋朝的高僧建立了密切的联系。

和义天联系密切的宋朝高僧中，有一个叫净源（1011—1088），俗姓杨，泉州晋江人，所以又被人称为"晋水"。净源早年在东京（开封）、五台山等北方地区寻师习佛，后来到泉州、苏州、杭州、秀州（今浙江省嘉兴市）等南方地区活动。净源被后人尊为华严宗七代祖师或第十代祖师。净源在世时，他的一些著作就传入了高丽。高丽国王对净源非常钦佩，曾托商人把信件及黄金等礼物带到明州，打算赠送给净源。明州官员将此事上报给朝廷，宋神宗特地恩准净源领取高丽国王的书信及礼物。义天对净源也很仰慕，曾经委托商人把自己的亲笔信交给净源，表达敬意。净源获知义天并非一般的僧人，所以就在回信中邀请义天来中国。净源的盛情邀请，更加激起了义天到宋朝求学的欲望。为此，他专门向高丽国王请求入宋学佛。但由于当时辽、宋正处于对峙之中，高丽君臣担心有着特殊身份的义天一旦入宋，很可能会得罪辽国，所以没有同意义天的请求。这样，义天只得于元丰八年（1085）四月初七夜里带着几个门徒，更换衣服，悄悄搭上宋商林宁的船只从高丽出发，五月初二到达密州板桥镇（今山东胶州市）。

在接下来的日子里，义天从板桥镇出发，由陆路于七月初六到达宋朝首都汴京。1085年七月二十一日，宋朝哲宗皇帝接见了义天。八月底，义天在宋朝官员的陪同下，第一次离开汴京，沿着大运河前往南方，于这一年年底到达杭州。当时净源正在杭州城内担任大中祥符寺的住持，义天专门来到这所寺院，见到了净源。这对早有书信往来的师徒，终于见面，双方相见恨晚，感慨万千，倍加珍惜师生之谊。也正是在这个时候，杭州知州蒲宗孟邀请净源到杭州城外玉岑山西北的慧因寺担任住持。这样，义天也随着净源来到了慧因寺，并且捐出银子用于慧因寺的建设。

义天在杭州与净源等高僧们共同探究佛法时，远在高丽的义天母亲因为思念儿子而要求高丽国王写信给宋朝皇帝，设法让义天尽快返回高丽。宋朝哲宗皇帝收到高丽国王的请求后，就要求义天赶紧回到汴京。这样，义天只得离开杭州，在净源的陪同下前往汴京。一路上，师徒两人不停地探讨佛学问题。1086年二月十三日，义天再次进入宋朝首都汴京，几天后向宋哲宗当面辞别。三月初二，义天和净源一起离开汴京南下。途中，两人专门到了秀州真如寺，因为净源的老师长水法师是在这里去世的。义天见到长水法师的纪念塔已经倒塌了，就捐钱给真如寺的僧人们，让他们把长水法师纪念塔修缮好。

1086年四月，义天和净源回到杭州慧因寺。净源为义天举行了庄重的传道仪式，要求他回到高丽后努力弘扬佛教。净源还把自己珍藏了50年的佛经、香炉和拂尘这三样私人物品交给义天，作为师徒之间一脉相承的信物。为了说明赠送这三件信物的意义，净源同时写了两首诗。第一首是："青炉黑拂资谈柄，同陟莲台五十年。今日皆传东海国，焚挥说法度人天。"第二首是："离国心忙海上尘，归时身遇浙江春。休言求法多贤哲，自古王宫只一人。"此处的"东海国"是指高丽，"自古王宫只一人"就是指义天。从中可以看出，净源对来自高丽的义天寄托了多么深厚的期望。义天自己也写了一首诗答谢净源："远结因缘应累劫，忝窥章句又多年。

今承信具增何愿，慧日光前睹义天。"义天在诗中既抒发了对净源的感激之情，又表达了自己要到高丽去竭力弘传佛法的决心。

义天离开杭州后，并没有马上登船回国，而是前往天台山朝圣。他到过佛陇寺，在天台宗创始人智者大师的真身塔前发誓，一定要把天台宗传回高丽（"誓传教于东土"）。义天还登上了石梁，观礼瀑布，礼拜罗汉。离开天台山后，义天来到明州（宁波），住在城内的延庆寺中。负责接待义天的僧人是鄞县人明智和他的弟子法邻。义天把明智尊为师长，虚心请教。法邻则成为义天的好友。在明州期间，义天还到阿育王寺拜见住持怀琏（1009—1090）。怀琏是福建漳州龙溪人，自小出家，四处学佛，造诣高深。在高丽的文献中，保存着一首怀琏赠送给义天的诗作，题为"短颂送鸡林僧统"，署名为"大宋阿育王无觉子怀琏"。诗中赞美义天"不爱日东大宝位，剃除须发服袈裟"。

五月十二日，义天搭乘高丽赴宋朝贺使的帆船离开宁波，二十九日抵达高丽国境。此后，义天在高丽致力于传播天台宗，成为高丽天台宗的创始人。他仿照浙江天台山国清寺，于1097年五月在高丽建成一个名为"国清寺"的寺院，并任第一代住持。义天回国后，还与浙江的僧人保持频繁的书信往来。他曾写信邀请宁波僧人法邻到高丽国清寺去讲学三年，法邻在回信中表示非常乐于接受邀请。但法邻最后大概并未去成，原因不明。

义天与杭州慧因寺净源的联系更是频繁。1088年，义天通过海上商人把180卷典籍捐献给慧因寺，其中包括在中国已经失传了的《华严经》译本等。这一年十一月，净源在慧因寺去世。义天获悉后，特地派人搭乘商船到达杭州，前来祭奠。义天还向宋朝政府请求把净源的舍利子带回高丽供奉。宋朝皇帝哲宗不顾大臣的反对，批准了这个请求。1099年，义天捐献2000两黄金，在慧因寺内建造藏经阁，用来收藏《华严经》等珍贵典籍。净源的弟子希仲担负起建阁的任务。1101年初，藏经阁建成。希仲还把藏经阁绘成图画，寄送给远在高丽的义天。遗憾的是，杭州慧因寺藏经阁建成后不久，年仅47岁的义天于1101年十月五日在高丽去世。不过，他创立的高丽天台宗却代代相传，成为朝鲜半岛的重要佛教派别。他留在慧因寺的印记也没有因为他的去世而消失。

慧因寺是吴越王钱镠在927年创建的，宋朝建立后已经年久失修。净源担任住持后，慧因寺进入兴盛阶段。义天不仅捐献了大批珍贵典籍，而且还出资建造藏经阁，使慧因寺名声大振，甚至被人誉为"华严第一道场"。由于义天的慷慨捐赠，慧因寺也获得了"高丽寺"这个俗称。从宋朝灭亡到辛亥革命之前，慧因寺经历了无数天灾人祸，多次崛起，又多次衰落。特别是在1860年至1864年间，由于清军与太平军在杭州持续交战，慧因寺因此完全被毁。1949年之后，这里先后建起花卉苗圃及木材加工场等。2004年，杭州市开始复建慧因寺，经过两年多的建设，2007年正式向游客开放，并且成为以寺庙建筑为载体、以宗教文化为基调的特色旅游景点，每年都有大量游客前来观光。

从上面的介绍中可以知道，浙江天台山与朝鲜半岛虽然相隔千山万水，但缘分很深。唐代，朝鲜半岛僧人陆续来到天台山学习佛法。五代至北宋时期，失传了的天台宗文献典籍又从朝鲜半岛回流浙江。义通更是在天台宗"仅存一线"的时刻担当起复兴天台宗的重任。义天不仅将天台宗的种子撒在朝鲜半岛的土地上，而且还使它开花结果。那么，天台山与朝鲜半岛之间为什么会有如此深厚的缘分呢？宋代曾出现过这样一种解释：天台宗创始人智者大师曾在台州沿海见到渔民们捕鱼杀生，于是大起慈悲之心，从渔民手中买下那些垂死挣扎的海鱼，在向这些海鱼授戒说法后，将它们放回大海之中；这些具有法力的海鱼在东海中畅游到了朝鲜半岛，所以天台宗就在朝鲜半岛兴旺发达；在天台宗典籍散佚"仅存一线"的时候，朝鲜半岛的僧人不仅将典籍送回，而且还致力于复兴大业，以此来报答智者大师的放生之恩。也就是说，所有因缘，都在于智者大师当年的海边放生。这种充满神秘色彩的说法，当然是根据佛教因果报应理论而编造出来的，其目的也是宣扬佛教的果报理论，提倡放生行善。不过，在这个有点玄乎的传说中我们可以看到，那些被智者大师放生了的海鱼正是通过东海游到朝鲜半岛的。所以这个传说实际上折射出这样一个事实：浙江与朝鲜半岛之间的联系是通过海上丝绸之路而建立起来了。这个传说从一个侧面反映了浙江海上丝绸之路的历史地位。

第二节　中世纪西欧旅行家的"天城"之行

一、马可·波罗描绘的杭州

古代海上丝绸之路不仅把浙江与亚洲国家联系起来，而且还辗转延伸到了欧洲。一些欧洲人也通过海上丝绸之路进出浙江，其中最为著名的无疑是意大利威尼斯人马可·波罗（Marco Polo，

1254—1324）。

　　马可·波罗出生在意大利威尼斯一个商人家庭。"波罗"是姓，"马可"是名。马可·波罗的祖父共生下了三个儿子：老马可（Marco the Elder），尼古拉（Niccolò），马菲奥（Maffeo）。马可·波罗是尼古拉的儿子。马可·波罗家的老宅至今还在，紧贴着一条运河，距离威尼斯著名的里阿尔托桥（Ponte di Rialto）步行不到五分钟。不过，由于原来的房子在1597年被火所毁，所以现在见到的房子是后来重建的，而且房子的主人也几经变换，早已不属于马可家族的了。现在的房子上面挂着一块牌子，上面写着："这是马可·波罗的房子。他曾到亚洲最远的地方旅行过，并且进行了介绍。1881年，根据市政府命令而立此牌。"

马可波罗故居

　　当时的威尼斯是个繁荣强大的商业共和国。1204年4月，由西欧国家组成的第四次十字军攻陷拜占庭首都君士坦丁堡。由于威尼斯海军在这一战役中发挥了关键作用，所以，在瓜分拜占庭帝国时，威尼斯除了获得大片领土外，还获得了君士坦丁堡八分之三的城区。这样，君士坦丁堡城内就出现了一个威尼斯人居住区，许多威尼斯人在这里生活和经商，波罗家族也是如此。为了家族的生意，尼古拉和马菲奥离开威尼斯，前往君士坦丁堡。对于尼古拉兄弟离开威尼斯的时间，学术界有两种不同的说法：第一种说法是1253年，也就是马可·波罗出生之前；另一种说法是1260年。目前尚无法确定哪种说法正确。

大概在1261年上半年，尼古拉和马菲奥从君士坦丁堡出发，前往克里米亚半岛东南的苏达克港（Soldaia），那里也有他们家族的商业据点。接着，他们进入钦察汗国经商。由于战乱阻断了尼古拉兄弟回家的道路，他们只得继续向东前进，最后越过中亚，来到元上都（位于现在的内蒙古自治区锡林郭勒盟正蓝旗上都镇，2012年被列入世界遗产名录），受到了元朝皇帝忽必烈的接见。忽必烈请尼古拉兄弟充当使者，远赴罗马，恳请教皇选派一些传教士来中国。1266年上半年，尼古拉兄弟从上都出发，踏上了回乡之路，1269年回到威尼斯家中。此时，尼古拉的妻子已经去世，而他的儿子马可·波罗则已长成一个翩翩少年。

1271年，马可·波罗随同他的父亲尼古拉和叔叔马菲奥离开威尼斯，前往亚洲。经过长途跋涉，于1275年夏天抵达元上都。不久，忽必烈在元朝的大都（北京）接见了马可·波罗一行三人。马可·波罗自己说，他在中国深得忽必烈的喜欢，不仅奉命巡视全国，而且还到过缅甸等国。1291年初，忽必烈派出外交使团从泉州启航，沿着海上丝绸之路前往位于亚洲西部的伊利汗国，马可·波罗和他的父亲、叔叔三人同行。他们到了伊利汗国后，又水陆兼程，经过漫长的旅行，于1295年回到了故乡威尼斯。从现存的文献来看，马可·波罗回到威尼斯后，依然广泛参与商业活动。

中世纪的意大利并不是一个统一的国家，而是分裂成几个独立的城市国家，除了威尼斯之外，还有热那亚、佛罗伦萨、比萨等。后来，马可·波罗被关进了热那亚人的监狱。对于其中原因，有几种不同的说法。第一种说法是，马可·波罗参加了1294年威尼斯与热那亚之间的海战，最后因被俘而入狱。第二种说法是，他是在1298年威尼斯与热那亚的海战中被俘的。近来有学者提出，马可·波罗在海外冒险20多年平安回家后已经40多岁了，不太可能会去参加充满危险的海战，他很可能是被一群代表热那亚政府利益的海盗抓走的。不管什么原因，反正马可·波罗被关进了热那亚的监狱中。

在热那亚的这个监狱中，还关押着一个名叫鲁思梯切洛（Rustichello da Pisa）的比萨人。1284年，比萨与热那亚两国海军在梅洛利亚（Meloria）海战，结果比萨惨败。许多人认为，鲁思梯切洛就是因为这场海战而被俘的，直到1299年才被释放。但也有人认为，鲁思梯切洛可能是在1296年或1298年比萨与热那亚的交战中被俘的。鲁思梯切洛还是一位通俗故事作家，他所写的一部关于亚瑟王传奇的作品《梅利阿德》残存至今。在热那亚的监狱中，马可·波罗向鲁思梯切洛讲述了自己在东方的旅行见闻，鲁思梯切洛用法语和意大利语混合着将其记录成书，最初的书名应当是《寰宇记》（Le Devisement du Monde），我们一般将其称为《马可·波罗游记》。通过比较，学者们发现《马可·波罗游记》开头部分在用词及结构上，都与鲁思梯切洛的《梅利阿德》非常相似。鲁思梯切洛正是凭借自己的文学创作才华，把马可·波罗讲述的旅行见闻转化为畅销全球的名作。

《马可·波罗游记》原稿早已失传，但此书问世后，深受读者欢迎，并且被译成不同的文字，广为传抄，这样就出现了许多抄本，书名也不尽相同。2007年，还有抄本被人发现。根据法国学者嘉棣（Christine Gadrat-Querfelli）在2015年所做的统计，目前已知的《马可·波罗游记》抄本共有141种，包括：F本（法语—意大利语混合），FG本（法语），TA本（托斯卡纳语），VA本（威尼斯语），Z本（拉丁语）。其中F本最接近原文。不过，对于这些抄本之间的演变谱系，目前尚无定论。除这些抄本外，还有一种重要的早期刊本，就是意大利学者拉木学（G. B. Ramusio，1485—1557，中文又译作"剌木学""赖麦锡"等）于1559年编辑出版的意大利语译本，简称R本。中文著作对马可·波罗的介绍，最早可以上溯到1837年德国传教士编辑出版的《东西洋考每月统记传》。目前国内最流行的译本是商务印书馆1936年初版的冯承钧所译《马可波罗行纪》。

在《马可·波罗游记》中，中国北方地区被称为"契丹"（Cataio、Cathay等），因为契丹人建立的辽（907—1125）曾经统治过这片广大的区域；元大都根据蒙古人的称呼而被称为"汗八里"（Chambaluc）；中国南方地区被称为Mangi（又作Manzi等），这是汉语"蛮子"的音译，原是中国北方地区对南宋民众的蔑称；杭州则被称为Quinsai（又作Quinsay、Kinsay等），这是汉语"行在"的音译，因为1138年南宋定都杭州后，将杭州称为"行在所"或"行在"，意为皇帝临时暂住的地方，以表示收复北方故土的决心。马可·波罗还根据"上有天堂，下有苏杭"之类的汉文谚语，把杭州称作"天城"（celli ciuitas）。

根据《马可·波罗游记》的记叙次序，马可·波罗是从中国北方进入浙江的。他自北而南经过淮安、扬州、南京、镇江、苏州等地后，来到吴兴（现在属于湖州市），称赞其为"大而富庶之城"。从吴兴出发，他来到一个被称为 Cianga（不同抄本将其分别写作 Caiugan、Ciangan、Cianghin、Cinghan、Cangan 等）的城市。马可·波罗说，此城"甚大而富庶，居民是偶像教徒，臣属大汗，使用纸币，恃工商为活，织罗（taffetas）甚多，而种类不少"。从此城出发，骑马三日可到杭州。

从 19 世纪开始至 20 世纪初，学者们对于这个 Cianga 的中文原名，有几种不同的说法。有人认为，Cianga 应当是"长安"的对音，即今天浙江省嘉兴市海宁市所辖的长安镇。宋元时代，长安镇位于运河旁边，是个交通枢纽。元代长安镇设有站赤，《永乐大典》说："长安站，船三十只，正户三十户，帖户三百三十一户。"南宋《咸淳临安志》还记载说，盐官县在杭州"东一百九十里"，长安镇又在盐官县城的"西北二十里"。现在长安镇至杭州的公路全长大约 50 公里。这样，如果骑马的话，从长安镇出发当天即可到达杭州，根本不需要三天。冯承钧据此指出："元代固有长安县，在运河上，但距杭州仅数小时航程，与本书所志三日程之距离不合也。"这样，有人提出此地名应是"松江"的对音，但这一观点显然不对，因为松江在元朝被称为华亭。英国学者玉尔（H. Yule）认为是"嘉兴"，冯承钧则认为是"长兴"的对音。不过，所有这些观点，都无法令人信服。1932 年，西班牙托莱多教会图书馆（Chapter Library of Toledo）发现了一部新的《马可·波罗游记》拉丁文抄本。由于这部抄本是由一位名叫才拉达（Zelada，1717—1801）的主教捐献的，所以被简称为 Z 本。这部本子上明确记载，从"Cianga 到杭州骑马行走一天"，这样，终于可以确定，Cianga 就是

"长安"的对音。马可·波罗说骑马从长安出发，行走一天可以到达杭州，与两地间的实际距离相符。其他抄本中的"三日"之数字，应当是误抄。

离开长安镇之后，就到了杭州。《马可·波罗游记》对于杭州的记载非常丰富，约占全书的十五分之一，而且是这部游记中最精彩、最重要的内容。此外，在不同的抄本及刊本中，关于杭州的内容也不尽相同。慕阿德（A.C. Moule，又作"穆勒""穆尔"等）与伯希和（P. Pelliot）经过比较后指出，《马可·波罗游记》中关于杭州的内容可以根据主题分成长短不一的60节，其中F本有31节，Z本有24节，R本有57节；因此，某个抄本中的有些内容，在另外抄本中就不一定找得到；即使是共同的主题，不同抄本的字数也是不同的，例如关于南宋皇宫的部分，R本有近700个词汇，而在其他抄本中只有一两百个词汇。不同抄本中杭州部分的这些差异，反映了《马可·波罗游记》早期抄本的多样性与复杂性，同时也表明，关于杭州的记叙是探究《马可·波罗游记》众多抄本演变谱系的一条重要线索。

《马可·波罗游记》把杭州称为"行在"，并且说"城之位置，一面有一甘水湖，水极澄清，一面有一甚大河流"。显然，此处的"甘水湖"是指西湖，"甚大河流"则是指钱塘江。对于杭州，这部游记着重叙述以下五个方面的内容。

第一，宏伟的城市：杭州城"周围广有百哩。内有一万二千石桥"，"桥拱甚高，船舶航行其下，可以不必下桅，而车马仍可经行桥上"；"此城有大街一百六十条，每街有房屋一万，计共有房屋一百六十万所，壮丽宫室夹杂其中"；"城中街道皆以石铺地"；"此行在城中有浴所三千，水由诸泉供给，人民常乐浴其中，有时足容百余人同浴而有余"。

第二，美丽的西湖："城中有一大湖，周围广有三十哩，沿湖有极美之宫殿，同壮丽之邸舍，并为城中贵人所有。亦有偶像教徒之庙宇甚多。湖之中央有二岛，各岛上有一壮丽宫室，形类帝宫"；"湖上有大小船只甚众，以供游乐。每舟容十人、十五人，或二十人以上"；"舟中席上之人，可观四面种种风景。地上之赏心乐事，诚无有过于此游湖之事者也。盖在舟中可瞩城中全景，无数宫殿、庙观、园囿、树木，一览无余"。

第三，壮丽的皇宫："此城尚有出走的蛮子国王之宫殿，是为世界最大之宫，周围广有十哩，环以具有雉堞之高墙，内有世界最美丽而最堪娱乐之园囿，世界良果充满其中，并有喷泉及湖沼，湖中充满鱼类。中央有最壮丽之宫室"；王宫内部分为三大部分，"中部有一大门，由此而入，余二部在其旁。（东西）见一平台，上有高大殿阁，其顶皆用金碧画柱承之。正殿正对大门，漆式相同，金柱承之，天花板亦饰以金，墙壁则绘前王事迹"；王宫中"有小林，有水泉，有果园，有兽园"，还有装饰华丽的回廊，"宽六步，其长抵于湖畔。此廊两旁各有十院，皆长方形，有游廊，每院有五十室，园囿称是，此处皆国王宫嫔千人所居。"

第四，繁荣的商业："城中有大市十所，沿街小市无数"；十个大市场周边，"建有高屋。屋之下层则为商店，售卖种种货物，其中亦有香料、首饰、珠宝"；城中还有"石建大厦，乃印度等国商人挈其行李商货顿止之所"；"每星期有三日，为集市之日，有四五万人挈消费之百货来此贸易"。

第五，完备的消防："此城有一山丘，丘上有一塔，塔上置一木板，每遇城中有火警或他警时，看守之人执棰击板，声大远处皆闻，人闻板声，即知城内必有火警或乱事"；"每一街市建立石塔，遇有火灾，居民可藏物于其中"；"若见一家发火，则击梆警告，由是其他诸桥之守夜人奔赴火场救火，将商人及其他被害人之物，或藏之上述之石塔中，或运至湖岛"。

《马可·波罗游记》还专门介绍了杭州湾畔的贸易港澉浦（今属浙江省海盐县）。书中这样写道："海洋距离杭州城有二十五哩，在一名澉浦（Ganfu）城之附近。其地有船舶甚众，运载种种商货往来印度及其他外国，因是此城愈增价值。有一大川自此行在城流至此海港而入海，由是船舶往来，随意载货，此川流所过之地有城市不少"。

二、羊皮纸上的"天城"

马可·波罗把杭州称为"世界最富丽名贵之城"，这就激起了欧洲人的无限想象。这部游记在传抄的过程中，有的人还根据书中的文字描述，配上了精美的插图。其中比较著名的早期插图，就出现在法国国家图书馆（Bibliothèque Nationale de France）收藏的《寰宇奇闻录》（Livre des merveilles）中。

法国国家图书馆收藏的这部《寰宇奇闻录》（编号为Fr2810），共由299张羊皮纸组成，每张大小约为42厘米×30厘米，上面写有两栏文字。羊皮纸正面右上方用阿拉伯数字标出页码，反面没有标页码。法国国家图书馆对此抄本来历做了如下介绍：法国勃艮第公爵"无畏的约翰"（Jean sans Peur，1371—1419）雇人于1410—1412年抄写并绘制了这部《寰宇奇闻录》，1413年初把它作为礼物献给其叔父贝里公爵（Jean de Berry，1340—1416）。这部抄本的一大特色是，全书附有265幅精美的彩色插图。有学者评价说：在中世纪欧洲，有一些著作专门以图文并茂的形式来介绍遥远的东方，其中规模最大的当数这部《寰宇奇闻录》。

《寰宇奇闻录》用法文共抄录了7部著作，其中第一部就是《马可·波罗游记》（原标题为 Le livre de Marc Paul et des Merveilles），从第一张羊皮纸开始至第96张羊皮纸背面为止，配有84幅彩色插图，其中3幅是关于杭州的。这些插图原无名称，但根据相关文字描述，我们可以将这三幅插图分别命名：1.第64张羊皮纸正面的《王后献城图》；2.第67张羊皮纸正面的《天城图》；3.第69张羊皮纸正面的《行在纳税图》。下面根据逻辑关系，先介绍《天城图》，再介绍其他两幅插图。

1.《天城图》

插图下方的红色文字写道："下面讲述非常华贵的城市 Quinsay，它是 Mangy 国的首都。"再往下第四行的文字补充说："这个城市的名字，在法语中意为'天城'（la Cité du Ciel）"。《马可·波罗游记》所说的 Quinsay 就是汉语"行在"的音译。"天城"则是"上有天堂，下有苏杭"之类汉文谚语的意译。

从《天城图》开始到第69张羊皮纸背面上方的文字，共157行，都是叙述杭州的。概括起来，这些文字介绍了杭州城的几个显著特点：（1）"这是世界上最富丽华贵的城市"；（2）"城市建在水中，四周环水，所以人们建造了一万二千座石桥，以便交通往来"；（3）"城中有一个美丽的大湖，大湖的周围建有宏伟的宫殿、豪华的邸宅，以及众多寺庙。大湖中间，还有两座小岛"；（4）"城中有许多豪宅，宅中有石头建造的高塔，遇到火灾时，人们可以将珍贵财富搬入这些石建高塔中存放"；（5）"城中还有蛮子国王的宫殿，无比奢华壮丽"，"宫中有成千所房间，非常美丽宽敞，全部用黄金

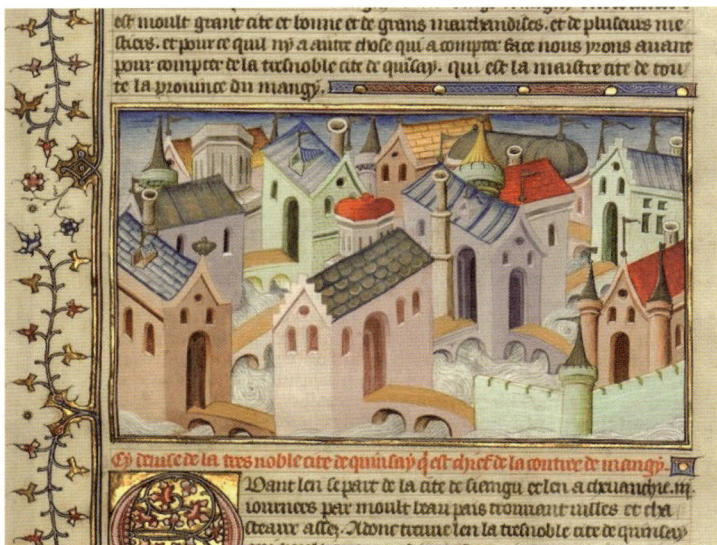

法国国家图书馆藏《天城图》

装饰，再加上缤纷的色彩"。"美丽的大湖"，无疑是指西湖。"蛮子国王的宫殿"，则是指南宋皇宫。《马可·波罗游记》中的这些描述，虽然有些夸张，但还是比较准确地反映了杭州城的几个主要特征。

《天城图》就是根据《马可·波罗游记》中的这些文字而绘制的，并且努力将杭州城的特征表现出来：纵横交叉的城内河道，四通八达的桥梁系统，华丽高大的建筑。通过大量的研究，现在已经知道，这幅插图的作者是一个来自佛兰芒（现在属于比利时）的佚名画家，15 世纪初主要在巴黎工作。他曾为一部在法国流行的日历《埃杰顿时辰书》（*Heures Egerton*，现藏大英博物馆）画过插图，所以现代学者将他称为"埃杰顿画师"（Maître d'Egerton）。由于这位不知名的"埃杰顿画师"根本没有到过中国，所以，他完全是根据欧洲城市的建筑风格来描绘"天城"。如此一来，这幅《天城图》中的建筑完全是欧洲式样的，例如尖尖的屋顶，屋顶上的天窗小屋。《马可·波罗游记》中所说的豪宅中的石建高塔，则变成了欧式的烟囱或城堡。右上方一座圆冠状屋顶的大建筑物，不禁使人联想起作为欧洲城市中心的教堂，特别是威尼斯的圣马可教堂。因此，这幅《天城图》，承载着欧洲民间画家对于中国城市的美好想象。

2.《王后献城图》

这幅插图下方红色文字为"大汗（le grant Kaan）是如何征服蛮子之地的"。此处的"大汗"，是指元朝建立者忽必烈。该抄本接下来的文字，讲述了元朝军队占领南宋都城杭州的经过："蛮子国王广有财富、人民和土地，非常强大"，但举国不尚武力，只知享乐，"国王尤甚"；这个国王曾经为自己的国运而去占星求卜，结果，占星师告诉他说："唯有百眼之人，才能使你亡国"，而国王认为，世界上不可能有"百眼之人"，所以就高枕无忧了；1268 年，大汗派遣一个叫 Baian Tinesan 的男爵去征服蛮子国，而"Baian 正是'百眼'之意"。学者们早就指出，这个 Baian 就是元朝左丞相伯颜（1236—1295）名字的音译，Tinesan 则是"丞相"的音译。这部抄本继续写道：伯颜率领大军直扑蛮子国首都"行在"（杭州），"蛮子国王见到伯颜的大军如此强大，深感恐惧，于是就带着臣民，乘坐上千艘帆船，逃往大洋之中的岛屿，留在都城中的王后则勇敢地带领民众去保卫城市。王后向星占师询问敌军将帅的名字，星占师告诉她说敌军将帅名叫伯颜，意为'百眼'。王后获知这个名字后，就想起了其国终将亡于'百眼之人'的预言，于是决定放弃抵抗，向伯颜投降，全国其他城市及城堡随后也就全部归顺

法国国家图书馆藏《王后献城图》

伯颜"；"后来，王后被带来拜见大汗。大汗见到王后，对她非常尊敬，将她当作一位伟大的女性，非常优厚地供养起来"。

根据中国史料记载，1275年，伯颜奉元世祖忽必烈之命，指挥元军分三路直逼南宋首都杭州。1276年正月，伯颜率军抵达杭州城东北三十里的皋亭山。此时，南宋皇帝赵㬎（1271—1323）年仅5岁，主持国家大政的是被尊为太皇太后的浙江天台人谢道清（1210—1283）。面对来势汹汹的元军，杭州城内的大小官员纷纷弃官出逃。走投无路的南宋君臣，最后只得向伯颜投降。赵㬎和他的生母全皇后被元军俘获，掳往大都。谢道清则因病而暂留杭州，几个月后才被押至大都，七年之后去世。赵㬎的同父异母兄弟赵昰（1269—1278）、赵昺（1272—1279）则分别在南宋大臣的保护下，向南方逃亡。赵昰最后在广东沿海的硇洲岛上病故。赵昺则在崖山海战中由陆秀夫背负投海而亡。

对照一下中国历史，可以知道，《马可·波罗游记》所说的那位蛮子国王后，就是谢道清。她是南宋理宗赵昀（1205—1264）的皇后。那个"逃往大洋"的蛮子国王，应是指赵昺。不过，谢太后与赵昰、赵昺、赵㬎这三个南宋亡国之君是祖孙关系。伯颜占领杭州城时，赵昰等三位南宋亡国之君都是孩童，根本没有娶妻。《马可·波罗游记》不仅把伯颜译写成Baian，而且知道其读音与"百眼"相近，说明这个传说是马可·波罗从汉人那里听来的。马可·波罗来到中国时，大概有很多类似的传说。陶宗仪在元末所作的《南村辍耕录》中就有这样的记载："宋末下时，江南谣云：'江南若破，百雁来过。'当时莫喻其意，及宋亡，盖知指丞相伯颜也。"显然，《马可·波罗游记》关于伯颜占领杭州的记载，既有真实的历史，又有夸张而浪漫的传闻。

当然，《王后献城图》则更加夸张而浪漫了。这幅插图，也是出自那位不知名的"埃杰顿画师"之手。整个杭州城，被描绘成欧洲式的城堡。高高的尖塔带有哥特式建筑的风格，石材建造的城门则呈现出罗马式建筑的特点。蒙古军队以欧洲中世纪骑士的形象出现，其装饰、武器都是欧洲式的。伯颜占领杭州时，只有40岁，而图画上的这位蒙古统帅却是一位威严而慈祥的长者，令人肃敬。更加重要的是，这位统帅还头戴王冠。因此，图画中的蒙古统帅更可能是指元朝皇帝忽必烈。"埃杰顿画师"想表达的是，蒙古大汗亲自接受了蛮子国王后的投降。插图中最有意思的是蛮子国王后。南宋灭亡时，谢道清已经66岁了，《宋史》说她"年老且疾"。而且，根据《宋史》记载，谢道清"生而鬈黑，瞖一目"。但在这幅插图中，蛮子国王后是一个年轻美貌的女子。她头戴王冠、身披红衣，骑着一匹灰色斑纹的大马。她的手中，握着银色的城市钥匙，正递向蒙古统帅。当然，在《马可·波罗游记》中，并没有蛮子国王后向蒙古统帅献出城市钥匙的记载，但在欧洲文化中，献出城市钥匙正是正式投降的象征，所以，插图作者想当然地画出了这样的献城仪式。整幅插图，洋溢着欧洲人对于东方的浪漫想象。

3.《行在纳税图》

这幅插图下方的红色文字是"行在向大汗缴纳巨额赋税"。接下来的文字介绍说："大汗统治的地方，共分九个部分，其中一个部分就是蛮子"；不过，蛮子地方物产特别丰富，"此地盛产的丝绸，产量之多，令人惊讶"，"这里出产的糖，比世界其他地方加起来的还要多"；此外，还有丰富的盐、木炭等特产，因此，大汗每年都从蛮子地方征收到"令人难以置信"的巨额税收。

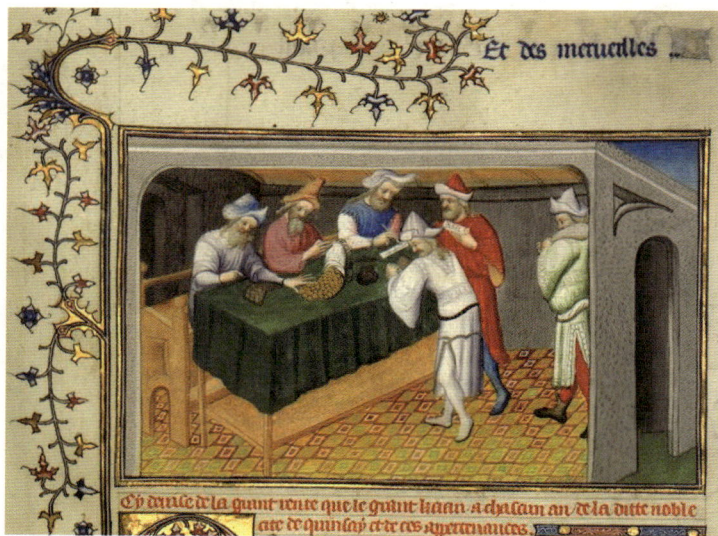

法国国家图书馆藏《行在纳税图》

《行在纳税图》所描绘的，就是行在居民缴纳税金的场面。这幅插图的作者，还是那位不知名的"埃杰顿画师"。收税的地方，是单层的方形大厅，左右两侧是罗马式的石门，大厅地面上铺着几何纹地毯。整个收税大厅，没有一点中国式建筑的影子。收税的官员共有三个，都是欧洲人种的模样，高高的鼻子、深深的眼眶、浓密的胡须。他们的帽子虽然各不相同，但也都是欧洲式的。收缴的税款，正是中世纪欧洲人所追求的金币。三个收税官平坐在一起，没有一丝中国衙门的气势。最里面的税务官正在记账，中间这个税务官正把金币从口袋中倾倒出来，最外面的那个税务官则在计数金币。缴税的三个人，也是欧洲人模样，他们的服饰打扮，与中国没有任何关系。尽管这幅插图下方的长段文字说"行在向大汗缴纳的赋税，数量之大简直令人难以置信"，但由于"埃杰顿画师"等欧洲画家没有到过中国，他们也就根本无法想象中华帝国的官府衙门之豪华排场与庄严气势，所以，与真实的中国官衙相比较，从这幅《行在纳税图》所呈现的收税场景就显得非常简陋寒酸，毫无官府的威严。

三、鄂多立克的浙江行程

马可·波罗是沿着陆上丝绸之路来到中国，辗转南下到达浙江杭州。他离开杭州后，从钱塘江逆流而上，向西经浙江金华、衢州，进入福建，最后从泉州上船，通过海上丝绸之路踏上回国的旅程。马可·波罗之后，另一个欧洲人则从相反的方向自福建进入浙江，然后沿钱塘江来到杭州，他就是鄂多立克（Odorico da Pordenone，约1286—1331）。

鄂多立克出生在意大利东北一个名叫维兰诺瓦（Villanova）的

鄂多立克像

小村子里，这个小村子位于弗留利（Friuli）地区波代诺内城（Pordenone）附近。曾经有一个比较流行的说法，认为鄂多立克的祖先是波希米亚国王派驻到波代诺内的一个"戍卒"，因为在一份拉丁文文件上，他自称是波希米亚人。但新研究表明，这份文件中的"波希米亚"几个字是后来加上去的。现代学者认为，鄂多立克的祖籍可能就在弗留利一带。

鄂多立克年轻时在波代诺内加入了方济各会，这是一个以苦修而著名的天主教修会。大概从1318年开始，鄂多立克离开意大利，前往东方旅行。在他之前，马可·波罗也从意大利前往东方，所不同的是，马可·波罗是个商人，鄂多立克则是修士；马可·波罗是从陆上丝绸之路进入中国，最后由海上丝绸之路返回欧洲的，而鄂多立克正好相反，他是由海上丝绸之路来到中国，最后经陆上丝绸之路返回欧洲。鄂多立克的具体路程是：离开意大利后，穿过西亚到达波斯湾，再到印度，大概于1322年乘船来到广州，然后一路向北，途经泉州、福州、杭州、扬州等地，到达北京，1328年左右经陆路西返，1329年回到威尼斯。

1330年5月，鄂多立克在意大利帕多瓦（Padua）的一所修道院中，向同会的另一位修士威廉（F. Guglielmo di Soragna）讲述了自己在亚洲的旅行经历，威廉将他的口述内容用拉丁文记录成书，中文将其译作《鄂多立克东游录》。几个月后，鄂多立克前往当时教皇的驻地亚维农（Avignon），汇报自己的东方之行。但途经比萨时，鄂多立克病倒了，不得不返回乌迪内（Udine），最终于1331年1月14日去世。

　　鄂多立克去世后几天，乌迪内出现了许多神奇的传说，例如久病者只要接触一下鄂多立克的遗体，就可使顽疾顿愈，等等。这样的传说不胫而走，而且越来越离奇，各色男女从周边的城镇及乡村不分日夜地赶来朝拜。乌迪内的头面人物不仅为鄂多立克建造了祭坛，而且还派出一个代表团，向教皇若望二十二世（Pope John XXⅡ，1316—1334年在位）请求将鄂多立克封为圣人。这个代表团的负责人马查西诺（Marchesino da Bassano）搜集了关于鄂多立克的种种神奇事迹，用拉丁文汇编成书，取名为《至尊的大汗》

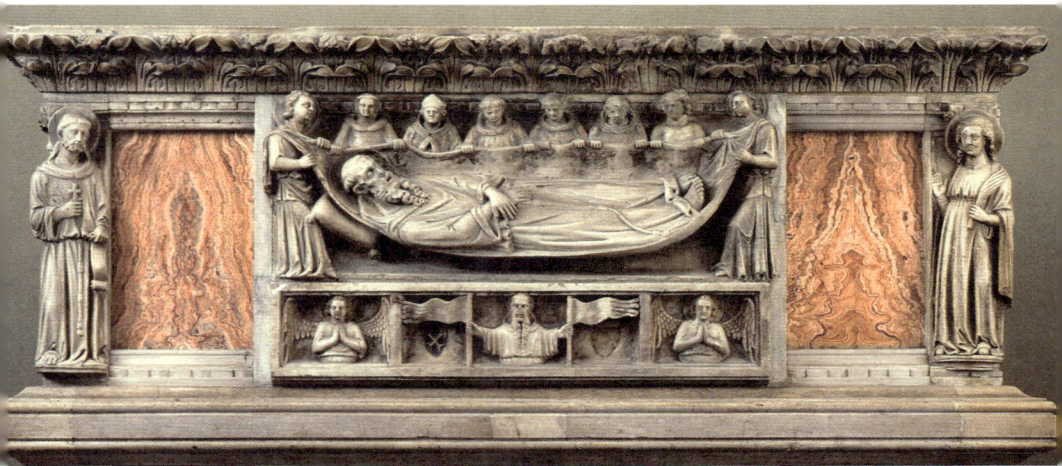

鄂多立克的石棺及上面的鄂多立克雕像

（*De reverentia magnis Chanis*），作为附件，递交给了教皇。但直到
1755年，罗马教皇本笃十四世才将鄂多立克册封为真福。由于鄂
多立克到过中国，所以，他被认为是中国天主教历史上第一个被列
为真福的人物。在中国的台湾及香港等地，天主教徒将每年1月14
日作为鄂多立克的纪念日。

　　根据《鄂多立克东游录》，他从印度经东南亚到达中国的第一
个城市是广州，离开泉州之后，向东来到了福州（Fuzo，在不同的
抄本中又写作Fuko、Fucho等）。鄂多立克接着写道："离此旅行18
天，我经过很多市镇，目睹了种种事物。在我这样旅行时我到达一
座大山"，"离开此地，再旅行18天，经过很多城镇，我来到一条
大河前，同时我居住在一个［叫作白沙（Belsa）］的城中，它有
一座横跨该河的桥。桥头是一家我寄宿的旅舍。而我的主人，想让
我高兴，说：'如你要看美妙的捕鱼，随我来。'于是他领我上桥，
我看见他在那里有几艘船，船的栖木上系着些水鸟。这些水禽，他
现在用绳子圈住喉咙，让它们不能吞食捕到的鱼。接着他把三只大
篮子放到一艘船里，两头各一只，中间一只，再把水禽放出去。它
们马上潜入水中，捕捉大量的鱼，一旦捉住鱼时，就自行把鱼投入
篮内，因此不多会儿工夫，三只篮子都满了。"

　　鄂多立克这里所描述的那种能够捕鱼的"水禽"，其实就是鸬
鹚。鄂多立克首次向欧洲人介绍了鸬鹚捕鱼的方法，因为马可·波
罗在游记中并没有提到这种奇特的捕鱼方法。在中国，至迟唐代已
经出现了用鸬鹚捕鱼的方法。北宋沈括（1031—1095）在其名著
《梦溪笔谈》中记载说："蜀人临水居者，皆养鸬鹚，绳系其颈，使
之捕鱼，得鱼则倒提出之，至今如此。"而鄂多立克亲眼看到鸬鹚
捕鱼的那个地点Belsa，并不是在所有抄本中都有的。就《航海及

旅行文献汇编》而言，"拉木学详本"中无此地名，但"拉木学简本"提到"一个被称为 Belsa 的城市"（una città chiamata Belsa）。那么，这个 Belsa 的中文原名是什么呢？位于什么地方呢？早在 1866 年，英国学者玉尔（Henry Yule，1820—1889）就已经对此进行过探讨，但他无法得出结论。玉尔写道：虽然从地理上来讲，"最可能的城市应当是温州，不过，鄂多立克是否真的途经温州，这是值得怀疑的"，所以"我觉得自己难以确定这个城市的位置"。最近有学者提出，这个 Belsa 可能是指温州或丽水。也有学者提出，可能是指金华。但无论是温州，还是丽水或金华，在读音上都与 Belsa 不相符合。因此，李世佳在不久前出版的著作中表示，Belsa 应当位于钱塘江边，但不知道是哪座城市。《鄂多立克东游录》的中译者何高济写道："从鄂多立克所述捕鱼方式看，这个 Belsa 城当在浙江省，所谓的大河或即指钱塘江。但 Belsa 一名无适当对音，无法确定为某城，这里仅译其音，以待续考。"这样，Belsa 就成了困扰国内外学者一个半世纪的学术难题。

通过查考中国古代文献，可以知道，这个 Belsa 应是汉语"白沙"的音译，指的是浙江建德县的白沙渡。建德现存最早的地方志《淳熙严州图经》上就有"白沙渡"，位于浙江通往江西、福建的交通要道上。宋元时代有不少文人写过关于白沙渡的诗作，例如南宋诗人杨万里

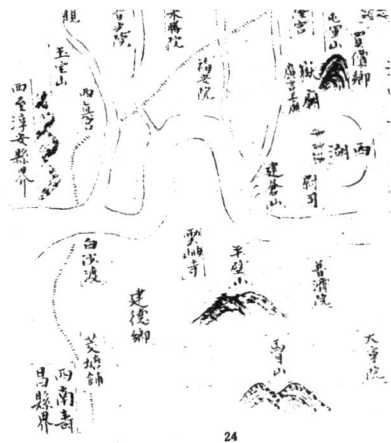

《淳熙严州图经》中的建德白沙渡

（1127—1206）在《白沙买船晚至严州》中就写道："重雾疑朝雨，斜阳竟晚晴。万山江外尽，一塔岭尖明。舟小宁嫌窄，途长已倦行。子陵台下水，未酌意先清。"

鄂多立克说，他曾寄宿在白沙的一家旅舍中。凑巧的是，南宋江西学者洪迈（1123—1202）也有过这样的记载："予甫十岁时，过衢州白沙渡，见岸上酒店败壁间，有题诗两绝，其名曰《犬落水》《油污衣》。《犬》诗太俗不足传，独后一篇殊有理致。其词云：'一点清油污白衣，斑斑驳驳使人疑。纵饶洗遍千江水，争似当初不污时。'是时甚爱其语，今六十余年，尚历历不忘，漫志于此。"白沙渡当时属于严州，但位于从严州通往衢州的交通要道上，而且偏近衢州。洪迈在白沙渡的酒店中见到这两首诗时才10岁左右，因此，在过了60多年后，将严州误记成衢州，这是完全可能的。同样，鄂多立克说白沙渡"有一座横跨该河的桥"，可能是鄂多立克的记忆之误，因为直到1960年，这里才建成一座大桥，并由郭沫若题写了"白沙桥"一名。但位于交通要道上的白沙渡，在宋元时代有旅舍、酒店，这是非常正常的。也正因为这里从宋元时代开始就是个小镇，所以民国时才专门设置了白沙乡，1957年设置了直属于建德专区的新安江区，次年改为新安江镇，1960年建德县城从梅城迁至此地，现在在改称为"新安江街道"。

鄂多立克记载了在白沙渡所见到的鸬鹚捕鱼法，这也是激起西方读者兴趣的一个重要内容。《淳熙严州图经》在介绍本地物产时，"禽"类第一条就是"鸬鹚"。清代衢州西安县不仅记载了鸬鹚捕鱼，而且还引用了"渔舠荡桨冲昏霭，鸬鹚晒网夕阳边"等诗作。由于鸬鹚可以用来捕鱼，所以，民国《建德县志》说，钱塘江一带的渔民因此而将鸬鹚"视同家畜"。这样，鄂多立克说在白沙渡见到了鸬鹚捕鱼，这是完全可信的。

鄂多立克从白沙渡出发后，在沿钱塘江前往杭州的途中，还目睹了另一种捕鱼方法："捕鱼人这次是在一艘船里，船里备有一桶热水；渔人脱得赤条条的，每个人肩上挂个袋子。随后，他们潜入水中[约半个时刻]，用手捕鱼，装入背上的口袋。他们出水后，把口袋扔进船舱，自己却跳进热水桶，另一些人接他们的班，如前一样干；就这样捕捉了大量的鱼。"潜入水中徒手摸鱼，这是从古至今中国各地非常普遍的捕鱼方法，但渔民出水后又跳进船上的热水桶，这在浙江地区未曾有过，我们不知道鄂多立克为什么会有这样的记载。

《鄂多立克东游录》在介绍过徒手摸鱼的方法之后，紧接着就开始叙述杭州了。鄂多立克介绍说，"杭州（Cansay）这个名字意为'天堂之城'。它是全世界最大的城市"，"此城位于水面平静的潟湖之上，就像威尼斯一样还有运河；城内有一万二千座桥，每座桥上都有卫兵"。

《鄂多立克东游录》问世后，被人们广泛传抄，于是就出现了不同的抄本。而且，随着这部著作的不断流传，各抄本之间的差异也越来越大。根据捷克学者李世佳最近统计，目前所知的《鄂多立克东游录》抄本共有133部，包括意大利文、法文、德文、西班牙文及威尔士文等。因此，与《马可·波罗游记》一样，《鄂多立克东游录》也是中世纪欧洲深受读者欢迎的一部著作。在传抄的过程中，有人还在《鄂多立克东游录》中加入了插图。例如法国国家图书馆收藏的一个羊皮纸抄本中，就有两幅插图。我们根据相关文字，将其分别命名为《徒手摸鱼图》和《寺庙喂食图》。

《徒手摸鱼图》上方的6行文字，就是鄂多立克的相关文字叙

述。该图的绘制者没有留下名字，但由于此人为法国马萨林图书馆
（Bibliothèque Mazarine）所藏的一部1415年日历绘制过插图，所以
现代学者把他称为"马萨林画师"（Maître de la Mazarine）。这位不
知名的民间画师同样没有到过中国，他完全是根据自己的想象绘制
这幅插图的。鄂多立克说，他是在杭州附近的乡村中见到这种摸鱼
方法的，而在这幅插图上，一群人正在杭州城外的江中摸鱼。图中
杭州城被画成欧洲式的城堡，所有人物也都是欧洲人的模样。江中
的水很清，银色的大鱼既肥又多，从一个角度说明这里物产丰富。
鄂多立克所说的挂在摸鱼者脖子上的口袋，应当是指中国传统的竹
编鱼篓，但由于这位"马萨林画师"根本不知道这种鱼篓的样子，
所以，江中两个赤身的渔夫并没有在脖子上挂什么东西。而插图左
上方那个坐在江边钓鱼的人，在鄂多立克游记中并没有相关记载，
显然是画师自己想出来的场景。

法国国家图书馆藏《徒手摸鱼图》

　　《徒手摸鱼图》下方的红色文字是："宏伟的 Casaie 城，又称 Catusaie 城"。此处的 Casaie 和 Catusaie，都是"行在"音译的异写，指的是杭州城。随后的文字，就是介绍杭州城的。抄本中把杭州称为"天城"（Cité du ciel），并且说"这是世界上最伟大的城市"，"位于海湾之中，周围有许多湖泊、水塘、池子，就像威尼斯一样"，整个城市共有 12 座高大的城门。

　　与《寺庙喂食图》相关的文字，出现在该抄本的正反面。鄂多立克说，他在杭州遇到了一位基督徒，他是当地"很有权势的人"。一天，这位"很有权势"的基督徒带他去参观一座寺庙。庙中的一个僧侣，提着两筐食物，带领鄂多立克他们进入一个园子，里面还有座小山。"这个僧侣摇起铃铛，有 20 来只人面四脚兽立即非常听话地从小山上下来，然后安静地聚集在一起。这个僧人将食物混置在一个银质大筐里，放在怪兽面前，给他们喂食。这些怪兽进食完

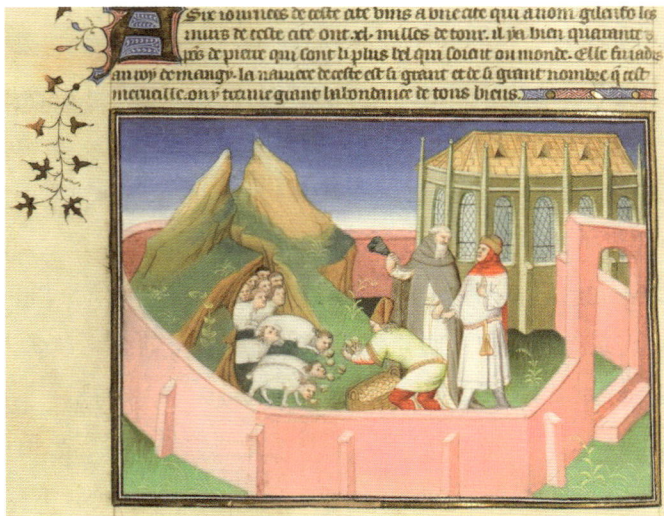

法国国家图书馆藏《寺庙喂食图》

毕后，这个僧人再次摇响铃铛，于是，那些四脚怪兽又各自回到原来的位置。我觉得这实在太神奇了。"

《寺庙喂食图》的作者与上幅插图相同，也是"马萨林画师"。鄂多立克在杭州见到人面四脚兽的那座寺庙，应当是佛教寺院。但在这幅插图中，该寺院建筑被描绘成哥特式的教堂，那些窗户是装有格子状玻璃的罗马式拱形窗子。鄂多立克所说的人面四脚兽，被画成人面绵羊身的形状。类似的绘画作品，在中世纪的欧洲比较常见。不过，鄂多立克说这些人面四脚兽是从小山上下来的，而在这幅插图中，这些怪兽是从山洞里面爬出来的。鄂多立克没有说用什么食物给这些怪兽喂食，而"马萨林画师"则将这种食物描绘成某种果实。插图右侧，两个人正在热烈地谈论，其中里侧的那个白胡子长者，身穿白色长袍，系着腰带，外披灰色斗篷，这正是欧洲中世纪方济各会士在旅行中的典型着装。因此，这个白胡子长者无疑就是鄂多立克。与鄂多立克握手交谈的，则是那个杭州基督徒，其头上的红色帽子，以及腰中的钱袋子，象征着他是一个"很有权势的人"。只不过他的长相依然是欧洲人的形象，与杭州人毫无关系。正在俯身喂食的那个僧侣，因为在"马萨林画师"的心目中是个异教徒，所以被画成头戴尖帽的小丑式人物。不过，这副装束，与佛教和尚的形象相去太远了。

鄂多立克在杭州逗留了一段时间后，来到金陵府（Chilenfu）。《鄂多立克东游录》叙述说：从金陵府出发，会遇到一条名为Talay的大江。顺江而行，便到了扬州城（Iamzai）。离开扬州，"在Talay江的出口处，有个名为Menzu的城市。此城中的船只，恐怕比世上任何其他城市的都要好、要多。船的外面被涂成白色，洁白如雪。船上有厅堂和卧室，还有种种生活设施，都非常美观整洁。此地船只如此之多，不仅你耳闻之后不太会相信，即使你目睹之后可能也会感到难以置信。"

鄂多立克这里所说的"世界上最大的河流"Talay无疑是指长江，这个名称应来自蒙古语对"大海"的称呼dalai，就如我们现在依然在使用的"达赖"一词。这里所说的Menzu，在不同的抄本中还分别被写作Mezu、Mency、Mensy、Mencu、Menchu、Montu等。那么，这个城市到底是中国的哪个城市呢？100年前，玉尔已经指出，它应当是"明州"之音译，即现在的宁波，因为在当时中国东南沿海一带找不到与此对音的其他港口城市。但宁波并非位于长江口，更不在扬州以北。不过，这比较容易解释。一种可能是，鄂多立克并没有到过明州，而只是听说此城。另一种可能是，当他在病中口述中国之行时，回忆有误。也许这两种可能夹杂在一起。而且，鄂多立克游记并不是完全客观的记载，其中有许多内容是不可信的，甚至荒唐的。例如他在游记中说，中国长江（Talay）边有个矮人国，女人五岁结婚，生出众多巴掌大的小矮人。我们显然不能据此到长江边去寻找这样一个国家。因此，鄂多立克把明州的方位记错了，这是完全可能的。

马可·波罗通过海上丝绸之路离开中国，鄂多立克则通过海上丝绸之路到达中国。他们两人不仅到过浙江，而且还把关于浙江的信息传回欧洲，从而激起了欧洲人对东方的无限想象。法国国家图书馆收藏的《王后献城图》《天城图》《行在纳税图》《徒手摸鱼图》和《寺庙喂食图》等插图，正是浙江海上丝绸之路在中世纪欧洲产生的回响。

第三节　日本贡使在浙江

马可·波罗和鄂多立克都是在元朝来到浙江的，并且能在浙江自由活动，这是由于元朝政府的对外政策总体上是比较开放的。朱元璋推翻元朝建立明朝后，就改变了对外开放政策，逐渐建立起朝贡贸易体制，其核心内容为：

一、不许外国商人到中国来进行民间私人贸易，而仅仅准许十几个被明朝政府认可的国家以政治上"朝贡"的名义来到中国，与中国进行官方贸易。这样，贸易关系就与政治关系紧紧结合在一起了，海外贸易被纳入国家之间的政治关系之中。

二、明朝政府只开放宁波、泉州和广州三个口岸，而且每个口岸的交往对象是固定的，即日本的贡使只能到宁波，琉球的贡使只能到泉州，东南亚的贡使只能到广州。明朝政府还对各国的朝贡期限、船只数量、人员数量等都做了严格的规定。就日本而言，明朝政府起初还是比较宽松的，有时一次来华的朝贡使团成员甚至有1200人之多。永乐年间（1403—1424）几乎每年都有日本贡船抵华。1453年的日本朝贡使团共有贡船9艘。但在此之后，明朝政府的限制越来越严格，规定只能10年朝贡一次，每次贡船不超过3艘，使团成员不超过300人。

三、为了限制外国人来中国，明朝政府采取了非常严格的方式来确定朝贡者的合法身份，即向朝贡国颁发"勘合"。所谓的"勘合"，是明朝政府发给海外朝贡国的官方凭证。明朝政府把这种凭证发给海外朝贡国，自己则保留底本。当外国使团来朝贡时，就把明朝颁发的勘合拿出来交给中国官员，中国官员只要将它与自己所保留的底本进行比对，便可知道来者是真是假。有学者非常形象地把这样的勘合称为明朝政府颁发给外国的"盖有骑缝章的证明书"。

那些前来中国朝贡的外国使团，将香料、药材、珠宝等土特产品进贡给明朝政府。明朝政府则遵循"厚往薄来"的原则，把价值远远高于外国贡品的丝绸、瓷器等礼品回赐给外国使团。此外，外国朝贡船上还载有不少"附搭货物"，它们名义上属于海外国王、王妃或者使团成员的私人物品。对于这些附搭货物，明朝政府往往以很高的价格予以收购。由于朝贡贸易是一种不受价值规律支配的不等价交换，海外国家可以由此获得超常规的丰厚利益，所以就千方百计地找机会增加朝贡次数或扩大朝贡使团的规模。

宁波是明朝政府指定与日本交往的唯一口岸。明朝政府在宁波设立了管理机构"浙江市舶提举司"（简称"市舶司"），其办公地点位于现在宁波市海曙区中山公园九曲廊一带。市舶司下属还有供日本使团居住的宾馆"嘉宾堂"以及专用仓库"市舶库"。宁波接待日本朝贡使团的大概程序是，当日本贡船进入舟山群岛时，宁波官府会派船前去迎接，并向日本使团赠送酒水、食物，然后引导并护送日本贡船进入甬江。日本贡使向市舶司的官员递交日本政府的表文以及明朝颁发的勘合，勘合上面明确地填写了贡船的数量、使团人员数量、正式贡品的数量、"附搭货物"的数量，等等。宁波的市舶司将表文、勘合等文件送往北京，由礼部辨其真伪。日本贡使则住在市舶司所属的驿馆中，等待北京方面的消息。日本使团成员，均不得携带武器。北京的礼部如果认可这个使团，则会下令召其进京。日本使团从宁波到北京往返路程中所需的食物及接待费用，由中国方面承担。日本使团在北京朝贡完毕后，依然回到宁波，在宁波港启程回国时，宁波官府要为日本贡船提供够吃一个月左右的食物，以供海上之需。所以，每次日本贡船来到宁波，当地政府都要破费不少。

从1401年开始，到1549年为止，日本先后向明朝派出了20个外交使团，而明朝也向日本派出了8次外交使团。这28个使团都是从宁波进出的，充分说明了宁波在当时中日关系中的重要地位。在日本使团成员中，除了官员外，还有学者、僧人等。其中有两位僧人与浙江的关系特别密切，一位是雪舟（1420—1506），另一位是策彦周良（1501—1579）。

雪舟出生于现在日本冈山县总社市，自小被送入佛寺。他在学习佛教的同时，还在绘画上取得了杰出的成就。1467年，雪舟随日本使团到达宁波。在此后的日子里，他不仅游览了各处的风景名胜，而且还通过绘画将其记录下来。他绘制的《育王山图》，生动地描绘了宁波名寺阿育王寺的景观。1992年，宁波方面根据雪舟的《育王山图》，重建了东塔。此图现藏日本的东京艺术大学美

雪舟《宁波府城图》

术馆。

雪舟在中国期间，还绘制了《唐山胜景画稿》，生动地描绘了定海（现在的镇海）、宁波、绍兴等地的景色。《唐山胜景画稿》原作已不知下落，好在一个不知名的人摹绘了此图。这幅珍贵的摹本现保存在美国波士顿美术馆中。其中有一幅《宁波府城图》，以东城墙的全部和北城墙的东段为中轴线，全景式反映了明代宁波的城市风貌。绵延的城墙护卫着整个城市，灵桥门（东门）、盐仓门（北门）和东渡门这三座城门非常高大坚固。城内的房子鳞次栉比，天宁寺的阁楼与双佛楼巍然耸立。图上标出了"四明驿"，月湖上写有"南胡"两字（"胡"为"湖"之误）。在灵桥门外，由船只拼成的浮桥清晰可见。在北城墙外的姚江和东城墙外的奉化江上，舟来船往，生动地反映了海上贸易的发达景象。雪舟《唐山胜景画稿》中的《绍兴府城图》中，不仅有高高的会稽山以及密集的民居，而且还有河道、桥梁、小船，突出了江南水乡的特色。

1469年，雪舟离开宁波返回日本之前，宁波人徐琏作诗为他送行，并以楷书写下了长长的一段序，这就是《送雪舟归国诗序》，现藏日本毛利博物馆。徐琏称赞雪舟"能诗善画"，并且用这样的诗句来赠送给雪舟："家住蓬莱弱水湾，风姿潇洒出尘寰。久闻词赋

超方外，剩有丹青落云间。鹫岭千层飞锡去，鲸波万里踏杯还。悬知别后相思处，月在中天云在山。"在这首诗中，一个宁波文人对一个日本僧人的依依不舍之情表现得非常自然，非常真诚，非常坦率。

策彦周良是日本京都嵯峨天龙寺塔头妙智院第三世和尚，在中国文化上造诣颇深。1539年，日本派出了一个使团前来中国朝贡，正使是湖心硕鼎，副使就是策彦周良。这也是他第一次出使中国。策彦周良在他的《初渡集》中，以日记的形式详细地记载了他的出使经过。这些记载不仅对于研究浙江海上丝绸之路具有重要的意义，而且，还为我们保存了关于浙江的丰富资料。

策彦周良等人于1539年四月从日本出发后，由于北风强劲，稍稍向南偏行，于五月初二进入温州海面，海面上的渔民告诉他们说，"风好五日、风不好十日"才能到达宁波。他们向北航行，经台州海面，于五月初七停泊在宁波所属象山县昌国卫以南的一个海岛旁。昌国卫的守将派人把他们引导到石浦港，并以美酒佳肴招待。十二日，昌国卫守将刘东山派人送去一首诗馈赠日本使节："大目洋中系宝舟，风甜浪静两无忧。吉人天佑应于此，解缆发程莫滞留。"大目洋，是象山附近洋面的名称。

在明朝水军的一路引导下，日本使团于五月十六日到达甬江口的定海（今镇海）。当地官员除了送去淡水、鸡鹅猪肉等食物外，还送了枇杷等水果。一个姓卢的宁波巡视海道副使则询问日本使节是否带来勘合，并且告诫那些跟随日本使团而来的日本商人说，要遵守中国法律，要公平交易，要提防被中国商人骗去财物。策彦周良注意到，每天有三四百艘渔船进入甬江往宁波去卖鱼。

五月廿二日，策彦周良一行在明朝军队的护送下坐船离开定海前往宁波。一上岸，鄞县知县派人送来"白米壹石，猪肉壹边（计贰拾斤），酒贰坛，笋壹百斤，柴贰百斤"。第二天，宁波官员派遣一名姓周的通事送来通知，要求日本使节遵守中国法令。策彦周良等把中国方面的这些要求也向随同来华的日本商人作了传达。二十四日，由于"船中渴矣"，他们又请求"疾速"派人"频频"送些淡水来，而且最好是井水。宁波官员满足了他们的要求。同一天，宁波市舶司还送来一件公文，要求他们上报具体人数以及所需粮食等情况。

二十五日，策彦周良他们上岸，拜见宁波各类官员，并且住入嘉宾堂。嘉宾堂的门额是"怀远以德"，东门的门额是"观光上国"。嘉宾堂内还有两块牌子。一块正面写着"日谨火"，背面是"夜谨火"；另一块正面是"夜防盗"，背面是"日防盗"。

从策彦周良的记载中我们可以知道，宁波知府的衙门上写着"宁波府"三个大字，大堂中挂有"正心堂"匾额，大堂内左侧的柱子上挂着钥匙，并且贴有"大门钥匙"的小条子。浙江市舶提举司的门额是"浙江市舶司"五个大字，经常出入的门口写有"提举司"三个大字，大堂外贴有这样的纸条："示仰大小行人不许擅入公厅坐立喧嚷等事"。当时的市舶司提举名叫魏璜，而在他的上面，还有一个姓刘的市舶太监，官名全称为"钦差镇守浙江等处地方兼管市舶事务御马监太监"。鄞县的衙门上就写着"鄞县"两字，进去后，东西各有一小门。东门上写有"施仁"二字，西门上写有"布德"二字。正堂前额为"保民堂"，正堂后门匾额为"退省堂"。堂内挂着"神明鉴察"的横额。更有意思的是，宁波府的大厅中还贴着这样一副对联："宽一分惠，民乃受一分惠"，"贪一文钱，官不直一文钱"。这些480多年前的匾额和对联，生动地反映了中国官场文化的特点及其悠久历史。

策彦周良的《初渡集》，向我们展示了当时宁波的城市面貌以及市井风情。例如，宁波东面的城门（灵桥门）上面写有"灵桥"两字。城门旁边挂有一块牌子，上面写着"盘诘"二字。据此，当时进入宁波城内是要经过盘查的。宁波西门上有"望京"两字，意为"望北京"。西门外有一门，写着"保和国脉"四个大字。姚江旁边有一楼，写有"印恩楼"三个大字。南门上写有"长春"两字。

宁波城内有许多门楼牌坊，策彦周良甚至写道："所历过或五步而一门，或十步而一门，门不知其数。"门楼上的匾额或为四字，例如"四明伟观""四明福地""蓬莱真境"；或为二字，例如"宣化""承流""桂林"等。宁波城隍庙里供奉着北斗星君之像，像前有"宁波府城隍之神"七个大字。

明代宁波读书之风很盛，是中国科举教育最为发达的地区之一，考取进士的人数在全国遥遥领先。有人统计，明代仅鄞县就有250多人考取进士。为了光宗耀祖，考中进士的人家都要建造牌坊之类的建筑。这样，策彦周良在宁波城内就见到了许多这样的牌坊。他写道，牌坊上的文字"光彩溢目"，有两个字的，例如"解元""文宪""翔凤"；也有三个字的，例如"进士坊""登瀛楼""三凤街""聚奎坊"（表示兄弟解元父子进士）；还有四个字的，例如"云龙嘉会""甲午宾兴""奎璧交辉""三世进士"（表示这户人家三代人都考取进士）和"彩凤联飞"（大概表示兄弟双双同时考中进士）等。

从策彦周良的记载中可以看到，宁波城内店铺林立，商业非常发达，各式各样的招牌随处可见，"不足胜数"。例如，制造扇子的店铺分别挂有这样的招牌："自造时样各色奇巧扇""各色泥金扇面""发卖诸般扇面""配换各色扇面""发卖各色巧扇";也有的招牌比较文雅,如"远播仁风""半轮明月随人去"等。药店的招牌有"沈氏药室""杏林春秋"等。编织遮阳竹帘的人家外挂有"遮阳"招牌。卖帽子的店铺直书"凉帽"两字。卖笔的招牌有"精制妙笔""中山毛颖"等。此外,还有"马尾出卖""藏糟出卖""绵花子出卖""装印经书文籍""演易决疑"(算命占卜的),等等。最有意思的是酒店的招牌,有"清香老酒""上上烧酒""加味五香酒""新酒出卖""莲花白酒"。比较文雅的,写着"禹恶"两字或"钓诗钩"三字。甚至还有这样的招牌:"过客闻香下马,行人知味停车"。我们知道,杭州百年名店知味馆即以"知味停车,闻香下马"的对联而闻名。根据策彦周良的记载,早在明末,类似的招牌就已经出现在宁波街头了。

不过,策彦周良也目睹了中国文化中黑暗和残忍的一面。例如,1539年农历六月,在连日阴雨、又热又潮的季节中,刚到宁波的策彦周良在宁波街头行走时,见到路边有一些戴着枷锁的犯人,已经被折磨得半死不活了。策彦周良"不忍见之",担心他们都会死去,于是写信给宁波的官员,请求解开他们的枷锁,以示"仁恕之道"。也许笃信佛教的策彦周良过于天真了,他可能并不知道,对于生活在"天朝上国"里的百姓来说,"仁恕之道"其实是很难享受到的。

在宁波期间,策彦周良不断地拜会官员、僧人、文士,非常忙碌。且以农历六月二十九日为例。这一天策彦周良的活动如下:"巳刻,携三英、宗桂游月湖。乃贺知章曾游地也。有知章庙,庙门榜'唐贺秘监之祠'六字。入门则庙堂森严,中央塑秘监像。有石桥跨湖,揭'尚书桥'三大字。又诣孔子庙,庙中央安牌,牌上书'至圣先师孔子神位'八字。次过范南冈家里，门揭'翔凤'二字。携以倭扇一柄，范老出迎一笑，恰如十年故。陈以嘉肴，酌以美酝，且复盛白云子，挈白云杯。初喫松花糕。又盆里有花之如凤仙者，予指以请问其名，范老答以'满塘红'。次诣延庆寺里，寺乃天台智者的裔所居也。寺僧出迎引入房。房一僧亲切，把手说寺之事迹，且进西瓜，煎北茶。予投之以粗扇一柄，见报以画鸟四幅。"

策彦周良以自己的才华和文采，赢得了宁波学者的尊重。许多人写诗对他表示赞誉，其中一首诗写道："久仰遐方有逸才，多君襟度自天来。追随旅邸谈风雨，无数文章八座开。"而现藏日本京都天龙寺妙智院的《城西联句序》，则是见证策彦周良与宁波士人深厚友谊的珍贵文物。

策彦周良曾在自己所生活的天龙寺妙智院邀集文友一起作诗，"联韵九千句"，编成《城西联句》。所谓的"城西"，就是指天龙寺妙智院，因为它位于日本京都之西部。1539年，策彦周良随身携带《城西联句》来到宁波，于农历九月特地请人对《城西联句》进行了装裱，并且希望能够找到杰出的文人为之作序。在宁波期间，他们与柯雨窗交往频繁。

当时，宁波有个知名文人名叫丰坊（约1500—1570），是个书法家。宁波天一阁博物院现在还保存着丰坊的一些书法作品。策彦周良通过柯雨窗而获知丰坊，所以在离开宁波之前，请柯雨窗出面邀丰坊作序。丰坊起初表示不愿作序，后经柯雨窗"尽力请求"，终于答应了下来。丰坊在《城西联句序》中热情赞扬策彦周良"善继先师之业"的盛举，同时对策彦周良的诗文作了高度评价："吾今观公之诗，言近而指远，词约而思深，写难状之景如在目前，含不尽之意见于言外，诚理蕴于心。而嘉言孔彰，炳炳琅琅，焜耀于后世者也，岂非励志勉企而弗忝先业者哉？"一个宁波文人如此优美的文字，作为序言出现在日本诗人的作品中，珠联璧合，堪称绝配。愿这件由中日两国文人共同书就的《城西联句》能够永存于世。

　　1539年农历十月十九日，策彦周良等人告别了宁波友人后，从宁波城北的盐仓门（即和义门）上船，开始了沿着运河前往北京的行程。湖心硕鼎乘坐的贡船上插着写有"正使"二字的黄旗，策彦周良乘坐的贡船上插着写有"副使"二字的黄旗。他们的船只航行了四十里后，到达西坝。二十日，由于"天半阴，风不顺"，他们只得停泊于此，等候潮水。到了三更时，才"乘风拨月"，一路北行。黎明时，来到了车厩驿。

　　二十一日，日本使团受到了车厩驿官员的接待，并且下船参观。策彦周良写道：这里"有小山，号车厩，越王勾践憩车马之地也"。二十一日申刻（下午三四点钟），日本贡船自车厩驿开船，戌刻（晚上七八点钟）到达姚江驿。自车厩驿至姚江驿的水上距离为60里。第二天（农历二十二日），日本使节上岸，拜会了姚江驿的官员。他们还见到路旁有许多牌坊，其中一块上面横书"进士及第"四个大字，左右分别刻有"元""魁"两个大字，还有"弘治十四年辛酉""顺天乡试第一名"。这块牌坊，应当是余姚人谢丕（字以中，号汝湖）所立。谢丕于弘治十四年（1501）考中顺天乡试第一名，为五魁之一；弘治十八年（乙丑，1505）的会试中他名列全国第四，殿试时表现更加出色，成为第一甲第三名（俗称"探花"），与状元、榜眼合为三元。牌坊上的"魁""元"即指谢丕在乡试与会试中所取得的优异名次。

二十二日未刻（下午一两点钟），日本使团离开姚江驿，经过40里的水上航行后，于傍晚五六点钟（酉刻）到达下坝。由于潮水不高，无法航行，他们只得等待。晚上七八点钟，潮水涨起时，"力士将辘轳索卷越坝"。也就是说，船只需要人工盘驳，才能通过堰闸。经过18里水上航程后，日本使团于半夜一两点钟（丑刻）抵达中坝。又经人工盘驳，船只通过了中坝。航行10里后，于凌晨三四点钟（寅刻）到达上虞。

二十三日上午十点左右，策彦周良一行离开上虞，继续沿运河前进，航行30里后，于中午到达曹娥驿。该驿站的门楼上，就写着"曹娥驿"三个字。次日（二十四日），他们离开曹娥驿，时而坐船，时而乘坐轿子在陆地行走，于午后到达东关驿。

二十五日凌晨三四点钟（寅刻），日本使团从东关驿坐船启程，航行了40里后，到达陶家堰。其间，他们经过了一个地方，上面写有"瓜山铺"三个大字。自陶家堰航行了十来里，经过樊江寺。中午时分，他们到绍兴。策彦周良说，自陶家铺到绍兴，舟行40里。在绍兴境内，他们经过了迎春亭、蓬莱驿等地。

二十六日，日本贡船在绍兴境内行驶，看到了许多石桥。在这一天里，日本使团依次过了灵头桥、梅市铺、通济桥、柯桥铺、钱清驿，最后抵达属于萧山的风驿。

二十七日，策彦周良一行上岸，乘坐轿子在陆上行走，于二十八日到达西兴驿。这里建有一座高大的门楼，上面写着"全越都会"。此门距钱塘江只有一里左右。然后他们上船，渡钱塘江，至杭州城外。据策彦周良介绍，杭州城外临近钱塘江边有一门楼，上面写着"映日楼"三个大字。

二十九日，杭州城内的官员让日本使者坐船到北关。他们到达北关后，见到这里"人役如云"，说明当时运河边货物运输之繁忙。十一月初一，日本使团上岸，进入杭州城拜会官员。初二，杭州城内的官员前来回访他们。初三，使团离开杭州城，坐船到了德清。

接着，他们沿运河经过湖州府的苕溪驿、苏州府的姑苏驿等一系列驿站后，于1540年三月初二到达北京，"从崇文门而入"，入住明朝政府专门接待外国贡使的会同馆。明朝政府虽然给了日本使团许多赏赐，又以高价买下他们带来的附搭货物，但内心并不欢迎他们的到来，所以整个接待过程都显得比较冷淡。1540年农历五月初九，日本使团离开北京，经运河南下。九月初三，从武林门进入杭州城内。初五，日本人观赏到了著名的钱江潮，策彦周良不由自主地发出了"实壮观也"的感叹。

九月初六凌晨，日本使团横渡钱塘江，沿浙东运河前往宁波。九月十二日，在宁波的灵桥门外上岸。在接下来的日子里，策彦周良等人一边为回国而做各种准备，另一边与宁

策彦禅师像

波的文人墨客相互酬和。在此过程中形成的两件文物，依然保存在日本天龙寺妙智院。一件是《策彦禅师像》，画中策彦周良头戴方巾，身着僧服，左手捧书，右手非常自然地放在膝上，坐姿安然自若，慈祥而庄重。柯雨窗在画像上方这样赞誉说："师，日本高僧也。奉使中华，寓于明州，有威仪文学"，并且祝愿他"身升颐康，寿曰无疆"。

第二件文物是柯雨窗所作的书法《衣锦荣归图》。它由上下两部分组成。上方是柯雨窗的行楷大字"衣锦荣归"，并有落款"四明南隐柯雨窗书"。下方是图画："画面远峰近岭错落有致，下方绘一泊岸小舟，岸上有若干人物相迎，人物身后为树林掩映的几轩庐舍，右下角绘有平桥一座。"刘恒武认为，柯雨窗是根据策彦周良等人对天龙寺的描述而绘制了该图，图中所表现的实际上是天龙寺及周围的山川桥梁。

1541年农历五月二十三日，策彦周良等日本使者乘船离开宁波城，踏上了返回日本的航程，六月底抵达日本海域，可谓一帆风顺。这次出使中国，策彦周良虽然是副使，但由于他深厚的中国文化造诣，成了与宁波文人交往的主角，并且赢得了宁波文人由衷的钦佩。他关于此次朝贡的日记《初渡集》，以及他带回日本的宝贵文物，更是研究浙江海上丝绸之路的可靠依据。

策彦周良等人在北京朝贡期间，明朝官员明确要求他们过了10年才可以再来朝贡，而且朝贡船只不能超过3艘，使团成员不能超过100名。但策彦周良回到日本后只过了6年，就以正使的身份，于嘉靖二十六年（1547）六月率领600多人，乘坐4艘贡船再次来到浙江沿海要求入贡。由于贡期、贡船、贡使都超过了限额，所以明朝政府拒绝他们进入宁波港。这样，他们只得在舟山群岛停泊。

策彦周良的日记《再渡集》，就是记载此次中国之行的。

虽然明朝廷对策彦周良等日本使者设置了种种障碍，但宁波的官员还是尽其所能为日本使者提供方便。策彦周良等人在海上逗留期间，宁波官员不断送去生活所需的各种物资。按照明朝政府的规定，日本使团只能与中国官方发生联系，而不能进行民间贸易。但是，对于宁波沿海的民众来说，日本使团的到来，无疑是一个难得的商机。他们不顾政府的禁令，不断前去与日本使团进行交易。在策彦周良的《再渡集》中，我们可以读到，每隔几天，就有人驾船来到日本贡船边进行贸易：嘉靖二十六年（1547）十一月初一，"小卖船来"；初三"小卖船一只来，携新酒、蜜柑等物"；初五，"小卖船来"。有时候，同一天中有好几条船先后前来，甚至几条小船同时到达。例如十一月十二日，"晨，霜白而如雪。卯刻，卖船一只来。……午时，又卖船一只来。天气含雨"。十二月七日，"辰刻，卖买船六七只来，载米、酒等"。十二月二十一日，"晴，风未止。巳刻，小卖船一只，载带葱、菜、酢等。北风。夜，寒酷"。二十四日，"及晚小雨，小卖船来"。透过这些非常简短的记载，我们可以知道，中国民众的生活有多么艰辛。他们冒着严寒、顶着风雨，出没于滔滔大浪中，以自己的土物换取日本人的一点钱物。更加残酷的是，他们随时可能受到官府的惩罚。

为了早日实现向中国皇帝进贡的目的，逗留在宁波沿海的日本使者积极寻找各种理由，请求明朝政府同意他们登陆。巡抚朱纨担心日本人久在海上可能会导致祸乱，所以也为他们向明朝皇帝求情。最后，朝廷同意策彦周良以合法使臣的身份进入宁波。

嘉靖二十七年（1548）农历三月初十，在海上漂泊了十个月的策彦周良等人在明朝军船的护卫下进入宁波城，住进了嘉宾馆。策

彦周良第一次出使中国时，各方面都比较顺利，所以，在他的日记
《初渡集》中，充满着愉悦的文字。但他第二次出使中国，被明朝
政府拒之于甬江口外达十个月之久，所以，在他的日记《再渡集》
中，透露出浓浓的郁闷和苦恼。日记中的文字或者是寥寥数语，或
者是流水账式的单调字句。只有当他再次进入宁波城后，遇见了原
先的友人，日记中的文字才变得活泼起来，富于生气。嘉靖二十七
年农历九月二十日，他在宁波城里拜见了丰坊。这一天，他以异常
兴奋的心情写下了长长的一段文字：丰坊走出门外，作揖相迎；进
入屋中再次作揖，"然而就座。座罢，吃茶。茶罢，笔谈移刻。然
后，老爷请予及士官以下于寝室而下饭。酒及十行，伶优唱歌，宴
到暮而归。"

　　就在策彦周良拜访丰坊后没几天，丰坊特地为策彦周良撰写了
《谦斋记》一文。这件墨宝与《城西联句序》一道都被珍藏在日本
天龙寺妙智院。丰坊在《谦斋记》的开首写道，由于受中国文化的
熏陶，日本也是一个礼仪之邦，"其人往往好学谨礼，忠义诚恳"。
他简要地叙述了日本与中国的交往历史，然后笔锋一转，写出了策
彦周良此次出使的艰辛历程："留海上岁余，霜露之沾濡，波涛之
震撼，豺虎之出入，鲸鲵之起伏，盖备尝之"。接着，他以策彦周
良改字号为议题，从中国人所推崇的儒家价值观出发，对他进行了
热情的颂扬："上人初号怡斋，今更谦斋，盖慕《易》地中有山之
义云尔。《传》曰：天道亏盈而益谦，地道变盈而流谦，人道恶盈
而好谦，鬼神祸盈而福谦。谦尊而光，卑而不可逾，君子之终也。"
最后，丰坊通过记述策彦周良的师承关系，以铿锵有力的口吻这样
总结道："上人所学之源流，固出自吾中华而被古圣贤之道化者，
可无疑矣。"历经漂泊之苦的策彦周良，在读到这段文字时，一定

是非常感动的。

十月初六，策彦周良领带部分日本使者离开宁波。他们坐轿从东渡门出城，然后到盐仓门上船，沿着上一次的线路，又一次开始了沿运河北上北京的旅程。嘉靖二十八年（1549）农历五月，日本使团到达北京，受到了明朝朝廷的招待与赏赐。同年年底，策彦周良一行回到宁波。嘉靖二十九年（1550）夏天，日本使团离开中国，返回日本。

策彦周良等人离开宁波之前，许多宁波文人为他们赋诗送行。在日本京都嵯峨的天龙寺妙智院里，就保存着一幅宁波文人共同创作的《赠专使谦斋老师归日域图》。画面中，方梅厓、屠月鹿、董秋田、包吉山四个宁波文人，连同两个侍者一起，站在宁波城的东渡门外拱手相送，背景中除了树林外，还有宁波的城墙和门楼。身穿黄色衣服的策彦周良则站立在缓缓离开的船上，向岸上的人们拱手道别。他的背后有个人为他撑伞。船上的水手或张帆，或摇橹，姿态各异，栩栩如生。画面上方的诗作这样称赞道："谦斋老师人中豪，笔底翰洒齐晋陶。两承王命贡中朝，鲸波万里奚辞劳。一封遥上圣天子，龙光电览称时髦。隆恩不惜千金赐，旨传贤使宜加褒。即今帆归不可留，崇肴饯别鄞江皋。十年再会岁月老，今宵尽饮须酕醄。"从这首诗中，我们可以看到宁波文人对策彦周良的由衷敬意，也可以看到宁波文人与策彦周良之间的深厚友谊。

"十年再会岁月老，今宵尽饮须酕醄"。当叶寅斋等人在三江口边与日本客人痛饮话别时，可能还期望着十年之后能够再度相聚。但是，历史的发展往往是个人无法预知的，美好的愿望，常常会被无情的历史所粉碎。此次走后，策彦周良再也没有来过中国。事实

《赠专使谦斋老师归日域图》

上，策彦周良使团是明代最后一个前来中国朝贡的日本使团，此后宁波再也没有接待过日本朝贡使团。另一方面，随着全球化浪潮的兴起，从16世纪后期开始，越来越多的欧洲人踏上了浙江的土地。

第四节　罗明坚、卫匡国的浙江情怀

一、"僧从西竺来天竺"

16 世纪，除了渴求财富的欧洲探险家和商人外，不远万里来到中国的还有天主教传教士。最早进入浙江的欧洲传教士，就是意大利人罗明坚（Michele Ruggieri，1543—1607）。

罗明坚出生于意大利那不勒斯，天资聪颖，勤奋好学，1572 年加入天主教修会耶稣会，1578 年 3 月与另一个意大利耶稣会士利玛窦（Matteo Ricci，1552—1610）一起乘船离开葡萄牙里斯本港，同年 9 月到达印度果阿。1579 年 7 月，耶稣会在东方的教务负责人范礼安（Alexandre Valignani，1539—1606）把罗明坚从果阿调到澳门学习中文，以打开中华帝国紧闭着的大门。为了协助罗明坚，范礼安又把利玛窦派到澳门。1582 年 4 月 26 日，利玛窦搭乘一艘葡萄牙帆船，从果阿启程，8 月 7 日来到澳门。

由于明朝政府严禁外国人进入中国内地，所以，罗明坚和利玛窦只得不断寻找机会。1583 年 9 月，他们在肇庆知府王泮的帮助下，获准在广东肇庆居住。王泮是浙江绍兴人。肇庆地方志说，由于王泮"慈爱和易"，"好为民兴利"，"居官廉洁"，所以他还活着时，肇庆人就为他建立了生祠，其位置是在现在的肇庆市端州区塔脚路崇禧塔景区内，2003年被列为肇庆市文物保护单位。2011年，在清理王泮生祠后殿过程中，还发现了刻于明万历十六年（1588）的《观察山阴王公生祠记》碑。在王泮的老家绍兴，也保存着与他相关的两件碑拓。一件是《山阴县城隍庙碑记》，另一件是《乌龙神记》。王泮在《乌龙神记》中写道："余徙居火珠山之左，居后为预备仓，仓中故有乌龙王祠。"由此可知，王泮家的房子位于绍兴城内火珠山附近。

王泮对罗明坚、利玛窦这两位西方传教士颇有好感，甚至同意让他们挑选一块地皮来建造教堂。正是由于王泮的友好态度，利玛窦他们才得以在中国内地立足，并且建造起了名为"仙花寺"的教堂。1584年，王泮升任广东按察司副使，但驻地还是在肇庆，所以他依然可以照顾利玛窦他们。此外，接替王泮担任肇庆知府的是浙江上虞人郑一麟。在王泮、郑一麟这两位浙江籍官员的保护下，罗明坚、利玛窦在肇庆不仅生活得很愉快，而且他们的传教事业也慢慢地发展起来了。但是，他们并不以此为满足，而是希望能去大明王朝的首都北京。为此，他们一直在寻找机会。

根据明朝政府的规定，像郑一麟这样的地方官员，应当每隔三年到北京朝觐一次。1586年正是郑一麟要进京朝觐之年。罗明坚于1585年初获知此事后，提出要随郑一麟去北京。由于明朝政府规定不能把外国人随便带到北京，所以王泮他们想出了一个变通办法，他对罗明坚说：如果你愿意的话，可以带你去浙江省。对于罗明坚来说，这已经足够了。

传教士们非常重视这次浙江之行，他们想让葡萄牙传教士麦安东（Antonio de Almeida，1557—1591）与罗明坚一起去浙江。可是，当时麦安东还在澳门，尚未获得进入中国的许可。罗明坚耍了一个小花招，他对郑一麟说，他需要带一位徒弟"陪同他一同诵经"，这样，麦安东的名字就被当作是罗明坚的徒弟而加在发给罗明坚的通行证上。

为了这次浙江之行，罗明坚特地赴广州购买旅行所必需的东西。正巧，麦安东也混在前来广州做生意的葡萄牙商人中间，结果，意外地遇见了罗明坚。在广州的市场上，他们还幸运地遇到了一件事情：王泮的一位兄弟将家乡浙江所产的一批高档丝绸运到了广州，但一时无法卖出。罗明坚他们得知此事后，"便让葡萄牙人以相当高的价格"买下了这批丝绸。为了表示感谢，王泮的这个兄弟欣然邀请罗明坚他们乘坐他的船只回绍兴。这样，阴差阳错地，罗明坚等人浙江之行的各种条件都具备了。根据宁波天一阁博物馆所藏《万历二年进士登科录》，我们知道，王泮的这位兄弟名叫王濂。他也是现在有史可查的最早到广州与欧洲人进行合法国际贸易的浙江商人之一。

1585年年底，罗明坚、麦安东跟随着郑一麟，与王泮的兄弟王濂一起，踏上了前往浙江的路程。1586年1月，他们到达了绍兴，受到了王泮父亲王钰的热烈欢迎，并住进了王泮的家里。以前人们都以为罗明坚在浙江只到过绍兴，没去过杭州。但是，几年前发现的新资料证明罗明坚也到过杭州。因为罗明坚自己写下了三首游览杭州的中文诗，抄录如下：

游到杭州府

不惮驱驰万里程，云游浙省到杭城。

携经万卷因何事？只为传扬天主名。

寓杭州天竺诗答诸公二首

其一

僧从西竺来天竺，不惮驱驰三载劳。

时把圣贤书读罢，又将圣教度凡曹。

其二

一叶扁舟泛海崖，三年水路到中华。

心如秋水常涵月，身若菩提那有花。

贵省肯容吾着步，贫僧至此便为家。

诸君若问西天事，非是如来佛释迦。

罗明坚的这三首诗，可以说是欧洲人关于杭州的最早中文诗作。从中世纪开始直到今天，虽然马可·波罗等不少欧洲人都有关于杭州的种种描述，可是，他们都是用西方语言文字撰写的，能够用中文撰写关于杭州的西方人，可以说是凤毛麟角，而用中国古体诗来描述杭州，那就更加难得了。所以，罗明坚的这三首诗非常珍贵。

从内容上看，罗明坚的三首诗也非常重要，因为它们反映了当时他对佛教与天主教极其模糊的看法，反映了他对中国文化非常粗浅的认识。罗

罗明坚两首游杭州诗

明坚已经意识到他所要传播的天主教与佛教之间存在着一定的区别，例如他把自己所崇拜的对象称为"天主"，而不是称作"佛"；他在第二首"寓杭州天竺"诗中说："诸君若问西天事，非是如来佛释迦"。但是，他无法说清这两种宗教之间的巨大区别。相反，罗明坚在诗中大量地借用了佛教词汇。如他把自己称为"僧"或"贫僧"；他把自己来到杭州说成是"云游"；他把天主教经典也称为"经"；他用佛教的"度"字来表达天主教灵魂救赎的观念；等等。

从艺术上看，罗明坚的这几首古体诗是很有水平的，它是罗明坚学习中文的成果。对于一个原先毫无中文知识的欧洲人来说，短短几年时间能够写出这样的诗句，可以说是个奇迹了。这些诗也从另一方面反映了他学习中国语文是多么刻苦。不过，他对自己的中文水平并不满意，并且认为正是这一点影响了他在中国的宣教事业。他在离开杭州后，曾写过一首题为"叹唐话未正"的诗，表达了这样的想法："数年居此道难通，只为华夷话不同。直待了然中国语，那时讲道正从容。"

1586年8月，罗明坚和麦安东返回肇庆。这两个人在浙江的时间虽然不长，但他们是地理大发现后最早进入浙江的天主教传教士。1588年11月20日，罗明坚奉范礼安之命，搭乘一艘中国帆船，从澳门启程，返回欧洲向教宗汇报中国的教务。经过艰难旅行，罗明坚于1589年9月13日抵达葡萄牙里斯本。当时，罗马教廷无暇处理中国事务，欧洲的几个大国也对中国缺乏足够的兴趣，所以罗明坚在欧洲的遭遇并不好。回到欧洲后，罗明坚曾想绘制一部中国地图集，但尚未完成就于1607年5月在意大利萨勒诺城（Salerno）去世了。1987年，在罗马国家档案馆中发现了罗明坚的中国地图集草稿，其中两幅是浙江省地图，我们可以将其分别称为浙江地图 A 和浙江地图 B。

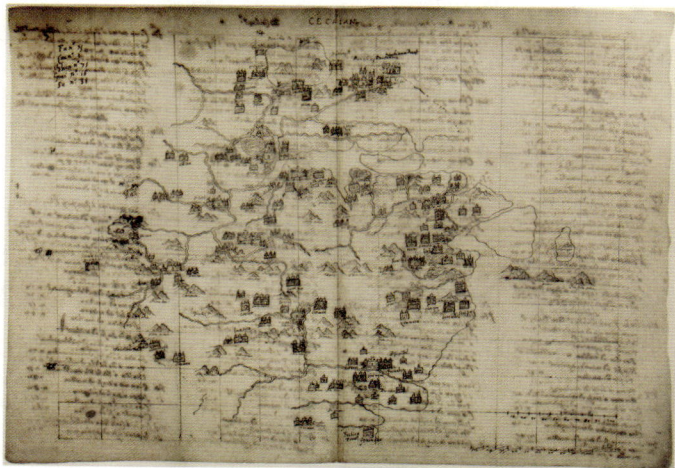

罗明坚《中国地图集》中的浙江地图 A

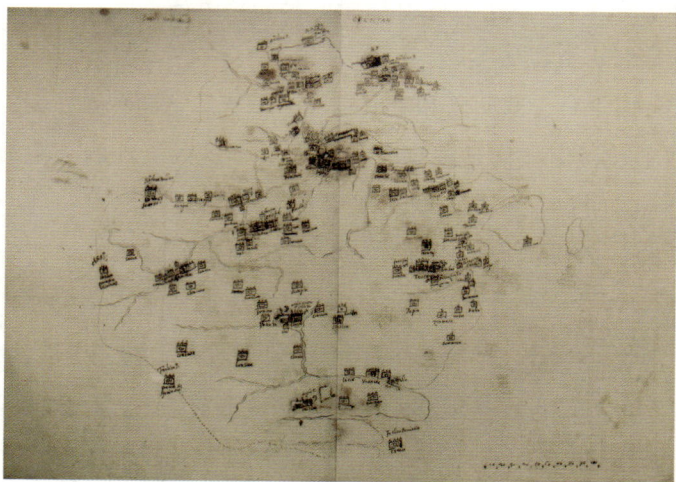

罗明坚《中国地图集》中的浙江地图 B

在罗明坚的这两幅浙江省地图上，浙江都被写作 Cechian。地图上画出了浙江的主要山脉、水系、城市。每座城市，被画成欧洲式的城堡。杭州周边，都出现了密集的城市群。浙江地图 A 上，Han ceu（杭州）隐约可辨。杭州城西侧，画出了波光潋滟的西湖，湖中还有 Sicu Lacus（西湖）注文。钱塘江被写作 Cien tam，这一注文上方的萧山被写作 Siau Scian。Chia Hhin（嘉兴）、Cu ceu（湖州）、Gnien ceu（严州）、Ninpo（宁波）、Toi ceu（台州）、Uuon ceu（温州）、Chin cua（金华）、Ciu ceu（处州）、Hhin ceu（衢州）等府名，都不太清楚。在浙江地图 B 上，Linngan（临安）、Tapin（太平）、Tum Hhian（桐乡）、Zum te'（崇德）、Pincu（平湖）、Hai Hhien（海宁）、Ci Chi（慈溪）、Fun Cua（奉化）、Sian Scian（象山）、Nin Hai（宁海）、Scian Iu（上虞）、Sien Chiu（仙居）、Quam Gnien（黄岩）、Lan Chi（兰溪）、Tumiam（东阳）、Tum Lui（桐庐）、Ciongan（遂安）、Suonpin（宣平）、Sumiam（松阳）、Juon Ho（云和）、Ciuingan（瑞安）、Taisuon（泰顺）等县名，都比较清楚。不过，这两幅地图都错误地把位于半岛上的象山县描绘成一个独立的岛屿。这个错误，其实来自当时流行的明代地图。

二、卫匡国的浙江地图

罗明坚的两幅浙江地图是欧洲人绘制的最早的浙江省地图，但由于这两幅地图长期尘封在档案馆中不为人所知，因而并没有产生什么影响。在他之后约半个世纪，另一个生活在浙江的意大利传教士也绘制了一幅浙江省地图，并且在欧洲产生了广泛的影响，他就是卫匡国（Martino Martini，1614—1661）。

卫匡国出生于现在意大利的特伦托（Trento），1632 年加入耶稣会。1639年，卫匡国从里斯本上船，想前往亚洲，但船在非洲几内亚湾一带遇到风暴，不得不返回里斯本。1640年3月，卫匡国再次上船前往亚洲，这次与他同行的有其他20多名耶稣会传教士，其中包括意大利人艾儒略，和葡萄牙人瞿西满（Simo da Cunha，1589—1660年），这两位后来与卫匡国长期共事。同年9月，他们抵达印度的果阿，由于找不到前往中国的船只，只得在此逗留到第二年。1642年8月4日，他们抵达澳门。

1643年，卫匡国装扮成中国士兵，搭乘中国人的船只进入中国内地，陪他同行的有艾儒略和瞿西满。他们从广州沿水路到南雄，越过梅岭，到江西南昌，再顺长江到南京、上海一带。在上海，卫匡国开始系统学习中文，并且取了个中文名字"卫匡国"，意为"匡救国家"，字"济泰"。1643年10月，卫匡国来到杭州。

罗明坚在浙江期间，明朝社会表面上还维持着太平盛世的景象。但在卫匡国抵达浙江时，明朝已经奄奄一息了。李自成、张献忠等人领导的农民起义军风起云涌，势不可挡；各类匪徒乘机作乱，抢劫越货。在关外，新兴的大清军队直逼长城，伺机而动。在这翻天覆地的动荡岁月中，对于像卫匡国这样一个尚未掌握汉语的欧洲人来说，一路上的艰辛可想而知。

1644年，中国历史上一系列重大事件在北京发生：4月，李自成起义军攻陷北京，崇祯皇帝上吊自杀；6月，清军入主北京。当这一系列惊人的消息传到明朝的另一个都城南京时，卫匡国正在南京生活。7月，卫匡国从南京返回杭州。

1645年7月4日，清军攻占杭州。卫匡国被迫逃到浙江与福建交界的山区。在这里，他可能在明朝残余势力隆武政权（1645—1646）中任过职，负责铸造火炮。他与明朝将领刘中藻交往甚密。

也就是在浙闽山区疲于奔命之时，卫匡国在温州第一次见到了清兵。据说他当时正与许多人一起在一个大宅中避难，清军来到之后，人们都非常害怕。卫匡国在宅门口题下了"泰西天学修士寓"等字，将自己携带的书籍、望远镜等欧洲异物陈列在桌上，并设立神坛，挂出耶稣画像。清兵到后，见到这些东西，感到非常新奇。他们的首领很有礼貌地接见了卫匡国，对他进行了询问，最后要他脱去汉族人的服装，换上满族服饰，让他尽早回到杭州去。据说卫匡国于1653年从中国返回欧洲时，把那张写有"泰西天学修士寓"的红色纸条也带回了欧洲，并展示给别人看。不过，在卫匡国本人撰写的《鞑靼战纪》1654年第一版中，并没有讲述自己在温州与清兵相遇的情节。后来卫匡国接受了别人的建议，在后面的版本中加入了这段内容。

1647年五月，卫匡国在浙江兰溪遇上一位名叫祝石（字子坚）的"奇士"，并向祝口授了《逑友篇》。祝石在为此书所写的序言中称赞卫匡国"伟仪修体，而神明慈烨，望之犹天神，所谓至人也"。1648年，在杭州的卫匡国打算将一位西班牙学者的著作翻译成中文，但没有完成。1650年，卫匡国被任命为杭州地区的耶稣会会长。这一年三四月间，卫匡国离开杭州到北京，见到了著名的长城。他在欧洲受过良好的教育，精通数学，本想协助当时在钦天监工作的德国传教士汤若望（Johann Adam Schall von Bell，1592—1666）工作，但是，汤若望生怕他曾为隆武政权服务过的事情被清廷所知，加上传教士内部出现了内讧，所以卫匡国没能在北京居留下来，只得于同年回到杭州。

明朝末年，来到中国的天主教修会有耶稣会、多明我会（道明会）、方济各会等。其中势力最大的是耶稣会，罗明坚、利玛窦、卫匡国等知名人物都是这个修会的。从利玛窦开始，耶稣会采取了适应中国文化的传教策略，选用中国古籍中的"天"或"上帝"一词来翻译西方天主教中的最高造物主，允许中国教徒参加敬拜孔子、祭祀祖先之类传统仪式。不过，方济各会、多明我会则反对这些适应中国文化的传教策略。不仅如此，多明我会还专门派人前往欧洲，向罗马教廷告状，从而挑起了延续300多年的"中国礼仪之争"。1645年9月，罗马教廷颁布正式决定，禁止中国教徒参加敬孔祭祖等传统礼仪。

这个决定，对于耶稣会来说显然是个沉重的打击。为此，在华耶稣会士们经过商量，决定派遣卫匡国远赴欧洲，亲自向罗马教廷解释。1651年1月，卫匡国悄悄来到了福建安海，同年3月搭乘一艘中国人的帆船到达菲律宾马尼拉。他在菲律宾几乎逗留了一年，直到1652年1月才乘船离开。卫匡国途经荷兰人统治下的巴达维亚（雅加达）时，被荷兰人扣留了8个月，直到1653年2月才搭船前往欧洲。同年8月，卫匡国到达挪威的卑尔根（Bergen）港，然后经比利时、荷兰等国，于1654年10月到达罗马。他向罗马教廷详细解释祭祖和祭孔只是中国人的传统习俗，而不是宗教信仰。罗马教廷在听取了卫匡国的汇报后，于1656年3月23日作出了有利于耶稣会的决定，允许中国信徒尊孔祭祖。

卫匡国在欧洲期间，于1654年在安特卫普出版了他的拉丁文著作《鞑靼战记》。此书记载了当时的中国局势，特别生动地介绍了清军征服中国的过程。由于此书作者亲历了中国的巨变，所以这本书成了欧洲人了解中国的一个主要来源，很快被译成法文、德文、英文、葡萄牙文、丹麦文等文字。从1654年到1706年，此书共出版了20多次。近代欧洲许多关于中国的著作，都取材于此。

书中这样描述清军占领杭州的情形：

> 杭州是浙江省的首府。城内有很多撤退至此的中国残兵，既有一般的士兵，也有不少将官及官员，他们决定在此另立新帝，即潞王，出自大明皇族。但这个王子不肯称帝，只保留王的称号，他觉得这样比从帝位上摔下来要好，不会死得那么惨。后来他为鼓舞军队的作战士气，终于许愿说，如他们收复皇城，他将登上帝位。他即位不到三天（比这场悲剧中扮演皇帝的人时间还要短），鞑靼军到来，溃散的士兵趁危急之机，强求这个国王及守令发饷，不肯在领饷前打仗。在此关头，潞王不忍心看见百姓、臣子和全城被毁灭，做出欧洲所未见的仁道及爱民行为，他登上城头，跪着向鞑靼将官喊话，为了子民乞命，（他说）"不要宽恕我，我愿替我的子民而死"。说完这番话，他立即出城走向鞑靼军，并被拘留。他爱民的光辉证明，如遇上亚历山大或恺撒这样宽宏的精神，那么将不缺奖赏以表彰他的英雄行为。鞑靼人俘虏这个王子，立即命令居民关闭城门，守护城池，防止他们自己及潞王的人入城，同时他们攻击潞王的军队，残忍屠杀，但很多人淹死，而不是死于刀箭，因为大批人径直投入大钱塘江。这条江宽约一里格，从城旁流过。有些人跳上河里的船只，因超载使船迅速沉没；还有人恐惧慌乱，在江岸争先恐后，被无情地挤落水里。有几千人死亡。鞑靼人无船渡江，驱逐和屠杀敌军后，再凯旋入城，既没有在城里使用武力，也没有横施暴行。那座高尚城市因此得以保全。此城之雄伟、美丽和富庶，我将另加描述，我是眼见为实，不信传闻。我在该城住了三年，又从那里赴欧洲。

上述描述，可以使我们从一个欧洲目击者的角度了解到清军进入杭州的过程。如果我们把这些难得的描述与中文史料进行对比的话，可以看到真实生动的一面，也可以看到一些欧洲式的浪漫。

卫匡国于1643年进入中国内地后，即开始注意搜集有关中国地理与地图的中文著作。他到过中国许多省份，这为他提供了实地考察中国地理的机会。当他于1651年踏上返回欧洲的航船后，就在漫长的旅途中对自己所搜集的资料进行了整理，编成一部中国地图集。当时欧洲制图学的中心是荷兰阿姆斯特丹，近代许多影响深远的地图就是在这里制作印刷的，其中包括著名地图出版商布拉厄（Joannis Blaeu）从1635年开始出版大型地图集《世界新图集》。1654年上半年，卫匡国特地到阿姆斯特丹，与布拉厄商量出版中国地图集的事情。1655年，布拉厄用拉丁文把卫匡国编绘的《中国新图集》作为《世界新图集》的第六册在阿姆斯特丹出版。

卫匡国的《中国新图集》是非常精美的大开本地图集（32.5 cm×50cm）。第一版共有中国总图一幅、分省地图15幅，日本地图1幅，此外还有文字说明、中国各主要城市经纬度表等。这欧洲出版的第一部中国地图集，具有里程碑的意义。地图集中有一幅单独的浙江省（CHEKIANG PROVINCIA）地图。明代浙江省的十一个府，在卫匡国的浙江地图上都出现了：HANGCHEU（杭州）、Vencheu（温州）、Kiahing（嘉兴）、Kinhoa（金华）、Kiucheu（衢州）、Niencheu（严州）、Hucheu（湖州）、Xaohing（绍兴）、Chucheu（处州）、Taicheu（台州）、Ningpo（宁波）。杭州附近标出了Xiaoxan（萧山），Fuchun F.（富春江），Fuyang（富阳），Juhang（余杭），Haining（海宁）。地图上还绘出了Tienmo Montes（天目山），Tientai Montes（天台山），Cientang F.（钱塘江）等浙江省主要山川河流。特别是，他清楚地画出了Canalis（浙东运河），有力地证明了这条运河的重要性。在杭州、宁波、兰溪（Lanki），都画有耶稣会的符号，表明耶稣会在这三个地点建立了活动据点。

卫匡国《中国新图集》中的浙江省地图

卫匡国在《中国新图集》的文字叙述中，介绍了浙江全省的地理、政区划分、各地物产、军事卫所等。卫匡国写道："浙江省东面濒临大海，如果从宁波港乘船出发前往日本列岛，顺风顺水的时候，只需一天甚至更短的时间"；浙江"既有山区也有平原，气候温和，土地肥沃，江河湖泊众多，雨水充足，适于多种农作物的生长"；浙江省出产的精美丝绸，"质量上乘，价格低廉"，不仅畅销中国，而且"还出口至邻近的日本及菲律宾岛，甚至远销到印度和欧洲大陆"。卫匡国认为，中国丝绸优于欧洲丝绸的秘诀就在于中国的桑叶优于欧洲的桑叶。早在古希腊罗马时代，中国丝绸就已经传入欧洲，欧洲人因此而将中国称为"赛里斯"（Seres）。不过，欧洲人一直不清楚丝绸是如何生产出来的。古罗马学者老普林尼（Pline L'Ancien，23—79）认为，赛里斯人"以他们森林里所产的羊毛而闻名遐迩。他们向树木喷水而冲刷下树叶上的白色绒毛，然后由他们的妻室来完成纺线和织布这两道工序"。卫匡国则告诉欧洲人：这种说法是错误的，因为中国人是通过辛勤地种桑养蚕而生产出精美丝绸的。

在《中国新图集》中，卫匡国还介绍了浙江各地的名胜古迹、风物特产。他在讲述杭州西湖（lago Si）时写道："西湖上建有许多高耸的桥梁，以便船只从桥下通过，人们也可以通过这些桥梁而随意漫步"；"西湖上的游船装饰华丽，金碧辉煌，简直可以称为'金殿'（palazzi d'oro）"，坐在这样的游船上赏玩西湖，"简直是无上的享受"。杭州城外的钱塘江（Cientang），则以海潮奇观而闻名于世，"每年农历八月十八这一天，汹涌的钱塘江潮达到了顶点。这一天的大潮，伴随着雷鸣般的涛声，以排山倒海之势，在江中逆流而上，足以掀翻任何船只"。

卫匡国讲述嘉兴所产的荸荠（Peci）时说："如果将一枚铜钱与荸荠同时放在嘴里咀嚼，那么，只需要使出咬荸荠的劲儿，就可以轻松地将铜钱咬断"。他还这样写道："我本人曾经做过多次尝试，证实了这种大自然的超凡力量。"由于欧洲并无荸荠，所以，卫匡国的这一记载，经过其他欧洲人转述后，变得越来越离奇。而卫匡国的这种说法，其实来自古代中国"荸荠化铜"的传说。例如元代危亦林（1277—1347）的《世医得效方》记载：如果将铜钱等物误吞到肚子里，可"用生荸荠研烂服，其铜自化"。明代王肯堂（1549—1613）的《证治准绳》说："食荸荠、茨菇，其钱自化。"

卫匡国对绍兴的印象很好，他说："绍兴以人杰地灵、文人辈出而享誉全国。此城地处水乡泽国，很容易让人联想到威尼斯，但水质更加洁净，环境更加优美"，"绍兴城全部是由一种白色的方块状石头建成的"，"城里的每条道路，都是跨越河道的，河道两侧也都是用白色方块石头砌成的"。绍兴是浙东运河所经之地，运河上的船闸，给卫匡国留下了深刻印象。他写道："借助船闸系统，抬升船只，使其能够在运河中继续前进。小船沿运河可以抵达宁波城，大船则可进入大海。"

对于其他几个城市，卫匡国在《中国新图集》中也有叙述。湖州"盛产丝绸"，"还有著名的毛笔"。严州的特产有纸张，铜矿和漆等。在金华，人们从乌桕籽中提取出高质量的柏油（Kieuyeu），"用这种油脂制成的白蜡烛，质量上乘，不仅不会弄脏手，而且熄灭时也不会发出怪味"。"衢州城南的烂柯（Lano）山是道教的第八座名山"，从浙江通往福建的陆上交通要道，经过衢州江山县，"这条道路崎岖不平，要翻越崇山峻岭，其中最为险峻的就是仙霞关（Sienhoa）"。处州："括苍山（Hoçang）是道教的第十八座名山，延绵三百里（stadi），中国地理学者们认为此山高达一千丈（mille），山顶气候恒定不变，无风无雨"。宁波："海产品非常丰富，有新鲜的，有晒干的，还有种类繁多的蟹虾贝类，畅销全国。像鲻鱼这样的鱼类可以全年抓捕，但只有初夏季节才能捕捞黄鱼（Hoang），此鱼以其色彩黄色而得名"。台州："天台山（Tientai）附近的赤城山（Cheching）是道教第六大名山，整座山几乎都呈红色。这里的天台山则位居中国道教名山之首，被认为是中国最幸运最吉利的山，其附近的天台县也因此山而得名。天台山上的寺庙无比宏伟，数量之多难以计数"。"温州濒临大海，是浙江省最为遥远的一座城市。温州城与杭州一样，也位于水网泽国地带，城里的建筑物数量既多，又非常精美，所以被誉为'小杭州'。大量的深海帆船在此进出，城里居民众多，商人也很多。"

1657年4月4日，卫匡国与十几个耶稣会士一起乘船离开葡萄牙的里斯本，再次来华。他们一路经历了不少磨难，曾为海盗所俘，又经风暴袭击，几个同伴甚至死于途中。1659年6月11日，卫匡国终于回到了杭州。此时清军在浙江的统治已经基本巩固了，社会也比较平静。对于卫匡国来说，这里还有一个更好的条件，那就是浙江省的最高官员巡抚佟国器对传教士非常友好。

佟国器与清世祖顺治皇帝有亲戚关系，他因战功显赫而被授予浙江巡抚之职。当他随清军进入北京时，即与传教士有所接触。由于他是朝廷贵戚，所以没有入教，但他的妻子则受洗成了天主教徒。佟国器因为其妻要到卫匡国的教堂中做礼拜而常来拜访卫匡国。他觉得原来的教堂太狭小了，于是出资让卫匡国建造一所新的教堂。卫匡国用这笔钱在杭州城购买了一块地，用来建造教堂，具体位置是北关门内的天水桥南侧。卫匡国本人大概参与了教堂的设计。教堂于1659年开始兴建，其间佟国器来视察过建设情况。卫匡国在1658年第二次从欧洲前往中国的途中，患了严重的肠胃疾病，正当教堂建设紧张进行的时候，卫匡国的肠胃疾病越来越严重。中国医生为他开出了逐渐调养的方剂，但他可能觉得这种治疗方法太慢了，于是自己服用通便的大黄。由于服用的剂量过多，病情加重，当中国医生赶到时，已回天无力。1661年6月6日，卫匡国在杭州去世。

卫匡国去世时，杭州城内的天主堂尚未竣工。1658年来到杭州的法国传教士洪度贞（Humbert Augery）继续教堂的建造工作，并于1663年最后完工。新建成的杭州教堂为巴洛克风格，外观华丽，其式样模仿罗马的耶稣会总部。教堂内部拱顶高耸，整个布局对称和

杭州中山北路天主堂

谐，使人不禁产生崇高庄严之感觉。不过，教堂中也有一些中国式的特征，如圆形窗户，这是欧洲教堂所没有的。这个教堂在当时被誉为中国最雄伟的教堂之一，长期以来是杭州城的地标性建筑之一。

卫匡国知识丰富，待人友善，患病期间，在杭州的官员及老友常来看望他。他死后，被埋葬在杭州桃源岭北麓的大方井墓地中。在清代杭州人看来，卫匡国的遗体充满了神秘的奇迹。19世纪初，人们还在传说，卫匡国尸体不仅完好如初，而且指甲头发都会生长，所有一年到头都需要有人为他修剪指甲和头发；遇到瞻礼日，人们为他洗脸整容，然后把他的遗体置于椅上，进行祈祷。由于卫匡国遗体有此等奇迹，所以，甚至连周围的佛教徒等也到其墓前烧香求福。因为中国人对信仰本身并不在乎，他们需要的是种种现实

的福祉。据说正是由于有了神奇的卫匡国遗体，所以200多年内，尽管天主教在杭州时起时落，多次遭到禁止，但人们还是不敢霸占这块墓地。1877年，卫匡国的遗体实际上已经严重腐烂了，所以传教士们将他的遗体放入棺材，埋在建于墓地的小教堂内。但到了20世纪30年代，人们已经无法确定卫匡国遗骸的下落了。

在大方井墓地中，除了卫匡国之外，还埋葬着其他一些传教士。1736年，正当清政府严厉禁止天主教的时候，杭州天主教徒对这个墓地进行了重修。1860—1864年，太平军占领杭州，大方井墓地受到破坏。1874年，杭州天主教徒再次重修了这个墓地。20世纪60年代的"文化大革命"期间，大方井墓地遭到严重破坏。墓地的一部分并入相邻的一家啤酒厂。到了20世纪80年代，墓地上面的建筑物已经荡然无存，只残留着塌陷了的墓窟。

1949年之前大方井传教士墓地

卫匡国传教士纪念园大门

　　"文化大革命"结束后，中国迎来了改革开放的新时代，杭州再次走向世界。在此背景下，卫匡国及其墓地也开始受到国内外的关注。1980年9月，意大利总统佩尔蒂尼访问中国时来到杭州，曾经提出要到卫匡国墓地进行悼念，但由于墓地已毁，所以杭州市有关部门无法答应意大利总统的这个要求。1984年，杭州市开始修复卫匡国墓地，1986年完工。那些原先撒落的传教士遗骸，被重新装入大约十几个骨瓮中。由于这些遗骸已混在一起，无法分别，所以这些骨瓮上没有名字。1989年，卫匡国墓地被确定为浙江省重点文物保护单位。2008年，杭州市西湖区文化体育局对大方井墓地又进行了整治。

　　进入21世纪，随着杭州城市的快速发展，原先属于郊区的大方井已不再是偏僻的郊区，而是杭州城区一个重要组成部分，地址为杭州市西湖区西溪路549号，墓地的名称也被改为"卫匡国传教

石牌坊正面

士纪念园"。2015年，以西溪路为核心，杭州市启动了"西湖蚂蚁小镇"建设，目标是要建成国内科技创新的策源地。在西湖蚂蚁小镇，汇集了一大批引领产业发展的高新企业。这些高新企业，都是建立在国际先进科技成果之上的，因此，充分有效的对外交流合作是这些高新企业赖以生存的命脉。卫匡国传教士纪念园就位于西湖蚂蚁小镇的中心区域，成了西湖蚂蚁小镇的一个重要历史文化符号，象征着杭州海纳百川的博大胸怀。古朴厚重的墓园建筑，与周边欣欣向荣的现代高新企业相互映衬，从历史和现实两个维度揭示这样一个真理：只有坚持改革开放，以坚定的步伐走向世界，才能获得灿烂的未来。

第三章

古代浙江海上丝绸之路上的"物流"

浙江海上丝绸之路既是人的流动之路，又是物的流通之路。当商人、僧侣、外交官等各色人员在海上丝绸之路上来回奔波的时候，他们也把种类繁多的物品传播到四面八方，其中许多物品还是浙江生产制作的。同时，产自国外的各种物品，也经由海上丝绸之路传入浙江。

第一节　远销海外的浙江瓷器

　　浙江是中国瓷器的重要发源地，也是瓷器的主要产地。西周早期，以宁绍平原为中心的浙东地区就已烧制原始瓷器了。到了东汉，出现了成熟的瓷器。浙东地区烧制的瓷器，被通称为"越窑瓷器"。在慈溪上林湖等地，发现了许多越窑遗址。唐朝及五代时期，越窑瓷器曾作为贡品呈献给君王。同时，越窑瓷器也作为大宗货物而通过海上丝绸之路向外传播，朝鲜半岛是越窑瓷器最早的传播区域。

一、浙江瓷器在朝鲜半岛及日本列岛的传播

　　越窑瓷器传入朝鲜半岛，最早可以上溯到3世纪末4世纪初，当时中国正处于分裂之中，浙江先后被东吴（222—280），东晋（317—420），南朝宋（420—479）、南朝齐（479—502）、南朝梁（502—557）、南朝陈（557—589）这六个王朝所统治。由于这六个王朝都以现在的南京为都城，所以合称"六朝"。在朝鲜半岛，这一时期同样是四分五裂的"三国时期"。高句丽（前37—668），百济（前18年—660）和新罗（前57—935）三足鼎立，互相征战。其中百济位于朝鲜半岛西南部，与中国"六朝"政权隔海相望，可

以借助海上丝绸之路往来。为了抗衡北魏——高句丽的外交联盟，百济还与中国"六朝"政权建立起十分密切的联系。在这样的背景下，百济地区就成为越窑瓷器最早、最主要的输入地。

　　根据考古发掘，百济发现的最早越窑瓷器就是属于六朝时期的，这也是朝鲜半岛最早的越窑瓷器。出土越窑瓷器的早期遗址主要有韩国首尔汉江南岸奥林匹克公园内的梦村土城。这个地方在朝鲜半岛三国时期曾经是一个军事堡垒，有城墙和护城河。城内发现了一些越窑青瓷壶、砚、碗等器物的残片，还有几片黑釉陶残片。梦村土城的北侧，有个风纳土城，许多学者认为这里可能是百济的一个王城。风纳土城不仅发现了一些越窑瓷器的残片，而且还出土了一口比较完整的施釉陶罐。梦村土城和风纳土城出土的越窑瓷器，虽然数量不多，但为研究早期越窑瓷器提供了宝贵的实物依据，同时也有助于确定这两座古城的年代。

韩国法泉里出土的青瓷羊　　　　朝鲜发现的越窑青瓷虎子

　　除了以上两座土城，出土越窑瓷器的百济遗址还有首尔石洞村、忠清南道天原郡花城里、公州水村里、扶安竹幕洞、江原道原城郡法泉里等。其中法泉里出土的青瓷羊，保存完好，造型可爱。这样的青瓷羊，在江苏和浙江也有发现。根据中国所藏实物推断，法泉里青瓷羊显然是东晋时期的产品。值得一提的是，在朝鲜人民共和国开城发现了一只精美的越窑青瓷虎子。尽管这是一只采集品，但从浙江绍兴、黄岩等地出土的类似虎子来看，它应当是六朝早期的越窑瓷器。

那么，这些越窑瓷器是如何从六朝统治下的中国南方输入百济地区的呢？从理论上来说，有两种可能。第一种可能是通过海上航线传入的，具体形式可能是六朝统治者将这些瓷器直接赏赐给百济君王，或者是民间商人将这些瓷器作为商品输入。第二种可能是，中国北方其他政权的统治者将这些瓷器赏赐给高句丽或百济的君王，因此这些瓷器是通过陆路辗转传入朝鲜半岛的。国内外许多学者认为，由于当时百济不具备大规模海上航行的能力，所以第一种可能是不存在的，这样就只留下第二种可能了。但这种观点仅仅考虑到了百济方面的海上航行能力，而忽视了中国方面的航海能力。实际上，当时的中国商人完全有能力通过海上丝绸之路把这些越窑瓷器输出到百济地区。更加重要的是，如果这些越窑瓷器是通过陆路输入百济地区的话，那么，百济周边地区（特别是北面的高句丽）就应当会有更多的越窑瓷器。可实际上，高句丽地区出土的越窑瓷器寥寥无几，目前所知的大概连10件都不到。据此可以认为，百济地区的越窑瓷器应该是通过海上丝绸之路输入的。不过，由于当时浙江沿海与朝鲜半岛的海上直达航线还没有出现，所以这些越窑瓷器应是从长江口一带启航输入朝鲜半岛的。

8世纪末期开始，越窑青瓷越来越多地输出到朝鲜半岛，到了9世纪形成了规模化的外销。特别是朝鲜半岛东南的庆州地区，至少有20个遗址中出土了越窑瓷器，共计75件，其中最多的是碗（有54件），其他瓷器包括盆、盘、罐、钵、执壶、香炉等，时代主要是唐朝晚期及五代时期，少数几件属于北宋。这些越窑瓷器基本上是制作精美的上品，主要供庆州地区贵族及高级僧侣使用。通过比较研究可以发现，庆州地区出土的越窑瓷器无论是从造型上看，还是从纹饰上看，都可以在上林湖等浙江越窑遗址中找到同类的器物。在韩国国立中央博物馆中也藏有一些品质上乘的越窑瓷器，例如首尔附近出土的一只越窑青瓷壶，是模仿皮囊而制作的，十分逼真，甚至连皮囊上的缝线也惟妙惟肖地呈现出来。

五代十国时期，位于浙江的吴越国（907—978）与朝鲜半岛上的高丽（918—1392）建立起了直接而紧密的海上联系。随着越窑瓷器的大量输入，高丽工匠除了进行仿制外，还从浙江直接引进瓷器烧制技术。目前韩国发现了大约1700处烧制瓷器的窑炉遗址。通过比较研究，可以发现这些窑炉在许多方面都与浙东地区的越窑相同。就窑炉而言，中国北方流行的是以煤炭为燃料的圆形窑炉（俗称"馒头窑"），越窑则是建在山麓斜坡上的长条形龙窑，以柴火为燃料。朝鲜半岛曾经出现过地下式或半地下式的窖式窑。但进入10世纪，朝鲜半岛上的窖式窑被龙窑所取代。而且，与浙东地区的越窑一样，朝鲜半岛的龙窑前部也是燃烧室，后部为排烟口，两侧设有多处投柴孔。

由于龙窑是建造在斜坡上的，所以底部也是有斜度的。如果把瓷器直接放在窑底，就会倾斜甚至侧倒。为此，浙东地区的工匠们就在窑底铺上一层沙子，然后放上带有一定斜度的垫具，这样可以保证放置在垫具上的瓷器是平稳的。朝鲜半岛的龙窑，同样是采用窑底铺沙加上垫具的做法。瓷器在烧制之前，工匠们先将其放入由耐火材料制成的叫作匣钵的特殊容器中，这样可以防止瓷器在高温烧制过程中受到污损和破坏。朝鲜半岛上的匣钵的形状及大小，都与浙东越窑中的雷同。朝鲜半岛早期烧制出来的瓷器，在器形上模仿浙东越窑的玉璧底，在纹饰上模仿浙东越窑的鹦鹉纹等纹样。因此可以说，高丽的瓷器制作技术，是在浙东越窑技术的影响下形成的。

　　进入12世纪之后，高丽的瓷器制作技术逐渐成熟，并且形成了自己独特的风格。1123年从宁波港出发到达高丽的北宋使节徐兢记载说，高丽瓷器以青色为特征，并将其称为"翡色"，"近年以来，制作工巧，色泽尤佳"。这种青如翡翠的高丽瓷器，被人称为"高丽青瓷"。高丽的统治者不仅自己使用高丽青瓷，而且还把它作为贡品进献给宋朝。同时，中国与高丽的商人也将高丽青瓷作为高档商品运销到中国。宋元时期，由于宁波是通往高丽的主要港口，所以高丽青瓷也被输入宁波。在元代所编的《至正四明续志》中，明确记载来自朝鲜半岛的货物有"高丽青瓷"。宁波地方志中的记载，也为考古发现所证实。例如，1993年，在宁波市中心的东渡路元代古城墙地层中，出土了五块高丽青瓷残片。特别是1995年，在宁波东渡路宋元市舶司遗址中发现了一只高丽青瓷残盖，直径为10厘米，现藏宁波博物馆。瓷盖中间，除了菊花等图案外，还有两个男子。有人认为图案所描绘的是相扑，也有人认为是跆拳道。无论如何，这个异常珍贵的高丽瓷盖表明，浙江海上丝绸之路既是浙江瓷器向外传播的航路，也是高丽瓷器向浙江传播的通道，而浙江的

1995年宁波出土的高丽青瓷

历史正是在这样的文化双向传播中获得了强劲的活力。

1975年，韩国渔民在全罗南道新安郡道德岛附近海底打捞起一些中国瓷器，韩国有关部门立即组织调查，结果在北纬35°、东经126°一带发现一艘沉船。该船残长约28米，由8个船舱组成。据此推测，全船原长约34米，宽约11米，载重量约200吨，船型为中国建造的福建船。船上装载的主要是中国货物，但也有一些日本制的生活用品，例如酒、刀、棋子、铜镜等，还有写有"东福寺公用"的木简。东福寺是日本京都的著名寺院。特别重要的是，1983年发现的一枚木简上还写有"至治三年"几个字。所以目前比较普遍的看法是，这条船是元代至治三年（1323）或稍后从中国起锚的，本来打算驶往日本博多，但中途不幸失事沉没。

新安沉船上发现了铜钱、金属器、陶瓷器、药材香料等大量物品。其中铜钱多达800多万枚，重达28吨，都是中国铸造的，分别属于唐、宋、辽、金、西夏、元等朝代，最晚的是元代的"至大通宝"。出水的瓷器更是惊人，共有2万余件，包括龙泉窑、景德镇窑、磁州窑、吉州窑、建窑、钧窑等窑系的产品。其中浙江龙泉窑瓷器的数量最多，超过12000件，大部分是元代产品，也有小部分是南宋时期的器物。这些龙泉窑瓷器大体上可以分为两类。一类是日常生活用品，如碗、盘、罐、钵、执壶、药碾、砚滴等。另一类是陈设用品，如瓶、炉、花盆、花插、菩萨像等。

在新安沉船出水的龙泉窑青瓷中，有许多制作精良、釉色臻美的上乘佳作。例如这件青瓷观音塑像，虽然头顶的冠饰已经缺失了，但脸部慈祥的表情并未受到影响。深邃的双眼平静地向前眺望，仿佛洞察着人间的悲欢离合。塑像整个身子挺立端坐，右脚抬起，右手放在屈起的膝盖上，可惜右手前臂已经断失了；左手自然下垂，放在左腿膝盖上；左脚裸露的脚趾旁边，有一朵莲花。在印度佛经中，观音居住的地方被称为Potalaka（中文将其译作"补陀洛迦山"或"普陀山"等），位于印度洋中。到了唐朝，随着佛教中国化，人们坚信浙江沿海的一座岛屿（也就是现在的普陀山）就是观音的道场。新安沉船发现的这尊青瓷观音塑像，表现了元代浙江人心目中的观音形象。在浙江，也发现过龙泉窑烧制的观音像，龙泉青瓷博物馆就藏有比较完整的一尊。这些观音像，为研究浙江观音信仰的演变提供了宝贵的实物依据。

韩国新安沉船上出水的
龙泉窑青瓷观音像

新安沉船的最终目的地是日本博多港，中外学者对此并无异议。那么，它是从哪个港口始发的呢？目前还没有统一的说法。比较集中的观点有两种。一种认为它是从浙江宁波出发的，另一种认为它是从福建福州出发的。不过，新安沉船上的两件文物表明，它应该是从宁波出发的。第一件文物是龙泉窑瓷器，上面刻有"使司帅府公用"六个字。2001年，宁波在兴建天一广场时，也发现了一件刻有"使司帅府公用"的瓷器残件。这两件瓷器上所说的"使司帅府"，是元代浙东道宣慰使司都元府的简称，其治所在宁波。因此，这两件瓷器应当是向龙泉窑专门定制的，作为浙东道宣慰使司都元府官署衙门的公用器物。另一件文物是一只铸有"庆元路"铭文的青铜秤砣。庆元是元代宁波的正式名称。这两件极其珍贵的文物，为新安沉船是从宁波出发的观点提供了有力的佐证。如果新安沉船真的是从宁波出发的，其目的地是日本，而途中又要经过朝鲜半岛，这就表明，当时中国、高丽和日本三者之间建立起了一个国际贸易网络，宁波则是这个贸易网络中的一个主要枢纽。

韩国新安沉船发现的
"使司帅府公用"青瓷

宁波天一广场出土的
"使司帅府公用"瓷器残件

　　由于新安沉船与浙江关系密切，所以浙江省博物馆与韩国国立光州博物馆于2012年12月至2013年3月在杭州联合举办了"大元帆影·韩国新安沉船出水文物精华"特展，以纪念中韩建交20周年。来自各地的观众在这次展览中领略了700年前"浙江制造"的风采，感受了浙江海上丝绸之路在东亚海域的广泛影响力。

　　从上面叙述中可以看到，早在六朝时期，浙江制作的越窑瓷器就已经输入朝鲜半岛，后来持续增多。相比之下，六朝时输入日本的越窑瓷器极少，目前只有在爱媛县松山市偶尔发现过一件东晋青瓷罐。是什么原因导致越窑瓷器在日本比较罕见呢？在有的学者看来，这是一个难解之谜。唐代，日本政府为了学习中国文化，从630年开始派出了大量的遣唐使。这些遣唐使从中国返回日本时，唐朝政府会把许多礼物赠送给他们，他们自己也会购买一些中国商品。在遣唐使带回日本的中国产品中，有一定数量的瓷器，但主要是唐三彩，越窑瓷器即使有也是极少的。

进入9世纪（也就是唐朝晚期），中国与日本之间的民间海上贸易迅速兴起，浙江沿海的宁波、台州、温州成了对日本贸易的重要港口，周光翰、言升则、李达、詹景全等浙江商人又是中日贸易的主要参与者。在这样的背景下，越窑瓷器也开始作为主要商品大规模地输入日本。通过长期的考古发掘，日本共有200多处遗址出土了越窑瓷器，所属时间相当于9世纪至11世纪中期。这些遗址主要集中在九州地区，因为这里直接面对浙江，可以利用海上丝绸之路进行往来。特别是，位于九州的博多（现在属于福冈市）是当时日本唯一对外开放的港口，博多港附近设有专门管理外交及外贸的机构太宰府，太宰府下面则有接待外国使节及商人的鸿胪馆。因此，在太宰府及鸿胪馆出土的越窑瓷器也就最为丰富。此外，在以当时日本首都平安京（位于现在的京都市）为中心的西日本地区，也发现了许多越窑瓷器。

日本出土的越窑瓷器，以碗为主，此外还有盘、壶、水注、盒子、香炉等。总体上来说，鸿胪馆遗址出土的瓷器品质较好，一般刻有花纹。而太宰府及西日本地区出土的越窑瓷器则比较粗糙，很少有装饰花纹。通过比较研究，专家们甚至确定了一些瓷器的具体

日本福冈鸿胪馆出土的越窑瓷器

产地。例如鸿胪馆遗址第六次考古调查发现的青瓷壁底碗、青瓷灯盏、青瓷水注等，应当来自余姚上林湖窑厂；平安京左京四条三坊五町出土的青瓷刻划草花纹圈足盘，应当是鄞县窑厂的产品。日本出土的这些越窑瓷器，还有两个值得注意的特点。一是出土瓷器的遗址基本上曾是官府、寺院、豪宅，说明这些瓷器在当时是供官员、僧侣、富豪等社会上层享用的奢侈品，普通民众很少使用。二是日本发现的这些越窑瓷器都比较普通，真正的精品很少。为什么商人们没有把浙江地区烧制出来的精品瓷器运到日本销售呢？有学者认为，这可能与日本人的消费偏好及消费能力有关。这样，越窑瓷器就成了研究当时日本消费文化的一个线索。这是一个很有趣的问题，值得深入研究。

二、输往阿拉伯世界的浙江瓷器

越窑瓷器除了通过海上丝绸之路东海航线被运销到朝鲜半岛和日本列岛外，还通过海上丝绸之路南海航线被辗转运往遥远的西方。近年来，随着水下考古事业的发展，在国外陆续发现了一些沉船，为研究越窑瓷器的外输过程提供了丰富的依据。这些沉船中最为重要的是"黑石号"（Batu Hitam）。

1998年，在印度尼西亚勿里洞岛（Belitung Island）海域发现了一艘沉船，发掘者认为该船很可能因撞上附近的一块黑色礁石而沉没，所以将其命名为"黑石号"。船上的货物很多，包括金银制品、玻璃器、香料等，但最主要的是中国产瓷器，数量超过6.7万件，其中长沙窑瓷器占绝大多数，

"黑石号"出水的越窑熏炉

有6万多件。越窑瓷器数量不多，总数近200件。此外，沉船上还有巩县窑白瓷、青花瓷、岭南青瓷等。在"黑石号"沉船中的长沙窑瓷器中，有一件刻有"宝历二年七月十六日"（这几个字刻在背面，正面则有阿拉伯文及卍符）。宝历二年即826年，已是唐朝晚期了。据此，"黑石号"沉没的时间应在826年之后不久，或者说是9世纪前半期。"黑石号"上的越窑瓷器，为研究越窑瓷器造型及纹饰的变化提供了可靠的实物依据。例如，以前有学者认为，晚唐时期越窑划花纹饰青瓷只是罕见的特例。而黑石号沉船中所发现的越窑划花青瓷，则表明此种说法需要修正。

据研究，"黑石号"船长近20米，建造所用的木料来自印度；根据船体形状及构造方式推测，此船应是在印度或阿拉伯建造的；其目的地则是波斯湾。那么，"黑石号"是从哪个港口启航的呢？学者们提出了种种假设。一种可能是从广州出发，因为船上装有岭南青瓷。可是，在广州所发现的晚唐瓷器中，长沙窑及越窑瓷器很少，更没有巩县窑白瓷、青花瓷等。相反，"黑石号"上的瓷器组

合，与扬州所发现的瓷器相近。沉船中发现的一枚铜镜上，甚至还铸有"唐乾元元年戊戌十一月廿九日于扬州扬子江心百炼造成"的文字。乾元元年，即758年。因此，有学者提出，"黑石号"是从扬州装货启程的，到广州后又装上一些岭南所产的瓷器。还有人认为，来自中国各地的瓷器先是被运送到东南亚的某个港口（例如室利佛逝的巨港），然后又被集中装运到"黑石号"上。可是，如果真是这样的话，"黑石号"上应当有许多来自中国以外地区的货物，而事实上，"黑石号"上绝大多数货物都是中国制造的。目前看来，还无法确定"黑石号"的起航地，但无论如何，"黑石号"上发现的200来件越窑瓷器，应是先被贩运到扬州或其他港口城市，然后再被装上"黑石号"，而不可能是从宁波港装船的，"黑石号"更不可能是从宁波港出发的。

在"黑石号"沉船出土的瓷器中，越窑瓷器所占比例可以说是微不足道的。但2004年在印度尼西亚井里汶（Cirebon）发现的一艘沉船中，越窑瓷器却成了主角。

井里汶是爪哇岛北部的一个港口城市。早在2001年，当地渔民就反映在井里汶外海有古代沉船。2004—2005年，一家以打捞沉船为主要业务的商业公司获得印度尼西亚政府的批准，对井里汶沉船进行了科学打捞。

井里汶沉船上的文物不仅数量很多，而且种类也很丰富，包括象牙、各种宝石、玻璃瓶及玻璃材料、佛教饰件、穆斯林器物等，还有一枚铸有道家八卦纹的中国铜镜。当然，数量最多的还是中国瓷器，而在中国瓷器中，最为重要的又是越窑瓷器。根据考古发掘报告，沉船中出水的器物达49万多件片，其中中国瓷器占了75%。在这些中国瓷器中，除了少量白瓷器外，绝大部分是越窑青瓷器，数量应在30万件以上。有学者甚至说，井里汶沉船上发现如此丰富的越窑瓷器，真可谓"惊天动地"。在出水的越窑瓷器中，有一些罕见的珍贵文物，例如鹿形盖盒、摩羯塑件、凤首壶盖、八角大执壶等。其中有一只越窑瓷碗上还刻有"戊辰徐记造"字样。戊辰即968年，当时浙东地区正处于吴越国的统治之下。此外，井里汶沉船中还发现了大批铅钱，上面铸有"乾亨通宝"的文字。"乾亨"是五代十国时期割据岭南的南汉政权（917—971）的第一个年号，时间为917—925年。根据这些文物我们可以知道，井里汶沉船是在10世纪后半期沉没于大海之中的。

井里汶沉船出水的越窑瓷器

井里汶沉船的考古发掘表明，当时的人们并不是随意将瓷器堆放在船舱里的，而是先在舱内龙骨间放置一根根的短方木，然后再将瓷器整齐有序地排放在短方木之间。这样，沉船上的越窑瓷器就呈现出了最初装船时的状态。那么，这艘船是不是在宁波港装载上越窑瓷器等货物后开往东南亚的呢？答案是否定的。因为船上除了越窑瓷器外，还有来自东南亚、中东地区甚至非洲东部的货物，而且船上的玻璃原料等货物显然是要贩运到中国来出售的。而当时的宁波港不可能汇集如此丰富多样的异国货物，更不可能将本来要运销到中国的货物又运载到东南亚去。当然，还有一种可能是，此船最初从宁波港装上越窑瓷器等货物启航后，又途经广州及东南亚的一些港口，并且顺途装载上不同来源的货物。但这艘沉船本身的结构，否定了此种可能。根据考古发掘，井里汶沉船的船身长约30米，宽约12米，船上装有双帆。这是一艘东南亚本地建造的接驳船，它游弋穿行于各岛屿之间，将大型海船上的货物转运到其他港口或其他大船上。此外，井里汶沉船上的30万件越窑瓷器并不是同一时期制造出来的，也不是同时输出到海外的。研究表明，沉船中的越窑瓷器，早者为晚唐时期的产品，迟者是在北宋早期生产出来的，前后时间跨度近百年。因此，一种比较合理的解释是：中国及东南亚等地所生产的货物，在不同的时代通过不同的渠道被运输到东南亚的某个商品集散中转中心（例如室利佛逝），然后再由当地的接驳船分别转运到驶往不同目的地的大型海船上，井里汶沉船正是这样一艘接驳船；沉船上的越窑瓷器等中国货物，本来是要转运到那些将要开往东南亚或印度洋地区的大船上的，沉船上的宝石象牙、玻璃原料等货物则是打算转运到那些将要开往中国的大船上的。不幸的是，这艘驳船没有到达目的地就葬身大海了。瓷器的特点是体大而沉重，容易破碎，它适合装载在船上通过海路运输，而不适合通过陆路长途转运。井里汶沉船上的30万件瓷器虽然不是直接从宁波港装船起运的，但绝大多数瓷器最初一定是通过宁波港运出去的。这些瓷器有力地证明了从唐朝晚期开始，宁波港的吞吐能力在不断提升。

　　虽然"黑石号"沉船和井里汶沉船上的越窑瓷器都不可能是从宁波港直接装运出海的，但是，这两艘沉船表明：在9世纪前半期的中国外销瓷器中，最为重要的是长沙窑瓷器等，越窑瓷器的数量非常有限；进入 10 世纪后，长沙窑逐渐退出了外销瓷器的行列，而越窑瓷器异军突起，并在 10 世纪后半期成为中国外销瓷中最主要的产品，同时也是中国输往海外的最主要大宗产品。

除了印度尼西亚之外，在海上丝绸之路南海航线经过的东南亚其他国家（泰国、马来西亚、菲律宾等），也发现了不少越窑瓷器。海上丝绸之路航线从苏门答腊岛西北角进入孟加拉湾后，途经斯里兰卡，到达印度南端的故临国，然后就进入阿拉伯世界了。

阿拉伯帝国自 7 世纪上半叶兴起后，不断扩张，8 世纪到达鼎盛，其版图东起印度河，西抵大西洋，横跨亚、非、欧三洲。不过，宋朝建立时，阿拉伯帝国已经四分五裂，主要国家有：以西亚巴格达为中心的阿拔斯王朝（750—1055），中国称其为"黑衣大食"；以北非突尼斯为中心的法蒂玛王朝（909—1171），中国称其为"绿衣大食"；位于欧洲伊比利亚半岛的后倭马亚王朝（756—1236），中国称其为"白衣大食"；统治叙利亚、埃及、也门等地的阿尤布王朝。此外，还有大大小小许多国家。我们把这些国家统称为阿拉伯世界，其空间范围包括中亚、西亚以及北非和东非的一些地区。古代中国人则将阿拉伯世界统称为"大食"。南宋温州人周去非（1135—1189）在他的《岭外代答》一书中就写道："大食者，诸国之总名也。有国千余，所知名者特数国耳。"

早在唐代，中国瓷器就已经开始传入阿拉伯世界。有学者统计，在 8—10 世纪的阿拉伯世界，已经发现中国瓷器的遗址达 160多个，包括伊拉克的萨马拉、伊朗的尼沙布尔、也门的舍尔迈等。这些地方输入的瓷器，产自浙江的越窑青瓷所占比例较大，其他的还有白瓷、唐三彩等。进入宋代，输入阿拉伯世界的瓷器更是迅猛增长。由于中国瓷器主要是通过海上丝绸之路输出，所以出土越窑瓷器的遗址也是集中在波斯湾、红海、阿拉伯半岛南部的港口及沿海地带。在波斯湾北侧的伊拉克，有许多遗址出土过越窑瓷器。其中巴格达以南约35公里的忒息丰曾是波斯萨珊王朝的首都，这里就出土过10世纪左右的上林湖越窑青瓷片。在巴格达博物馆中，也藏有9—11世纪的越窑瓷器。在也门靠近亚丁湾的舍尔迈（Sharmah）遗址中，从20世纪90年代到2005年，采集到350余块中国瓷片，并发掘出1592块中国瓷片，时代为唐朝晚期至元代，其中有不少的越窑瓷器，包括碗、盘、盒等。这个遗址目前只有局部发掘，如果全部发掘的话，出土的越窑瓷器一定会更多。在更遥远的埃及福斯塔特遗址，出土的越窑瓷器数量更多，类型更加丰富。

阿拉伯人于641年征服埃及后，在尼罗河边的福斯塔特建造都城，这也是阿拉伯人在埃及的第一个首都。法蒂玛王朝占领埃及后，于969年将行政中心迁移到福斯塔特东北侧的开罗，但福斯塔特在经济上的重要性不仅没有下降，反而日益增强，逐渐成为阿拉伯世界最重要的手工业中心及国际贸易中心，12世纪时达到鼎盛。1163年，由西欧天主教徒建立起来的十字军国家耶路撒冷王国开始不断入侵埃及，并于1168年逼近福斯塔特。面对强大的侵略军，惊慌失措的埃及统治者强行驱赶福斯塔特城内的居民，最后焚毁了这座繁华的城市，熊熊大火一直燃烧了50多天。从此之后，福斯塔特日渐成为荒凉的废墟，有的地方甚至变成了垃圾场。现在，福斯塔特是开罗城的一个组成部分，但依然比较破旧。2017年，在这里建造了一个"埃及文明博物馆"。

进入20世纪，来自埃及、欧美、日本的学者在福斯塔特持续开展考古发掘。近年来，中国一些学者也开始参与此地考古研究。

100多年来福斯塔特考古的一个重要成果，就是发现了大量的中国瓷器。由于福斯塔特出土的瓷器尚未被完全整理出来，所以我们无法知道其确切数量。20世纪末，参与整理的日本学者估计，在已经出土的35万件陶瓷碎片中，来自东亚（中国、越南、泰国、日本等）的有11000多片，约占总量的3%。而在福斯塔特进行过实地考察的中国学者秦大树估计，这里出土的中国瓷片数量可能超过2万片。福斯塔特出土的一些中国瓷器，还被收藏在欧洲、美国、日本等国家和地区的博物馆中。

埃及福斯塔特遗址出土的越窑瓷器碎片

在福斯塔特出土的中国瓷器中，时间最早的是9世纪后期（晚唐）的产品，而且来自中国不同的窑口，包括耀州窑、长沙窑、邢窑、定窑等，其中数量最多的是越窑青瓷。但总的来说，这一时期输入福斯塔特的中国瓷器数量不多，品种也不丰富。在法蒂玛王朝统治下，输入福斯塔特的中国瓷器呈飞跃式增长。北宋时期中国南北主要窑系包括越窑、定窑、磁州窑、耀州窑等的产品，都被大量运销到福斯塔特。特别是随着越窑的衰落和龙泉窑的兴起，福斯塔特遗址中龙泉窑的产品从无到有，不断增多。福斯塔特发现的北宋龙泉窑产品，主要有两类，分别是莲花瓣纹瓷器和刻划花纹瓷器。

南宋时期，中国运销到福斯塔特的瓷器发生了两大变化。第一，由于宋金的长期对峙，北方窑口的产品无法运销到海外，因而在这一时期福斯塔特遗址中也就难以找到中国北方窑口烧制的瓷器。这个时期福斯塔特出土的中国瓷器，主要是龙泉青瓷和景德镇青白瓷。第二，中国出现了专门为阿拉伯世界而生产的外销瓷器。有学者发现，在福斯塔特出土的龙泉青瓷中，碗、杯、盘、壶等器物较少，多数是莲花瓣碗；在莲花瓣碗中，75% 左右直径为 160—240 毫米，最常见的为 220 毫米；而中国及西方收藏的龙泉窑莲花瓣碗，一般都没有这么大。这表明，中外商人在长期的销售实践中总结出一个宝贵的经验：阿拉伯世界的客户更喜欢器形较大的瓷器，于是订制了这类符合阿拉伯世界购买偏好的外贸产品。

中国瓷器自唐代传入阿拉伯世界后，当地的工匠就开始仿制。以龙泉青瓷为代表的宋代瓷器更是受到阿拉伯世界的热烈追捧。为了满足市场需求，阿拉伯世界的工匠们从色彩、器形、纹饰等方面

宁波发现的阿拉伯釉陶

进行了仿制。但当时的阿拉伯工匠们对中国瓷器的制作原料、色彩配方、烧制温度等秘诀一无所知，在此背景下，他们只得就地取材，不断探索，发明了色彩斑斓的釉料以及独辟蹊径的上釉技术。阿拉伯工匠通过仿制中国瓷器而制作出来的釉陶，并不是真正的瓷器，而是介于陶和瓷之间，但正是这种似陶非陶、似瓷丰瓷的独特风韵，使其成为阿拉伯文化的瑰宝。阿拉伯彩色釉陶后来还传入中国，并对中国陶瓷产生了一定的影响。

　　浙江出产的瓷器通过海上丝绸之路向东被传播到朝鲜半岛、日本列岛，向西被传播到东南亚、南亚、西亚、非洲北部。在如此广阔的空间范围内，当不同肤色、不同语言、不同信仰的人们在使用这些瓷器时，他们基本上不知道这些瓷器是在什么地方制造出来的。也就是说，当世界各地的人们还不知道浙江这个地方的时候，他们就已经在使用浙江出产的瓷器了。所以浙江瓷器可以说是古代浙江最早展示给世界的名片，而传递这张名片的通道则是海上丝绸之路。

第二节　日本清凉寺栴檀瑞像的来历

一、瑞像东渡日本国

　　10世纪后期，正当宋朝逐步统一中国的时候，在遥远的日本东大寺，有个法号为"奝然"（938—1016）的日本僧人正在积极准备到中国来学习佛学。983年八月一日，奝然率领弟子盛算等人从九州出发，十八日到达台州。盛算说，他们搭乘的是"吴越商客陈仁爽、徐仁满"的帆船；而奝然则说，由于"台州之商旅"要从日本返回中国，于是就搭乘他们的商船到了台州。由此可见，盛算所说的"吴越商客陈仁爽、徐仁满"其实就是台州商人。奝然因此成为第一个来到宋朝的日本僧人。

奝然到了台州后，最初入住开元寺，获得中国官方批准后，于九月九日来到天台。他们一行先到国清寺，见到了智者大师智颛的画像。奝然形容这里是"山奇树秀，溪浚泉澄"。接着他们登上天台山，越过著名景点石梁，朝拜传说中的罗汉遗迹，还瞻仰了寒山、拾得、丰干这三位唐代高僧曾经隐居过的地方。十月八日，他们离开天台山，十一日到达新昌南明山大佛寺，礼拜南山律宗创始人道宣（596—667），还见到了宏大的弥勒石像。接着，他们经过杭州，一路向北，于十八日来到扬州开元寺。

983年十二月十九日，奝然一行到达宋朝首都汴京（现在的河南开封）。二十一日，奝然在崇政殿觐见了宋朝太宗皇帝，并且献上了铜器、图书等贡品。奝然虽然不会讲中国话，但善于阅读和书写汉字，这样，他就以文字笔谈的形式与宋朝皇帝进行交流。他比较详细地向宋太宗介绍了日本的地理、物产、政治制度等。奝然对日本的介绍，成为宋朝君臣认识日本的重要依据。《宋史·日本传》的内容，80%左右来自奝然。他还告诉宋太宗，日本有"四书五经"、佛经、《白居易集》等从中国传入的书籍。当宋太宗从奝然那里获知日本天皇世系代代相传未曾中断时，非常感慨地对旁边的宰相说：真没想到，日本这个海岛蛮夷居然国运久远，国君及大臣都能世代延续，而中国自唐朝末年开始却是天下大乱，长期分裂；为了使你们的子孙后代能够永远享受高官厚禄，你们这些大臣要竭诚治国，千万不可松懈。

从984年三月开始，奝然他们一路风尘仆仆，先后访问了五台山、洛阳白马寺、龙门石窟等佛教名胜，夏天回到汴京，受到宋朝政府的热情款待。985年三月，奝然等人向宋太宗告别。宋太宗赐给奝然"法济大师"的称号，并赠给他包括佛经在内的大量礼物。各地官府还派人一路护送他们。六月二十七日，奝然回到台州开元寺。

986年七月，奝然携带着大量物品从台州启程，乘风破浪，抵达九州。《宋史》明确说，奝然是搭乘台州宁海县（现属宁波市）商人郑仁德的船只回到日本的。奝然从中国带去的物品中，最醒目、最贵重的是一尊高达1.6米的木制释迦牟尼雕像，即所谓的"优填王旃檀瑞像"。

优填王是古代中印度憍赏弥国的国王。传说优填王本来是敌视佛教的，后来亲眼目睹佛祖释迦牟尼的种种奇迹，转而变成虔诚的佛教徒。传说，有一次，释迦牟尼离开人间到天上去给自己的母亲说法，优填王因为见不到释迦牟尼而思念成疾，甚至觉得自己快要死了。他的大臣们为了挽救优填王的生命，绞尽脑汁，最后想到用名贵的旃檀木来制作释迦牟尼的雕像。为了确保雕像能够与释迦牟尼的真实形象完全一致，佛祖的弟子目犍连还运用神力，三次将30多名工匠送到天上去仔细观察正在讲法的释迦牟尼。佛像雕成后，受到了优填王及其臣民的膜拜。这尊佛像，就是"优填王旃檀瑞像"，简称旃檀瑞像。这尊世界上最早的释迦牟尼雕像，是释迦牟尼在世时雕刻的，展现了佛祖的真实面容，据说还有治病消灾等神奇的功能。

释迦牟尼从天上返回人间后，不仅见到了旃檀瑞像，而且还抚摸着这雕像说："我去世后1000年，你就到中国去传播佛教吧。"正是由于释迦牟尼本人的这个志愿，旃檀瑞像后来果然到了中国。至于这尊佛像来到中国的具体过程，有几种不同的说法。其中一种比较普遍的说法是，印度人鸠摩罗炎先将旃檀瑞像从印度背到中亚。虽然路程遥远，经过万水千山，但由于旃檀瑞像是佛祖的化身，所以实际上是白天鸠摩罗炎背着佛像，夜里则是佛像背着鸠摩罗炎。当鸠摩罗炎带着旃檀瑞像路过龟兹国（现在新疆库车一带）时，国王为了使旃檀瑞像能够留下来，就将自己的妹妹嫁给了鸠摩罗炎。鸠摩罗炎在龟兹国生了个儿子，这就是鸠摩罗什。鸠摩罗炎去世后，旃檀瑞像就传给了鸠摩罗什。

384年，前秦大将吕光（337—399）率兵攻入龟兹国，把鸠摩罗什和旃檀瑞像都作为战利品劫运到了凉州（现在的甘肃武威）。386年，吕光以凉州为国都建立后凉。401年，后秦大军进入凉州，鸠摩罗什和旃檀瑞像又被带到了后秦的都城长安（现在的陕西西安）。这样，旃檀瑞像在一系列的战乱中就来到了中原。417年，东晋大将刘裕（363—422）率领大军灭了后秦，并将旃檀瑞像运到东晋的都城建康（现在的江苏南京），安置在龙光寺中。420年，刘裕在建康建立宋朝（420—479），也就是历史上所说的"刘宋"或"南朝宋"。此后，以建康为都城，又先后出现了齐（479—502）、梁（502—557）和陈（557—589）这三个朝代。旃檀瑞像也见证了宋、齐、梁、陈四个朝代的更迭。

589年，隋文帝派自己的儿子杨广灭亡了陈朝。604年，杨广成为隋朝的皇帝，也就是隋炀帝。后来隋炀帝南下扬州时，把旃檀瑞像从建康龙光寺移到了扬州开元寺，并且特地建造了佛龛来放置

佛像。奝然在日本时，就听说扬州开元寺供奉着旃檀瑞像，所以
983年八月到了中国后，就和弟子盛算等人一起于十一月十八日专
门前往扬州开元寺瞻仰。不过，他们在开元寺只看到放置旃檀瑞像
的佛龛，而没有见到旃檀瑞像。开元寺的僧人告诉奝然他们说：几
百年来，旃檀瑞像一直被供奉在寺中，并且受到各个朝代帝王们的
供养；后来，南唐后主李煜（937—978）将旃檀瑞像从扬州开元寺
迁到首都江宁（现在的南京）。975年，宋朝大军占领江宁，不仅
俘虏了李煜，而且也把旃檀瑞像运到汴京城中，先安置在开宝寺永
安院中，后来宋太宗又将它移到皇宫中内的滋福殿中，天天礼拜。
开元寺的僧人还补充说："你们到了汴京之后，就有机会到皇宫中
去见见旃檀瑞像了。"

　　带着在扬州未能见到旃檀瑞像的遗憾，同时也怀着能够在皇宫
中见到这尊佛像的希望，奝然和盛算师徒一路北上，到了汴京。盛
算自己记载说，当他与奝然于983年十二月二十一日觐见宋太宗
时，提出了到滋福殿中膜拜旃檀瑞像的请求，并且获得了宋太宗的
准许。第二年正月，奝然和盛算等人在宋朝官员的陪同下，终于进
入了滋福殿，亲眼见到了传说中的旃檀瑞像，实现了夙愿。

　　当奝然和盛算一行结束五台山、龙门石窟等地的朝圣之旅，于
984年夏天回到汴京后，那尊旃檀瑞像已经从皇宫里的滋福殿被迁
移到新建成的启圣禅院中。盛算这样记载说：由于奝然很想摹刻一
尊旃檀瑞像，所以特地出钱找到了一位名叫张荣的"雕佛博士"，
并且带着他到了启圣禅院，请他按照旃檀瑞像的样子，一模一样地
摹刻了一尊瑞像。随后，他们不辞辛苦，不仅将这尊摹刻瑞像千里
迢迢从汴京带到台州，而且还于986年在台州装上郑仁德的商船，
最终运回日本。

旃檀瑞像是世上最早的佛像，也是佛祖释迦牟尼的真实化身，具有神异功能。而奝然他们不仅直接摹刻了这尊瑞像，而且还将其运回了日本，这对于日本来说是前所未有的大事，引起了各界的轰动。日本朝廷不惜成本，动员了大量人力，克服重重困难，于987年二月将奝然带回的旃檀瑞像以及佛经等从九州运到京都，还组织了非常隆重的入城仪式。从宋朝取回的佛经佛像等，以游行的形式进入京都。游行队伍从罗城门进入后，沿着主街道朱雀大路，自南向北前进。队伍前面有乐队开道，然后是肩挑佛经的队伍。佛经是装在箱子里的，包括500箱《大藏经》。道路两侧的观众，也纷纷上前协助挑经，希望能够沾点佛气，获得佛祖的特殊保佑。接着是载着旃檀瑞像的车子。最后又以乐队压阵。奝然本人身着袈裟，在盛算等僧人的簇拥下，行走在队伍中间。旃檀瑞像在人们的夹道欢迎中，被运入莲台寺（这个寺院现今还在）。

这尊摹刻的旃檀瑞像被安置在莲台寺后，从天皇、皇后、公卿贵族，到平民百姓，前来观瞻的人络绎不绝。991年，这尊旃檀瑞像被移入京都西北的栖霞寺中。而奝然自己的雄心壮志是，利用正式安置旃檀瑞像的机会，建立起属于自己的寺院，进而在日本佛教界独树一帜，自成势力。我们知道，中国五台山是佛教四大名山之一，五台山上的清凉寺是著名古刹。从唐朝开始，五台山就已经成为日本人向往的佛教圣地。因此，奝然一回日本，就向日本朝廷提出，请求将京都西面的爱宕山改名为五台山，并且在此山建立清凉寺，来安置他带回的旃檀瑞像。

奝然要在爱宕山建立清凉寺的请求虽然很快获得了朝廷的批准，但遭到了其他佛教宗派的强烈反对。这样，奝然建立清凉寺的梦想也就不得不搁置下来，直到他于1016年去世时依然未能实现。

此后，奝然的弟子盛算等人一直在为实现其师傅的梦想而不懈奋斗。经过多方努力，1019年，日本朝廷批准将栖霞寺改名为清凉寺。通过这种将现有寺院改名的方式，盛算等人算是基本上实现了奝然的梦想。而原来打算临时安放在栖霞寺中的那尊摹刻栴檀瑞像，也就永驻不动了，并且被人称为"清凉寺木造释迦如来立像"或"清凉寺释迦如来像"，可简称为"清凉寺释迦像"。

清凉寺释迦像的背后，是壮观的舟形光背。光背上透雕的卷草纹迂回多姿，相互交织，连绵不断，洋溢着涌动不息的生机。光背上有十一尊小佛像（正上方一个，两侧各有五个），象征着佛祖的不同化身。在舟形光背的衬托下，释迦瑞像庄严端立。佛像的头发是古老的

奝然从台州运回日本的释迦像（现存清凉寺）

涡卷形的。涡卷上方高耸的肉髻中，镶嵌着一颗被染成红色的水晶球。慈祥的细长双目中，镶嵌着黑漆眼珠，灵气顿现。两眼之间的眉心上，镶嵌着一幅圆形银制微型佛像，以表示佛祖三十二相中的

"眉间白毫相"。释迦瑞像长长的双耳，下垂到脖子的位置，耳孔里面镶嵌着水晶球。瑞像身上的通肩式袈裟，从脖子开始覆盖全身。整件袈裟的衣褶状以身体为中心波浪式下垂，犹如"U"形图案，直到腿部，线条非常流畅。通肩式袈裟的下面，露出了上下两段裙子（表示袈裟是覆盖在两条裙子上的），紧贴双腿，裙子的褶皱飘逸自然。瑞像右手抬起，手心对着前方，手指向上伸直。这种手势，被称为"无畏印"。佛祖通过这个手势，给人以勇气，使人消除恐惧。瑞像左手自然下垂，手掌心朝外，手指向下张开。这个手势被称为"施愿印"，象征着佛祖能够满足众生的所有愿望。

清凉寺释迦像是清凉寺的镇寺之宝，它有力地扩大了清凉寺的影响，提升了清凉寺的地位。每年10月，清凉寺都要举行专门的佛像供养仪式。随着时间的推移，这尊佛像在日本人心目中变得越来越神秘，并且出现了许多传说。奝然的弟子盛算不仅亲自陪同瑞像从宋朝渡海抵达日本，而且还亲眼见证了该佛像的诞生过程。盛算明确说过，这尊佛像是一个名叫张荣的"雕佛博士"在汴京启圣禅院按照旃檀瑞像的样子摹刻的。据此，可见清凉寺释迦像只是旃檀瑞像的复制品，旃檀瑞像原件还在中国。但如果根据盛算的这个说法进一步推论，就会动摇清凉寺释迦像的神圣地位，因为复制品的法力是根本无法与原件相比的。为了弥补这个漏洞，满足人们希望获得佛祖保佑的精神需求，从12世纪开始，日本人编出了关于清凉寺释迦像的一个神奇传说：清凉寺释迦像确实是根据启圣禅院中的旃檀瑞像摹刻的，但在摹刻过程中，奝然在做梦时，旃檀瑞像告诉奝然说，他就是想去日本的；在这尊佛像摹刻成功的这天夜里，旃檀瑞像显现奇迹，从原本站立的佛坛上走了下来，与摹刻出来的佛像换了个位置。这样，被奝然运到日本的才是真正的旃檀瑞

清凉寺释迦堂上的门楣

像，而留在中国的则是徒具其形的仿制品。清凉寺释迦像因此而被人直接称为"栴檀瑞像"。今天清凉寺安放这尊佛像的大殿"释迦堂"门楣上，就挂着"栴檀瑞像"匾额。有意思的是，这四个大字的题写者隐元（1592—1673），虽然是福建人，但也与浙江关系密切。他曾在舟山普陀山、嘉兴兴善寺、海盐县云岫庵等处活动过。在明清相交的1654年，他应邀从厦门远赴日本，并且成为日本黄檗宗的开山鼻祖。

　　根据这样的说法，象征着佛祖的栴檀瑞像从佛教的发源地印度启程，途经广袤的亚洲中部内陆，然后在中国长江南北不断流转，见证了中国的王朝更替，最终到了日本，用日本人的话来说，就是"天竺宗源、震旦传法、日域弘通"。清凉寺释迦像因而也就被人称为"三国传来释迦"，即先后经过印度、中国，最后传入日本。如果你有机会到清凉寺参观，就可以在山门右侧（观众向里走时的左侧）看到刻有"三国传来释迦如来"的大石头。

这种说法，无疑迎合了日本的社会心理，增加了日本人在宗教上的自信，因而深受各界欢迎。有人还用画笔表现了这个故事。清凉寺就藏有一幅长达6卷的绘画，标题是《释迦堂缘起画卷》，一

《释迦堂缘起画卷》上描绘的瑞像摹刻过程

《释迦堂缘起画卷》上描绘的摹刻旃檀瑞像与原件调换位置的情景

般认为是画家狩野元信（1476—1559）于1515年绘制的。整幅画卷描绘了清凉寺释迦像的由来。画卷上还有文字介绍。其中有一幅描绘的是奝然他们在摹刻旃檀瑞像的场面。画中，三个工匠正面对着旃檀瑞像一丝不苟地进行摹刻。他们摹制的佛像已经成形，与旃檀瑞像没有多少区别。摹刻现场的右侧坐着三个人，其中最里面那个应当是奝然，在他旁边的两人应当是随他到华的日本弟子。这三个人正聚精会神地看着工匠是如何进行摹刻的。摹刻现场的左侧坐着两个男子，他们头戴官帽，身着官服，应当是陪同奝然的宋朝官员。接下来的一幅画中，并排出现了两个安放佛像的基座，左侧这个是用来安放旃檀瑞像的，右侧这个则是用来安放摹制佛像的。但画面中，旃檀瑞像和摹制佛像都从自己的基座上走了下来，相互交换位置，正要迈上对方的基座。这幅绘画，以直观的形式解释了为什么清凉寺释迦像才是真正的旃檀瑞像，而不是仿制品。

　　旃檀瑞像表现的是佛祖在世时的真实样子，而清凉寺释迦像又被人们看成是真正的旃檀瑞像，所以这尊佛像吸引了无数的朝拜者。此外，许多名刹大寺及达官贵族也通过各种渠道，设法到清凉寺摹刻佛像。这些以清凉寺释迦像为样板摹刻而成的佛像，被统称为"清凉寺式佛像"，现存有将近100尊，分散在日本全国各地。其中京都宇治市三室户寺所藏佛像，是较早的实例，摹刻于1100年前后。其他比较著名的摹刻佛像，可以在东京大圆寺、京都常乐院、奈良西大寺、滋贺延历寺、大阪延命寺、横滨真福寺以及奈良国立博物馆等地见到。

二、藏在瑞像里面的秘密

在近千年的时间里，人们一直相信清凉寺释迦像是在宋朝都城汴京的启圣禅院里摹制而成的，直到1954年，这个信念才被彻底击碎。这一年，人们在清凉寺释迦像的后背发现一个长方形的空洞，洞内藏有大量文物。这些文物，被学者们统称为"纳入品"。其中有一件是奝然自己于985年八月十八日雕像完工之日所写的《奝然入宋求法巡礼行并瑞像造立记》，上面明确写着：他于985年六月二十七日回到台州开元寺后，为了使日本人也能见到佛祖释迦牟尼的真实容貌，于是就变卖自己的随身衣服等物品，购买名贵木材，雇佣工匠，从七月二十一日开始雕刻，八月十八日完工。而奝然本人，正是在两年前（983年）的八月十八日在台州登陆上岸的。因此，佛像完成的日期，一定是奝然有意挑选的。

更加重要的是，人们还发现，这尊佛像背面那块盖板的内侧，还刻有"大宋国台州张延皎并弟延袭雕"这样几个字。因此，清凉寺释迦像的雕刻地点根本不是汴京启圣禅院，而是台州开元寺。佛像的雕刻者也不是汴京的"雕佛博士"张荣，而是台州人张延皎、

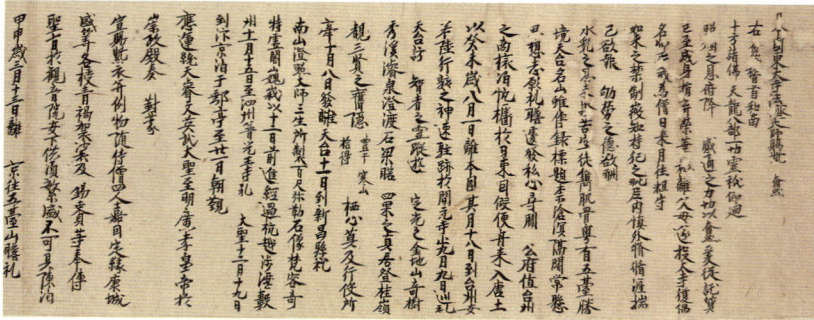

《奝然入宋求法巡礼行并瑞像造立记》（局部）

张延袭两兄弟。在纳入品中的《入瑞像五脏具记舍物》中，张延皎又自称是"造像博士"。此外，在安放佛像的基座上，还刻有"唐国台州开元寺僧保宁"这样几个字。这表明，佛像连同基座都是在台州制作的。

日本学者对清凉寺释迦像木材的检测，同样证明它并非如释迦堂匾额所称的那样是由印度名贵檀木制作的，制作佛像所用的木材其实是中国出产的。国内外许多著作都说，佛像是用"魏氏樱桃木"制作的。所谓的"魏氏樱桃木"是日本学者对树木名称Prunus wilsonii Koehne 的译法，实际上是指中国南方广泛生长的一种"绢毛稠李"树木。这是日本学者在 20 世纪所做的检测结论。不过，日本学者近年的检测表明，清凉寺释迦像更可能是用中国所产的某种楠木制作的。楠木是中国特有的珍贵木材，其中一种还是以浙江命名的，即"浙江楠"，主要生长在浙江西部及周边的福建、江西等地。期待以后浙江的学者也能有机会参与检测清凉寺释迦像的木材，因为检测结果有助于加深对浙江古代交通史及贸易史的研究。

清凉寺释迦像是在台州开元寺制作的。那么，张延皎兄弟是如何制作这尊佛像的呢？对此学者们提出了不同的说法。第一种说法是，"雕佛博士"张荣在汴京启圣禅院制作了一具小型模型，由奝然他们带到台州，再由张延皎兄弟依样雕刻。但这种说法大概难以成立，因为奝然他们只在汴京启圣禅院参观过一次，最多也就待一天，而要在一天时间内制作出逼真的模型，几乎是不可能的。第二种观点是，张荣等人在纸上绘制了佛像的图案，张延皎兄弟是根据这幅图案进行雕刻的。第三种观点是，台州一带工匠早已在仿制旃檀瑞像了，张延皎兄弟自己就拥有类似的图案，甚至可能早就制作过类似的雕像。无论如何，清凉寺释迦像是在台州制作的，它为研究浙江古代木雕史提供了可靠的实例。

清凉寺释迦像的纳入品非常丰富，大体上可以分为以下四大类。第一是文书，除了前面提到的《奝然入宋求法巡礼行并瑞像造立记》和《入瑞像五脏具记舍物》外，还有《奝然生诞书》《义藏、奝然结缘手印状》《奝然系念人交名账》《舍钱结缘交名记》，共六份。第二类是佛经，共三部：《金光明最胜王经》《法华经》和《金刚般若波罗蜜经》。第三类是木刻版画，包括《文殊菩萨像》《普贤菩萨像》《弥勒菩萨像》和《灵山变相图》。第四类是小件供品，包括水晶珠、玛瑙珠、金刚珠、菩提珠、线刻《水月观音》铜镜、玻璃器、箔片、方解石、绢制五脏六腑、台州40多位善男信女捐献的130多枚中国铜钱等。此外，X光检测还发现，佛像头部内还有一颗佛牙。《入瑞像五脏具记舍物注文》还有一段八月十八日所写的说明：佛牙是八月初七上午装到佛像脸部内的，到了中午，佛像背上出现了一滴血，所有的人都感到非常神奇，不知道是什么兆头，所以特地记录下来。

在上述纳入品中，《入瑞像五脏具记舍物》详细地开列出了放入佛像内纳入品的名称及其捐献者。对照佛像里找到的纳入品，两者基本相同。有些纳入品是奝然从日本带到中国的。其中有一张纸片，虽然已经残破，但依然可以看出"承平八年正月二十四日"几个汉字。此外，还有几个日语假名，据说这也是目前所知最古老的假名。学者们认为，这张纸片是奝然出生时，他的母亲写下的，所以称其为《奝然生诞书》。日本的承平八年，即公元938年，这也是奝然的出生日期。奝然的母亲将这张纸片与奝然的脐带缝在一起，后来传给了奝然。奝然于983年来到宋朝时，随身携带了这张纸片及自己的脐带，并且在返回日本之前将它们放进刚雕成的佛像中。但1954年打开佛像时，脐带已经不见了，只留下这张纸片。

佛像纳入品中的《义藏、奝然结缘手印状》，是奝然和他的师弟义藏于972年在日本东大寺写下的。在这份文书中，奝然明确说自己"俗姓秦氏"。许多学者据此认为，奝然的祖先应当来自中国大陆或朝鲜半岛。奝然和义藏当着"十方三世诸佛菩萨，梵释诸天，天神地祇"的面发誓说，他们要"生死同心，寒温相问"，共同研习佛法，并且要"同心合力"，将来要在爱宕山建立一座寺院。他们最后割破手指，在这份文书的末尾按上血手印。后来奝然始终为实现这个誓愿而奋斗，入宋求法正是其中重要的一个步骤，最后虽然没有在爱宕山上建成寺院，但至少在栖霞寺的基础上建立了清凉寺。

根据《入瑞像五脏具记舍物》记载，奝然自己捐献了舍利子一颗、菩提念珠一串、镜子一面、《金光明最胜王经》一部、波罗树叶、金玉宝石等。在佛像纳入品中，也找到了这些物品，只有舍利子难以确定，也许已经破碎了。当然更多的纳入品是中国人捐献的。台州开元寺僧人德宣、保宁、居信、鸿粹、鉴端、清笋、契蟾、契宗、延宝等人捐献了水晶珠、玛瑙珠等。此外，还有一幅《弥勒菩萨像》（高约54厘米，横约28厘米）。画像正中是结跏趺坐于莲花座上的弥勒菩萨，他的头顶上方是华丽的宝盖。宝盖左右两侧，各有一个婀娜多姿的升降飞天（右侧的飞天已经破损了）。弥勒菩萨下方左右两侧站立着两个盛装的女供养人（右侧女供养人脸部已破损）。弥勒像右侧印有如下文字："云离兜率，月满娑婆，稽首拜手，惟阿逸多。沙门仲休赞。"这里所说的阿逸多，就是指弥勒菩萨。弥勒像左侧的文字为："甲申岁十月丁丑朔十五日辛卯雕印，普施永充供养。"也就是说这幅弥勒佛像是北宋太宗雍熙元年

（984）十月印刷出版的。这一年，奝然他们在汴京、五台山、白马寺、龙门石窟等地活动。弥勒像右上角有如下文字："待诏高文进画"。高文进是北宋著名的宫廷画家，因此有学者认为这幅弥勒像是奝然从宋都城汴京获得的。但这个说法并不正确，因为该弥勒像左上角清楚地刻着"越州僧知礼雕"几个字。知礼，俗姓金，鄞县人，以宁波城内的延庆寺为主要活动点，被尊为天台宗第十七代祖师。这里所说的"越州"是泛称，并非专指绍兴，而是指浙东地区。这幅弥勒佛像或者可能是知礼本人雕刻的，如果真是如此，这就意味着知礼不仅是高僧，而且也是一位雕刻师。当然更大的可能是，知礼出钱请专业工人雕刻了此像。无论如何，这幅弥勒佛像应当是在浙江雕刻印刷的。

在清凉寺释迦像的纳入品中，最为珍贵的当数用丝绸做的一套人体五脏模型，包括心、肝、胆、肺、胃、肚、肾、肠、喉等器

《入瑞像五脏具记舍物》

官。制作者还特地选用不同色彩的丝绸来制作不同的器官，例如心是红色的，胃是白色的，肾是紫色的，长长的肠子则像现代素色领带。与这套人体五脏模型放在一起的还有一份手写祈愿文，虽然上面一些文字已经残破，但结合《入瑞像五脏具记舍物》，这套人体五脏模型的来历还是比较清楚的，大致过程是：台州妙善寺有个名叫"清晓"的尼姑，因为得了"风患"（中风）而痛苦万分，所以与她的母亲余七娘以及自己的弟子文庆等人一起捐钱制作了这套人体五脏模型，并将其舍入刚刚由张延皎兄弟制作完成的佛像中，祈求早日康复，今生幸福快乐，来生每次投胎也都能"聪明智慧，有福有寿"；同时也祝愿已经去世的老师、亲友能够同沾福气。

这套人体五脏模型是雍熙二年（985）八月五日制作完成的，然后被放入佛像中，作为佛祖的五脏。这说明，当时的台州人认为，即使是佛祖，也是需要五脏的。佛像的制作者张延皎等人在纳入品中的《舍钱结缘交名记》中明确写道：为了报答"四恩"（父母恩、众生恩、国王恩、三宝恩），他们于雍熙二年八月十八日在佛像中放入了五脏模型。

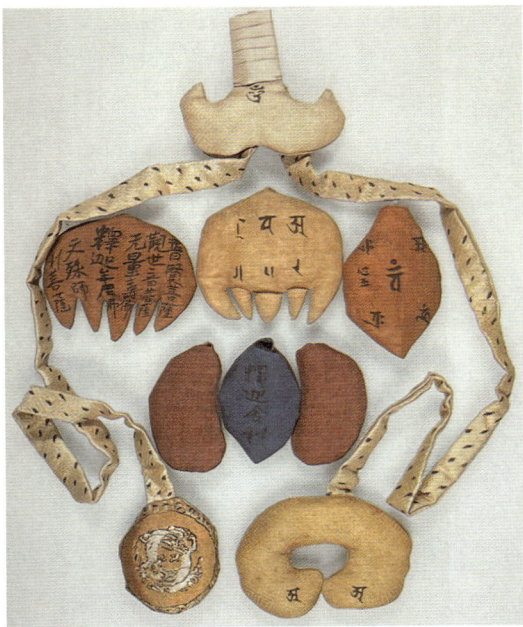

清凉寺佛像内的绢制人体五脏模型

奝然本人在八月十八日完成的《奝然入宋求法巡礼并瑞像造立记》中也写道："今因瑞像圆就，入五脏次，聊书来意，以序其由。"由此可见，这套五脏模型被放入佛像中之后，就意味着佛像制作完毕了。或者说，佛像制作的最后一道工序，就是放入五脏模型。然后，把刚完成的《奝然入宋求法巡礼行并瑞像造立记》放入佛像背后，再安上盖子。从中我们也可以了解到北宋初年浙江佛像制作的基本流程。

清凉寺释迦像虽然供奉在日本，但这尊佛像是在台州由台州工匠制作的，纳入品中的《弥勒菩萨像》和人体五脏模型等也是在浙江制作的。多数纳入品，是由台州善男信女捐献的。因此，这尊佛像实际上反映了当时的浙江文化，包括佛像雕刻技术、雕版印刷技术、丝织技术、金银品加工技术、人体医学知识、佛教信仰以及民俗文化等。另一方面，这尊佛像在日本被人大量摹刻，形成了"清凉寺式佛像"。虽然这些仿制品各有特色，有学者甚至将其分为七大类，但它们的基本特征都是相同的，例如涡卷形头发、覆盖至脖子的通肩式袈裟、同心圆状波浪式衣褶、双脚上方的两段裙子，等等。这些特征，正反映了浙江佛像雕刻艺术对日本的深刻影响。

奝然从台州带去的清凉寺释迦像，在近千年的岁月中一直被日本人当作真正的"旃檀瑞像"，至今依然被日本人奉为国宝，供人礼拜。而这尊佛像所依据的原始样本，也就是奝然在汴京启圣禅院瞻仰过的那尊旃檀瑞像，却经历了完全不同的遭遇。

靖康元年（1126）冬，金朝大军攻入宋朝首都汴京，第二年四月带着包括宋徽宗、宋钦宗在内的大批俘虏向北撤退，北宋灭亡。这就是历史上的"靖康之变"。在这兵荒马乱的岁月中，旃檀佛像也被几个僧人从汴京启圣禅院带到了现在的北京一带，安置这尊佛像的寺院先是被金朝统治者赐名为"大延圣寺"，1167 年又改名为"大圣安寺"。此后，中国历史上持续发生一连串重大事件：蒙古军队灭亡了金朝，朱元璋领导的起义军推翻了蒙古人建立的元朝，而朱元璋缔造的明朝又被李自成起义军推翻，接着清军击败李自成起义军，进而大清定都北京。在这风云激荡的历史进程中，旃檀佛像一直留在北京，不仅见证了刀光剑影、王朝更替，而且还享受过各个朝代帝王们的浩荡皇恩，同时，安放佛像的寺院也在不断地变换。明朝后期，旃檀佛像供奉在北京鹫峰寺。1665 年，康熙皇帝把旃檀佛像迁入新建的弘仁寺中，并且撰写了《旃檀佛历代传祀记》，讲述这尊佛像在中国的流徙过程。1900 年，弘仁寺成为义和团的主要据点。八国联军于这一年 8 月进入北京后，将弘仁寺焚毁，寺内的旃檀佛像下落不明。有许多证据表明，旃檀佛像后来流入俄国，目前可能收藏在俄罗斯布里亚特的额格特寺庙。康熙皇帝曾经在《旃檀佛历代传祀记》中这样写道："昭昭瑞像，肇自西方，流传中土，光明莹洁，今古常存。"可惜这尊作为佛祖化身的佛像已经不存中土了，多么令人遗憾。

旃檀佛像是通过陆上丝绸之路传入中国的，对中国的佛教文化产生了重要影响。宋代浙江工匠制作的一件复制品，又通过海上丝绸之路传入日本，一直作为国宝供奉在日本清凉寺中，同时也对日本的佛教文化产生了重要影响。所以，清凉寺释迦像不仅浓缩了陆上和海上丝绸之路的发展历史，而且也折射出浙江在海上丝绸之路发展史上的枢纽地位。

第三节　南宋浙江佛画的海外传奇

一、日本大德寺藏《五百罗汉图》

1894年，中日甲午战争在太平洋西岸爆发，腐朽不堪的清王朝在隆隆炮火中摇摇欲坠，行将就木。在宁波，为了防备日军入侵，人们在甬江出海口也埋下了水雷，结果来自上海等地的轮船只得停泊在镇海口外的海面上，所有货物及乘客都得依靠小木船才能登岸，一片乱象。而在太平洋彼岸的美国，就在这一年，经过美国学者费诺罗萨（Ernest Francisco Fenollosa，1853—1908)的精心组织，44幅《五百罗汉图》首次在波士顿美术馆（Museum of Fine Arts，Boston）展出。费诺罗萨是日本艺术史的研究专家，当过东京大学教授，此时担任波士顿美术馆的首任日本美术部主任。在关于此次展览的介绍中，他这样写道："无论就绘画题材而言，还是就表现形式而言，如此重要的中国早期艺术遗存在西方是极难见到的；事实上，如此珍贵的中国绘画，在世界其他任何地方也是难以见到的。"第二年，这些《五百罗汉图》又先后在美国费城的宾夕法尼亚美术学院（Pennsylvania Academy of the Fine Arts）和纽约的世纪协会（Century Association）展出。

当时美国研究西方艺术史的权威贝伦森（Bernard Berenson，

1865—1959)曾和艺术品收藏家罗斯（Denman Waldo Ross，1853—1935）一起，在费诺罗萨的陪同下观赏了这批《五百罗汉图》。贝伦森在1894年10月26日写给其未婚妻的信中这样写道："这些画作向我展示了一个全新的艺术世界。画作在人物及群像的构图上既简洁又完美，即使与欧洲最杰出的绘画作品相比也毫不逊色"，"这些画作犹如《圣经·福音书》中最为动人的篇章一样，充溢着悲悯之情与人性之爱，具有强烈的感染力"，"我佩服得五体投地。费诺罗萨边欣赏边颤抖，我的内心激动死了，罗斯则兴奋得上下跳跃。我们都流出了眼泪，并且通过相互掐疼对方的脖子来抑制情感。我的一生中从未有过如此奇妙的艺术体验"。

那些令费诺罗萨、贝伦森等人如痴如醉的《五百罗汉图》，是由南宋宁波画家周季常和林庭珪绘制的，共100幅，每幅上面画有5个罗汉。这些罗汉图最初供奉在东钱湖旁边的佛教寺院惠安院中，后来传入日本，但具体流传过程尚不清楚。1246年，长期生活在天童寺的南宋高僧兰溪道隆从宁波出发，搭乘商船到了日本。费诺罗萨等学者因此认为，《五百罗汉图》很可能就是由兰溪道隆带到日本的。不过，近来日本学者近藤一成提出，《五百罗汉图》更有可能是由另一个高僧无学祖元带到日本的。无学祖元出生于鄞县翔凤乡，曾担任过白云延祥寺的住持。白云延祥寺也位于东钱湖之畔，距离惠安院不远。祖元到过杭州、温州等地。南宋灭亡后，祖元在天童寺生活。1279年，祖元离开战乱中的宁波去往日本，最初居住在镰仓建长寺，后来又成为圆觉寺的开山之祖。近藤一成认为，就在祖元启程赴日之前，宁波有人将《五百罗汉图》交给他带走，以免这些珍贵的绘画遭受战火之祸。但近藤一成的这个观点，目前尚未得到史料的证明。所以目前还不清楚《五百罗汉图》

是如何从宁波传入日本的。

　　根据日本方面的记载，现在所知道的是，《五百罗汉图》传入日本后，最初收藏在建长寺或寿福寺，战国时为关东豪族小田原北条氏所有，存放在瑞溪寺中。丰臣秀吉于1590年击败小田原北条氏后，将《五百罗汉图》带到京都，起先存放在方广寺，最后又被捐入大德寺。《五百罗汉图》在流传过程中，有6幅不幸佚失。1638年，日本画家木村德应补绘了6幅。1894年，年久失修的大德寺急需资金进行维修，而在日本国内又无法筹到经费，于是在费诺罗萨的组织策划下，经日本政府批准，44幅被送到波士顿美术馆展出。展览结束后，波士顿美术馆购买了其中5幅，罗斯也购买了5幅，每幅价格都是1000美金。后来，罗斯又将他购得的这5幅绘画捐赠给了波士顿美术馆。所以波士顿美术馆目前共藏有10幅《五百罗汉图》。此外，日本画商还将参展的《罗汉洗濯图》赠送给费诺罗萨，以感谢他为这次展出所作的贡献。费诺罗萨后来将此图卖给了美国实业家和收藏家佛利尔（Charles Lang Freer，1854—1919）。1907年，佛利尔在日本东京又买到《五百罗汉图》中的《天台石桥图》。佛利尔购得的《罗汉洗濯图》和《天台石桥图》后来全部捐给了位于美国华盛顿的佛利尔美术馆（Freer Gallery of Art）。这两幅由南宋宁波画家绘制的罗汉图因此成为佛利尔美术馆的镇馆之宝。而至今收藏在日本大德寺的《五百罗汉图》共有82幅。由于前述94幅《五百罗汉图》都曾经是大德寺的藏品，所以，为了便于表述，学者们一般称其为"大德寺藏《五百罗汉图》"。为了便于区别，学者们还将这些绘画进行了编号。其中大德寺收藏的84幅绘画，用字母D开头。波士顿美术馆收藏的10幅绘画，用字母B开头。佛利尔美术馆收藏的《天台石桥图》和《罗汉洗濯图》，编号分别为 F1 和 F2。

费诺罗萨还是研究大德寺藏《五百罗汉图》的先驱，并且为后人奠定了学术基础。研究文艺复兴时期艺术的专家贝伦森，在看过大德寺藏《五百罗汉图》后，对中国艺术产生了浓厚的兴趣，并且将《五百罗汉图》与西方绘画进行过比较研究，重点探讨了东西方文化共同的精神追求。1931 年，以研究文艺复兴艺术而扬名的瑞典学者喜龙仁（Osvald Sirén，1879—1966）来到波士顿美术馆，在罗斯的陪同下观看了《五百罗汉图》之后，受到了强烈的精神冲击，于是将研究方向转到中国艺术史领域，并且取得了丰硕的成果，被学者们誉为"百科全书式的中国艺术史专家"，"二战后西方研究中国绘画的集大成者"。1956 年，在美国普林斯顿大学的方闻完成了博士论文《大德寺藏〈五百罗汉图〉》，将相关学术研究推进到新的高度。

经过专家们的长期研究，现在可以确定，大德寺藏《五百罗汉图》是由众多信徒捐资绘制的，一些绘画上还用金泥书写着关于供养人的题记。但由于年代久远，许多题记已经磨损剥落，现在可以辨认的只有 48 幅。这些题记以比较固定的格式，详细列出了供养人的姓名、居住地址、施入目的、施入时间等重要信息，但施入地都是惠安院，画家只有周季常和林庭珪两个，此外还出现了一个名叫义绍的僧人。例如，佛利尔美术馆藏《天台石桥图》上有如下题记："翔凤乡沧门里北沧下保居住顾椿年妻孙廿八娘合家等施财画此，入惠安院常住供养，功德保安家眷。戊戌淳熙五年，干僧义绍题，周季常笔。"波士顿美术馆藏《施饭饿鬼》的题记为："林庭珪笔。万令乡手界赤城里白鹊桥保□女弟子张氏法喜施财画此，入惠安院常住供养，功德随心圆满。淳熙五年八月□日，干僧义绍题。"

美国佛利尔美术馆藏《罗汉洗濯图》

这里所说的翔凤乡沧门里，位于东钱湖西侧。白鹤桥这个地名沿用至今，抗日战争胜利时，就有日本侵略军在这里向中国军队投降的。惠安院是东钱湖西北阳堂山脚下的一座佛教寺院，始建于五代时的后晋天福三年（938），南宋时又称罗汉院，因为传说唐代曾有十六罗汉现身于寺后的阳堂山顶。"干僧"是指负责化缘筹钱的僧人。淳熙五年（戊戌）是1178年。由此可知，这一年，在翔凤乡的顾椿年及其妻子孙廿八娘的捐献下，画家周季常绘制了《天台石桥图》。《施饭饿鬼》的绘制者是林庭珪，捐资者是一位姓张的女子，她是居住在白鹤桥一带的佛教女居士，"法喜"应是她的法名。这些绘画都施入了惠安院，而为这些绘画募集资金的则是一个名叫"义绍"的惠安院僧人。

日本学者通过研究48幅绘画上的题记发现，从1178年开始的10年间，义绍一直在为绘制《五百罗汉图》四处化缘，筹集资金。而捐出钱财的善男信女，则主要集中在东钱湖周边，其中来自翔凤乡的供养人最多，共捐有15幅。此外还有来自丰乐乡、阳堂乡、万令（岭）乡等地的供养人。在供养人中，有的只有一个女子的名字，如蔡百二娘、谢二十娘、李三十娘等；有的是夫妻，如陈时可和妻子毕百寿娘、叶文塑和妻子顾百娘，顾汝能和妻子张氏万一娘、顾汝贤和妻子卢氏、沃景满和妻子张氏八娘等；有的是母子，如叶氏廿七娘和她的儿子包安礼等人；也有的全是男性，如史从珣、史从智、史从修以及他们的侄子史景懋。这些供养人施舍的目的，最常见的是"功德随心圆满""功德保家安眷"之类，也有的写作"功德随心圆满，庄严福寿""功德随心圆满，宝安身位"等。有的注明是为了超度先人的亡灵，如戚百六娘以遗孀的身份祈愿已故丈夫黄七三员外能够早升净土；朱允寔、朱允评、朱允习三弟兄超度其母胡氏细八娘子（法名戒修）的亡灵；顾仁瑞和顾仁璁等兄弟追荐已故父亲顾细十八助教和母亲王氏四三孺人。还有的注明是为了求子，或者是为了治病，如陈九九娘和其子缪景讫等人是为了祈求"风疾"早日痊愈。

大德寺藏《五百罗汉图》的供养人本来都是宁波东钱湖周边的居民。但从1184年开始的几年中，供养人的队伍扩大到浙江以外地区，包括秀州华亭县（今上海市松江区）、平江府（今江苏省苏州市）、通州静海县（今江苏省南通市）等地。例如波士顿美术馆藏《施财贫者》的捐助者高之问是通州静海县人，但居住在平江府吴县凤凰乡艇舡桥，供养目的是追荐他的祖父母及父亲，时间是在1184年。波士顿美术馆藏品《渡水罗汉》，则是由秀州华亭县居民顾立一家（包括他的妻子曹氏六十二娘、儿子曹伯富和曹伯安）出钱资助的，绘制时间是在淳熙十五年（1188）正月。这两幅作品的绘制者都是周季常，募集资金的还是义绍。有学者提出，宁波本地的供养人经过连续几年的捐献之后，已经财力耗尽，义绍只得前往江苏、上海一带去募集资金。不过，笔者认为，宁波惠安院《五百罗汉图》的供养人中出现江苏、上海一带的居民，更可能是某种偶然的原因，例如义绍碰巧认识这些地方的居民，而不可能是由于宁波的供养人已经无力继续捐钱了。否则，如果义绍真的想在宁波以外地区寻找捐助者的话，那么在《五百罗汉图》供养人名单中，至少会出现浙江省内其他富裕地区（如杭州）的居民。

近藤一成发现，在大德寺藏《五百罗汉图》的供养人中，有几个注出了他们所担任的官职，如佛利尔美术馆藏《罗汉洗濯图》就是由"将士郎"陈景英及其妻子捐资绘制的。此外，还有前面提到过的"员外"黄七三，"助教"顾细十八。近藤一成指出，南宋时的将士郎是没有实际职务的最低一级官职，而且这个陈景英很可能是通过祖上恩荫而获赐此职的。同样，那个黄七三大概也是因为祖先当过"员外"（员外郎）而获此称号。至于那个顾细十八，则很可能是在科举考试中经历了多次失败之后，通过朝廷组织的特别考试（特奏名）而获得"助教"这个虚衔。总之，在大德寺藏《五百罗汉图》的供养人名单上，只有一些没有实职的低级官员，而见不到通过正规科举考试产生的中高级官员，尽管他们的祖先可能担任过中高级官职。因此，这些供养者实际上是东钱湖周边的地方精英。特别值得一提的是，在带有题识的48幅绘画中，有10幅是由翔凤乡的顾氏家族捐献的。其中大德寺收藏的《山羊供养》（编号D33）的捐献者是"保义郎新宁国府广德军巡辖马递铺顾仁升"，而根据其他史料，这个顾仁升又因为疏浚东钱湖有功而受到过官府的嘉奖。一些学者据此认为，顾氏一族掌控了东钱湖的治水事务，而《五百罗汉图》的绘制，正是为了支持东钱湖疏浚工程。另有学者认为，人们通过供奉五百罗汉，既追荐已故亲人的亡灵，也祈求罗汉保佑东钱湖周边地区风调雨顺。

大德寺藏《五百罗汉图》是在1178年开始绘制的。就在这一年，已是南宋重臣的鄞县人史浩（1106—1194）在与惠安院相距约一里的地方创建了月波寺。日本一些学者提出，史浩以月波寺和惠安院为中心，公开举办水陆法会，通过祭奠战争中死去的亡灵，表达自己反对派出大军与金国交战的政治观点，而《五百罗汉图》正是悬挂在水陆法会上的。这样，史浩就是绘制《五百罗汉图》的幕后推手。在相关研究中，波士顿美术馆藏《应身观音》就成了一个焦点。在这幅绘画中，右侧那个坐在椅子上的人物就是作为罗汉化身的宝志（418—514）和尚。据说梁武帝（464—549）曾要求当时

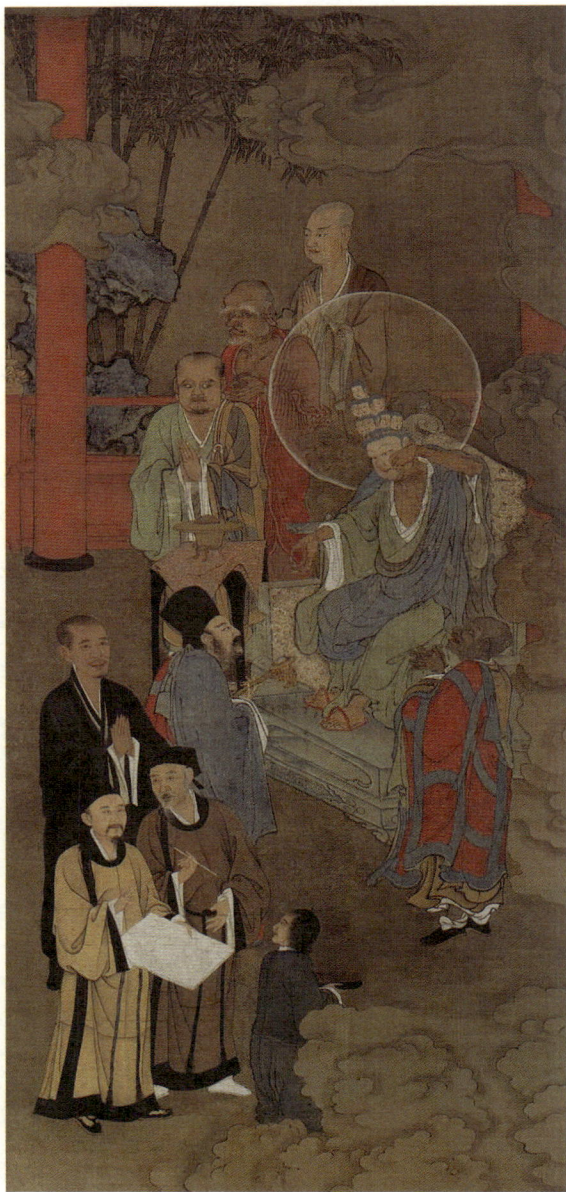

美国波士顿美术馆藏《应身观音》

最杰出的画家张僧繇给宝志画像，宝志问张僧繇："你是想画我的皮相还是法相？"张僧繇说："我想画你的法相。"于是，宝志用手撕开自己脸上的皮肉，露出"妙相殊丽"的观音真容，致使张僧繇根本无从下手。在井手诚之辅看来，此画中站在宝志前面那个头戴高冠、手持香炉的黑髯长者就是史浩；站在史浩背后，双手合十的黑衣僧人是负责化缘的义绍；义绍前面正在交谈的两个人中，右侧手握毛笔的年长者是林庭珪，左侧手握画板的则是周季常。

不过，现在越来越多的学者认为，大德寺藏《五百罗汉图》与史浩并无关系。一些学者们还对《五百罗汉图》中的人物提出了不同的解读。以《应身观音》为例，有学者认为，站在宝志面前那个黑髯长者并不是史浩，而是南朝梁时的义乌名僧傅大士（傅翕），他被后人视为弥勒菩萨的化身；手握画笔的人物是张僧繇，手握画板的则是梁武帝。也有人认为，手握画笔的才是梁武帝，而手握画板的正是张僧繇，因为他面对着宝志的观音真容难以下笔，所以画板上一片空白。总之，目前学者们对这幅《应身观音》上面的人物还没有形成统一的观点。

二、罗汉信仰与天台山传说

根据学者们最新的研究，大德寺藏《五百罗汉图》并不是悬挂在水陆法会上的，而是与天台山罗汉信仰有关。罗汉是梵语 Arhat 的音译，是佛祖释迦牟尼的弟子。唐宋时，对于罗汉有不同的说法，如十六罗汉、十八罗汉、五百罗汉。北宋慈溪普济寺中甚至建造过516座罗汉像。佛教产生于印度，罗汉生活的地方本来与浙江省是没有关系的。但佛教传入中国后，逐渐开始本土化，这样就出现了浙江天台山是罗汉居住地的说法，而这个说法又起源于一个名叫昙猷的东晋高僧。

南朝梁（502—557）时，浙江上虞佛教学者慧皎（497—554）写过一部十分重要的佛教史著作《高僧传》。这部书记载说，昙猷是敦煌人，从小学习佛法，不过昙猷的一生主要是在浙江度过的，并且在浙江留下了许多遗迹和传说。宁海县有个地方叫枫槎山，相传昙猷乘坐用枫树做的木筏（槎）从海上来到宁海县，上岸后将木筏扔在这里，这就是"枫槎岭"一名的由来。宁海县海游岭"风穴"之名的来历也差不多：有一年夏天昙猷路过这里时，觉得实在太热了，于是就用手中的铁锡杖在岩石中开凿了这个洞，以便取风乘凉。东晋义熙元年（405），昙猷来到宁海县港头村时，用锡杖在地上凿开一眼泉水，然后建造了一所寺院，这所寺院后来被称为寿宁寺，至今还在。在有些传说中，昙猷还是一位高明的医生，他的一个专长就是通过清洗活人的肠子来去除肚子里的秽气，从而达到治病的效果。寿宁寺旁边，就有一口"洗肠井"。天台山的"洗肠井"和"晒肠岩"，也是昙猷治病的地方。

昙猷后来到了天台，在一个山洞里苦修。虽然猛虎、巨蛇不断地来吓唬他，但他不为所动，静心修炼。昙猷还登上了天台山，来到了石桥边。这个石桥又称石梁，是一块天然巨石，犹如桥梁横跨在陡峭的崖石之间，石桥下面喷涌的瀑布沿着悬崖峭壁飞流直下。宋代宁海学者罗适（1029—1101）就有"飞瀑断岩路，天然石似梁"的诗句。南北朝（420—589）时就传说，石桥的另一端有神僧修行居住的精舍。但由于狭窄的石桥上长满了溜滑的青苔，十分险峻，所以从来没有人能够越过石桥到达对岸。昙猷来到石桥边时，听到空中传来这样的声音："我知道你虽然笃信佛祖，信仰虔诚，但现在还不能让你度过这座石桥。你先回去，十年后再来吧。"昙猷听后非常惆怅失望。当天晚上，他在天台山中过夜。夜里，他在朦胧中听到做佛事时礼拜菩萨的梵呗。第二天清早起来，昙猷又打算到石桥去，结果在半路上遇到一位胡子和眉毛都已经发白的老者，他问昙猷准备到哪里去，昙猷如实回答了。那位老者说："像你这种凡胎肉身的俗人，哪有可能从

天台石梁

石桥上走过去呢？我是这里的山神，所以告诉你别去。"昙猷听后，只得原路返回，但内心极为遗憾。于是，他连续几天净洁身心、诚敬斋戒，然后再次来到石桥前面。突然，他见到石桥上面出现了一条小路，让他得以从桥上走到对岸去。他在石桥对岸不仅见到了传说中的神僧，而且还在精舍中和他们一起焚香吃饭。饭后，神僧们对昙猷说："你现在还不能住在这里。十年之后，你自然会到这里来的。"这样，昙猷就从石桥上返回了。当他回头时，只见石桥已恢复了原来的样子，上面的小路已经消失了。

　　昙猷在天台山南侧的台州地区活动时，一个名叫帛僧光的西域僧人则在天台山北侧的剡县一带活动。此处的姓氏"帛"，又译写

作"白"，是西域王室的姓氏，许多来自西域的僧人往往自称姓帛或白。这个帛僧光，同样是个神奇的人物。传说他刚来到这里时，居住在人迹罕至的一个山洞中。当地的山神化作恶虎、巨蛇等来恐吓他，但他毫不畏惧，最终不仅在这里立住了脚，而且还建立起寺院。此外，帛僧光和昙猷一样，都是在山洞里去世的，去世后遗体是绿色的，都不会腐烂。由于昙猷和帛僧光有如此多的相似之处，所以，随着时间的推移，这两个人逐渐被混为一谈了。

更加严重的是，帛僧光和昙猷后来又与东晋高僧帛道猷混淆起来。帛道猷是浙江山阴（绍兴）人，原本姓冯。帛道猷喜欢游山玩水，也是个诗人。他描述绍兴若耶山（现在的化山）的诗句"连峰数千里，修林带平津"，为后人所传诵。由于"昙猷"与"道猷"非常相似，所以从南朝末年开始，人们又将昙猷、帛僧光、帛道猷这三个人混为一谈。天台宗创始人智者大师智顗的弟子灌顶就记载道：智顗听说白道猷在天台山度过石桥后见到了神僧，所以决心前往天台山。这里的"白道猷"，就是把三个人混淆起来的结果。这样，在天台山度过石桥的就不再是昙猷了，而是由三个人名讹变而来的白道猷。灌顶还记载说：智顗到了天台后，不知道哪个地方适合建造寺院；有一天，智顗在石桥过夜时，出现了三个神人告诉他建寺之地，并且说"寺若成，国则清，当呼为国清寺"。这就是后来天台山著名寺院国清寺一名的来历。随着天台宗的兴起，白道猷与天台山石桥的关系得到了强化。

到了唐朝，天台山石桥已经非常闻名了，是诗人们向往的胜地。许多著名诗人都留下关于石桥的佳句。如孟浩然（689—740）的"问我今何去，天台访石桥"，刘禹锡（772—842）的"曲江僧向松江见，又到天台看石桥"。在这个过程中，正是在唐朝，那个由敦煌人昙猷演变而来的白道猷也改变了原籍，成了来自"西国"或"西天竺"的僧人，而且还与罗汉联系起来了。杭州道士徐灵府在825年左右完成的《天台山记》中提到"西国高僧白道猷"在天台建造了中岩石寺，同时又说天台山上的石桥是"罗汉所居之所"。不过，在徐灵府的心目中，白道猷与天台山石桥是分开的。但诗人白居易（772—846）在832年完成的《沃洲山禅院记》中却这样写道："东南山水，越为首，剡为面，沃洲、天姥为眉目。夫有非常之境，然后有非常之人栖焉。晋、宋以来，因山洞开，厥初有罗汉僧西天竺人白道猷居焉"，"故道猷诗云：'连峰数千里，修林带平津。茅茨隐不见，鸡鸣知有人'"。这里，白居易不仅坚信度过石桥的是白道猷，而且还将帛道猷描述绍兴东南若耶山的诗句认定为描述天台山区的诗句。白居易的《沃洲山禅院记》风行天下，进一步深化了白道猷与天台山石桥的关系。

白道猷与罗汉本来是互不相关的，但我们从白居易的《沃洲山禅院记》中可以知道，到了9世纪，白道猷已经变成了罗汉。进入宋朝，这样的说法已被广为接受。在波士顿美术馆藏《洞中入定》（B6）上，白道猷身披红色袈裟，后背有作为罗汉象征的圆形光环，在山洞中双脚相交（这种坐姿被称为"结跏趺坐"），双手自然安放在腿上，双目紧闭，安然入定。他的四周激流回旋，凶险莫测；一条大蟒蛇张开大嘴、露出毒牙，正要发力向他冲来，但他气定神闲，根本不为所动。

慧皎在《高僧传》中说，昙猷越过石桥后见到了神僧，并在神僧居住的精舍里和他们一起吃饭。这里，既没有提到神僧的数量，更没有指明精舍的名称。到了宋朝，这个传说增加了以下新内容：白道猷度过石桥后，亲眼见到了五百罗汉；罗汉们居住的地方，名

美国波士顿美术馆藏《洞中入定》

美国佛利尔美术馆藏《天台石桥图》

字叫"方广寺"。佛利尔美术馆藏《天台石桥图》,就是描绘这个传说的。在这幅图上,拱形石桥凌空飞架,湍急的瀑布直奔而下。石桥上面,作为罗汉的白道猷正在小心翼翼地向前(右方)挪动着脚步。石桥的尽头,有两个人物出现在缭绕的云雾中,一个是穿红色袈裟的罗汉,另一个则是他的侍者。他们的背后,一座宏伟的寺院若隐若现,虽然寺院中的文字看不清楚了,但无疑就是方广寺。(日本有一幅私人收藏的宋元时代罗汉图,上面的寺院就写有"方广寺"三个大字。)石桥的下方,有三位罗汉正仰着头,全神贯注地凝视着正在过桥的白道猷,似乎很为他担心。

从唐朝后期开始,以天台山为中心的罗汉信仰逐渐兴起。后来的吴越国王钱镠、钱弘俶都曾组织僧人在天台石桥举办供奉五百罗汉的活动,从而推动了罗汉信仰的传播。到了宋朝,供奉罗汉的活动已经非常盛行了。这种活动被称为"罗汉供"(又称"罗汉会""罗汉斋"等),它不仅风行于寺院之中,而且还进入许多居民家中。上自帝王将相,下至平民百姓,通过"罗汉供"表达关于今生来世种种祈愿:天下太平,风调雨顺,祛病去灾,阖家安康,登科及第,升官发财,送子安胎,延年益寿,来生幸福,超度亡人……形形色色的祈愿,既反映了人们对美好生活的向往,又反映了对现实的无奈。

宋代的"罗汉供"活动是按照一套比较固定的仪式进行的。首先是布置道场,悬挂罗汉画像。大德寺藏《五百罗汉图》,原本就是用于宁波东钱湖惠安院"罗汉供"活动的。其中《罗汉会》(D1)一图,还描绘了一位官员家中"罗汉供"的场景。此图的下方,一位僧人捧着一只冒烟的长柄香炉,正在主持迎请罗汉的仪式。在他左侧的两位盛装官员,就是这场罗汉会的主人。其中一位

大德寺藏《罗汉会》

官员跪地祈祷，另一位鞠躬礼拜。站在两位官员后背的两个长衫女子，就是他们的家眷。有趣的是，外侧的这个女子虽然合掌膜拜，但并不专心，而是向左转过头来与旁边的婴儿对视，她大概就是这个婴儿的母亲。手抱婴儿的绿衣女子应该是保姆。在里面的房间里（图画的右上方），一张长长的供桌上放满了丰盛的供品。四个仆人按照各自的分工正在摆放供品，忙碌而有序。供桌右侧的墙壁上，则挂着罗汉画像。通过放大画面我们可以看到，画像中的罗汉姿态各异，有的抬头张望，有的俯首深思。从这幅绘画中，我们可以知道宋代宁波官员家庭中"罗汉供"的基本仪式。

　　大德寺藏《五百罗汉图》虽然是佛教绘画，但也为研究当时宁波的社会生活提供了宝贵的图像资料。我们在这些绘画上，不仅可以看到佛教仪式，而且还可以看到当时的服装、首饰、住宅、家具，甚至人们的吃饭方式、握笔写字的姿势等。例如，我们今天如果用钢笔写字，用的是三指单苞执笔法，而在用毛笔写字时，则用五指双苞执笔法，而且书法老师会一再强调，这种双苞姿势是写毛笔字的基本功。可是，在波士顿美术馆藏《应身观音》上，那位长者就是用三指单苞执笔的。因此，大德寺藏《五百罗汉图》也反映出了浙东地区书法发展

波士顿美术馆藏《应身观音》上的单苞握笔方法

史的一些细节。

　　尤其令人感兴趣的是，我们在大德寺藏《五百罗汉图》上还可以管窥到宋代浙江的喝茶习俗。浙江饮茶历史源远流长，但不同时代的饮茶方式并不相同。大体上来说，唐代流行的是煮茶，宋代则流行点茶。与我们今天的泡茶方法相比，宋代点茶方式十分复杂。先用碾子把茶饼碾成粉末，盛放在茶盒里；再用茶匙把茶末舀点出来，放入茶盏；最后将沸水注入茶盏，同时用一种被称为"茶筅"

大德寺藏《备茶》　　　　　　大德寺藏《吃茶》

的特制竹器在茶盏里搅动，把茶末调成糊状，这样就可以喝了。在大德寺藏《五百罗汉图》中的《备茶》（D54）上，就可以看到吃茶前的准备工作。左下方，一个穿着红裤子、露出獠牙的红头发鬼卒正在使劲地碾茶，他的前面还放着好几种加工茶叶的工具。右下方有一个手握扇子的绿衣鬼卒，他已经把炉子烧热了，炉子里面还露出闪闪的火焰，但上面是空的，因为水还没有取来。所以这个烧水绿衣鬼卒仰着头，把热切的目光投向左上方那个取水的蓝衣仆人，期待他早点把水取来。那个蓝衣仆人左手拿着木勺直接从奔流的山泉中取水，右手则握着一只水瓶。大德寺藏《五百罗汉图》中的《吃茶》（D56）上，则可以看到当时吃茶的场景：四个罗汉手持红色茶托，茶托上放着黑色茶盏；一个童子左手握着水瓶，正往一位罗汉的茶盏注水，他的右手则用茶筅在罗汉的茶盏中搅拌。这个童子身后的桌子上，放着盛放茶末的茶盒。画中在喝茶的虽然是罗汉，但实际上表现了当时人间凡人的喝茶方式。

　　大德寺藏《五百罗汉图》是南宋时期传入日本的，但在此之前，来到中国的日本僧人早已把天台石桥和五百罗汉介绍到日本了。根据日本学者的统计，整个宋代，至少有12位日本僧人在天台石桥进行过"罗汉供"，包括成寻（1011—1082）、荣西（1141—1215）、俊芿（1166—1227）、道元（1200—1253）等著名高僧。特别是那位无象静照（1234—1306），不仅在天台石桥供奉过罗汉，而且还把《天台石桥颂轴》带回日本（参见本书第54—56页）。此外，一些中国僧人到了日本后，也以不同的形式向日本人介绍了天台。温州人大休正念（1215—1289）为《天台石桥颂轴》写过序。福州人清拙正澄（1274—1339）在元朝初年到了日本后，写有《石桥》一诗："千尺飞崖涧面横，一条滑路藓花平。天台五百闲尊者，

曾我萧白的《天台山石桥图》

个个教从险处行。"

作为五百罗汉圣地的天台石桥，激起了日本人的无限遐想。一些根本没有到过天台的日本文人，也以天台石桥为主题写诗作画。画家铁舟德济（? —1366）写过这样的《石桥》诗："一自横身万仞崖，最坚顽处滑如苔。度驴度马寻常事，那个众生吃撼来。"文学家义堂周信（1325—1388）在《题画壁罗汉》中写道："天台五百个尊者，持钵何年过海东。一错路头归不得，沿墙傍壁失神通。"

来自宁波的大德寺藏《五百罗汉图》传入日本后，对日本绘画也产生了一定的影响。日本画家吉山明兆（1352—1431）、祇园南海（1676—1751）、曾我萧白（1730—1781）、狩野一信（1816—1863）等画家都绘制过以天台石桥为主题的绘画。日本传统戏剧"能剧"

中，也有一些以石桥为题材的戏剧。在今天的日本艺术中，依然可以看到以石桥为主题的作品。1970年出生于大阪的画家佐藤润就创作过《石桥图》。甚至日本的一些大商场，为了促销，也会悬挂与石桥有关的画作，尽管画面上充满着现代风格。

　　天台山石桥本来是独一无二的天然景观，但日本一些寺院为了凸显自身的地位，也千方百计地努力仿造石桥。静冈县滨松市的方广寺里，就有人工建造的石桥，以及五百罗汉像。千叶县锯山的日本寺中，也建有石桥，不过罗汉像的数量有1500多尊。大分县中津市的罗汉寺，则把一个天然山洞称为石桥，进入这个山洞，山崖下面也陈放着五百罗汉像。这些石桥及罗汉像，丰富了这些寺院的文化内涵，成了现代旅游景观的一个重要组成部分，吸引着众多游客。

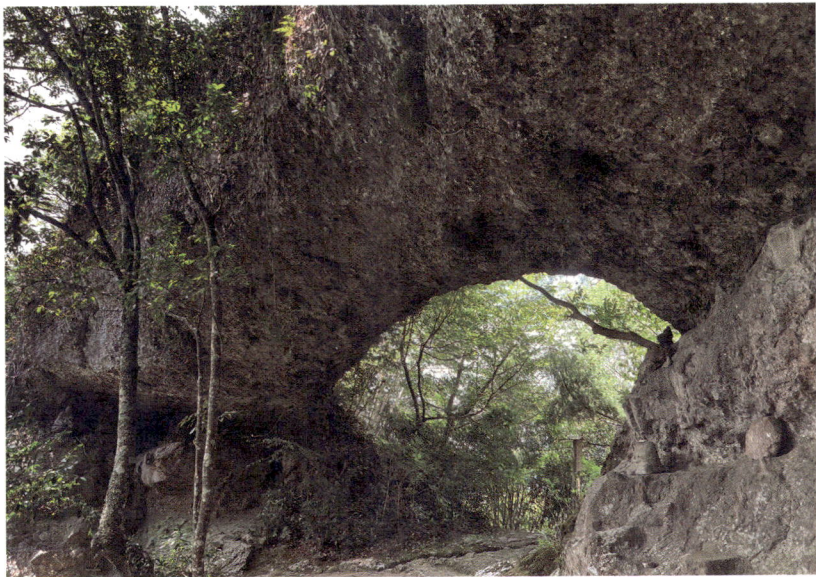

中津市罗汉寺的"石桥"

大德寺藏《五百罗汉图》是通过海上丝绸之路从浙江传入日本的，并且成为现代日本文化遗产的重要组成部分。2009 年奈良国立博物馆举办了"圣地宁波：日本佛教 1300 年源流"特展，并且出版了展览画册。在这本画册上，不仅刊印了 94 幅大德寺藏《五百罗汉图》，而且还进行了比较系统的研究。奈良国立博物馆还联合东京文化财研究所，对大德寺藏《五百罗汉图》上的供养人题记进行了调查研究，并于 2011 年出版了《大德寺藏〈五百罗汉图〉铭文调查报告书》。2014 年，又出版了彩印《大德寺藏〈五百罗汉图〉》。这样，大德寺藏《五百罗汉图》越来越受到学术界的重视。

大德寺藏《五百罗汉图》虽然享誉海外，但令人遗憾的是，在其诞生地宁波却并不知名。即使有人知道这些画作，也无缘一见。2023 年 7 月 1 日至 10 月 7 日，在宁波美术馆举办的"盛世修典——'中国历代绘画大系'成果展·宁波特展"上，展出了波士顿美术馆和佛利尔美术馆收藏的 12 幅《五百罗汉图》高清复制本，终于使广大宁波市民一饱眼福，亲眼观赏到先辈画家的杰作，从而进一步激发对宁波的热爱。来自全国其他地方的观众也满怀热情地专程赶到宁波，感受深厚多彩的宁波历史文化。2023 年夏天，宁波的天气异常炎热，因"盛世修典——'中国历代绘画大系'成果展·宁波特展"掀起的文化浪潮则更加炽热。这一事实告诉我们，浙江先辈们殚精竭虑创造出来的优秀文化遗产既是浙江的，也是全国的，更是世界的。

第四节　传入浙江的各色"洋货"

通过海上丝绸之路，浙江物产源源不断地输到海外各地，同时，品种繁多的海外物产也从四面八方输入浙江。

吴越国时期，由浙江直接通往海外各地区的海上航线已经成熟，许多物品从海外输入浙江。根据文献记载，朝鲜半岛印刷的佛经曾大量运回浙江。2000—2001年，在吴越国末代国君钱弘俶（929—988）修建的雷峰塔地宫中，还发现了一枚日本贞观元年（859）开始铸造的铜币"饶益神宝"。吴越国与阿拉伯半岛也有一定的联系。919年，钱镠率领一支由500多艘大小战船组成的水军，在狼山江大败吴国军队。吴越国军队获胜的一个重要原因是，他们使用了一种从阿拉伯世界引进的新式武器，就是用一种"铁筒"来发射"火油"，从而焚毁了敌船。这种发射"火油"的新式武器，就是在地中海地区久负盛名的"希腊火"，其发明者据说是7世纪时居住在拜占庭的希腊移民。

杭州雷峰塔地宫出土的日本"饶益神宝"铜钱

宋代，浙江海上丝绸之路进入全盛时期。南宋绍定元年（1228）

完成的《宝庆四明志》详细记载了从海外输入的众多货物。从高丽输入的有银子、人参、麝香、红花、茯苓、麻布、松子、松花、栗子、红枣、榛子、杏仁、细辛、甘草、防风、白术、紫菜、螺钿、翎毛、漆器、虎皮、铜器等。从日本输入的有金子、水银、鹿茸、硫黄、各种木材等。从东南亚及印度洋地区输入的主要是名目繁多的香料及药材（丁香、沉香、檀香、茴香、龙涎香、降真香、没药、阿魏等），此外还有槟榔、珊瑚、玳瑁、琥珀、象牙、胡椒、硼砂、蔷薇水等。1982年，在宁波天封塔地宫中发现了一批南宋时期的文物，其中有的就是由海上丝绸之路从东南亚甚至印度洋地区输入的，包括在佛教中被奉为"七宝"之一的砗磲，还有2件装有香料的玻璃瓶。据说这两件玻璃瓶刚出土时，打开盖子还能闻到一些香气。

《宝庆四明志》在介绍来自日本的商品时，特地说明：日本制作的五色纸，要比中国的更好（"中国所不逮也"），铜器的质量更高（"铜器尤精于中国"）。日本所产的木材，坚实而光洁，被中国人奉为上品。日本僧人明庵荣西（1141—1215）于1168年来到浙江后，曾经在宁波天童寺生活过。当时天童寺里的千佛阁已经年久失修、破旧不堪，但天童寺僧人缺少资金，无力修缮。荣西回国后，在日本选取了一批"百围之木"，派人"挟大舶，泛鲸波"运至宁波，从而使天童寺千佛阁得以重修。1242年，杭州径山寺发生火灾，毁损惨重。远在日本博多的杭州籍商人谢国明专门购买了1000块木板，通过海上航线运到中国，捐给径山寺。日本木材还被宋朝人用于制作高档棺材，不过价格非常昂贵，不仅普通人无力承担，就连大文豪陆游（1125—1210）也难以购置。

宋朝人将日本制作的扇子称为"倭扇"，并且将其视为珍稀之物。宋代画家邓椿在他的《画继》中这样写道：倭扇的扇柄上有铜环，系着黄色丝绸，"甚精妙"；扇面上画有山川人物、松竹花草，"亦可喜"；即使在对日通商的主要港口宁波，日本扇子也是十分难得的，就连主管对日贸易的市舶司官员也只能搞到两把。来自日本的扇子，还引发了许多诗人的诗兴，北宋文学家苏辙（1039—1112）就写过一首题为《杨主簿日本扇》的诗歌："扇从日本来，风非日本风。风非扇中出，问风本何从？风亦不自知，当复问太空。空若是风穴，既自与物同。同物岂空性，是物非风宗。但执日本扇，风来自无穷。"此诗富于哲理，不禁使人对世界产生无限的遐想与感叹。

中国文人所钟爱的另一类日本特产，就是刀剑，而且，它们主要也是通过宁波输入中国的。宋朝文学家梅尧臣（1002—1060）写过一首题为《钱君倚学士日本刀》的诗歌："日本大刀色青荧，鱼皮帖櫑沙点星。东胡腰鞘过沧海，舶帆落越栖湾汀。卖珠入市尽明月，解绦换酒琉璃瓶。当垆重货不重宝，满贯穿铜去求好。会稽上吏新得名，始将传玩恨不早。归来天禄示朋游，光芒曾射扶桑岛。坐中烛明魑魅遁，吕虔不见王祥老。古者文事必武备，今人褒衣何足道。干将太阿世上无，拂拭共观休懊恼。"诗中所说的钱君倚，就是常州武进人钱公辅（1021—1072）。从梅尧臣的诗中可以知道，钱公辅在担任宁波最高行政长官（明州知州）时，曾得到过一把日本大刀。

不过，在16世纪之前，虽然通过海上丝绸之路输入浙江的海外物品不胜枚举，但基本上是珍稀而昂贵的奢侈品，只有王公贵族、豪门富商等上层社会才能享用。普通百姓与这些海外产品关系不大，多数人甚至一辈子也没有见过几件。但1600年之后，随着全球化浪潮的兴起，浙江海上丝绸之路与全球航线连接在一起，中国人前所未知的美洲农作物就不断传入浙江，并且深刻影响了整个浙江的农业生产和浙江人的日常生活及社会习俗。

在全球古代文明中，美洲文明是在与外界隔离的环境中发展起来的，并且培育出了特色农作物。1492 年，哥伦布登上美洲，从而结束了欧亚文明与美洲文明互不往来的历史。欧洲人在把欧亚大陆的物产大规模地输到美洲的同时，也将美洲农作物通过海上丝绸之路带到欧亚大陆各地。浙江位于太平洋西岸，是中国最早受到全球化浪潮冲击的地区之一，也是中国最早输入美洲作物的地区之一。下面我们着重介绍几种对浙江社会生活产生巨大影响的美洲农作物。

一、番薯

番薯是美洲印第安人的主要食物。1492 年哥伦布在西班牙王室的资助下发现美洲，之后美洲就成了西班牙人的势力范围。1520 年底，麦哲伦率领船队绕过美洲南端，从大西洋进入太平洋，最后抵达吕宋（现在的菲律宾）。此后，西班牙人不断从美洲出发来到吕宋，并于 16 世纪后期在这里建立起殖民统治。在这个过程中，美洲的番薯也被引进吕宋。吕宋与中国又有密切频繁的贸易往来，许多来自福建、广东的商人不仅在此贸易，而且还安家落户，生儿育女。16 世纪末，生活在吕宋的福建侨民把番薯带回福建种植。明末清初浙江历史学家谈迁（1594—1658）在他的《枣林杂俎》中还明确说，福建人从吕宋带回的是番薯的藤蔓。从番薯的种植方式来看，谈迁的记载是可信的。

浙江也是中国最早引入番薯的地区，最初的引种地点是在舟山。1595年完成的《普陀山志》记载说，番薯"来自日本，味甚甘美"。不过，此时日本根本没有番薯，番薯是在17世纪初才传入日本的，所以，《普陀山志》的这个记载并不正确。我们知道，从1524年至1548年，葡萄牙人在舟山双屿港建立了一个国际性的贸易基地，来自葡萄牙、东南亚地区、日本等的商人云集于此，进行走私贸易。大概在这个时期，番薯种植技术从吕宋传到了舟山。但由于当地居民对当时亚洲海域复杂的国际局势缺乏足够的认识，所以误以为番薯是从日本传入的。

番薯这个外来新作物从吕宋传入舟山后，当地居民一方面不断探索种植技术，另一方面也努力进行保密，如此一来，番薯的产量不高，而且还带有一些神秘的色彩。浙江嘉兴人李日华（1565—1635）记载说：他从一个四川籍的老僧人那里得到过一颗番薯，它的样子像萝卜，但是紫色的，煮熟之后吃起来很甜。那个四川籍老僧人告诉李日华说，这种番薯产于普陀山岩石下，是"世间奇药"，非常稀罕，只有高僧才有机会品尝到，一般人根本无此口福。这番话，令李日华因自己品尝到番薯而无比感动。从李日华的记载来看，当时人们对番薯还非常陌生。康熙十七年（1678），江苏《太仓州志》的编辑者在讲述番薯时，还这样写道："听说普陀山有很多番薯，可惜僧人们不肯把种植方法告诉别人。"

在浙江，舟山最早引种了番薯，但对周边地区的影响不大，甚至没有传入隔海相望的鄞县、象山等地。浙江番薯引入的另一条途径，就是通过相邻的福建。康熙初年，有个福建人来到鄞县后，将番薯种植技术传授给鄞县人，当年大获丰收，番薯种植也就迅速传播开来了。温州的番薯种植技术，也是从福建传入的。番薯通过几条途径传入浙江沿海地区后，到了18世纪前期已经成为主要农作物。1758年编写的《象山县志》对番薯有过这样一段描述："番薯，瘠土、沙中可种，生熟皆可食，益人。万历间，闽中始有之，今乡村山地广种。其法先种薯一本，断其蔓，横植之，覆以灰，则每段发根生其苗，故繁生焉。"由此可见，当时番薯的种植技术已经非常成熟了。

不过，清朝初年，番薯主要在浙江沿海种植，内地并不多见。从18世纪后期开始，番薯种植逐渐在浙江全省推广，其中一个主要动力，就是温州、台州等沿海地区的居民到内地开垦种植。浙江许多地方的县志都有类似的记载。如1829年的《武康县志》说："番薯，温州人设厂种之，昔无今有"；1873年的《安吉县志》说：番薯"吾乡向无，自温、台人来垦山，始有此种"。到了19世纪后期，连稻米之乡的杭嘉湖平原地区也广泛种植番薯了。1892年的《嘉善县志》说："番薯，今温、台人侨居境内多种之"；1897年的《嘉兴县志》说："番薯，今温、台垦荒者多种之"。从清末开始，番薯成了浙江人的主要粮食作物。

番薯的广泛种植，使田少山多的浙江获得了新的食物来源，从而为人口的增长创造了物质条件。番薯的种植，还催生了相关副业及手工业。人们将番薯加工成干丝，做成老酒，制成薯面，还做成薯片之类的零食。在物资匮乏的年代里，番薯不仅是救命粮，而且还为人们带来了难得的快乐。此外，由于番薯及其藤叶是饲养猪、牛、羊的上好饲料，所以也促进了饲养业的发展。为了加工番薯，人们发明了番薯笠、番薯刨等工具，从而带动了相关手工业的发展。番薯在明朝刚刚传入浙江时，被人们当作甘甜的"世间奇药"，但如果把它当作主食长期食用，就会使人气滞胃胀，肠道不适。自改革开放之后，随着浙江人民生活水平的迅速提高，番薯退出了主食的行列，成为偶尔品尝的零食佳肴。番薯这个经由海上丝绸之路传入浙江的美洲作物，就这样融入了浙江的历史，并且从一个侧面折射出浙江历史的苦难与辉煌。

二、辣椒

在古代及中世纪欧洲，亚洲出产的胡椒等香料一直是人们追捧的生活必需品。1453 年，奥斯曼帝国攻陷东西方的交通枢纽君士坦丁堡，控制了通往西方的主要商道，使欧洲市场上的香料价格猛涨。在这种背景下，欧洲人为了获得东方的香料及其他财富，只得冒险寻找通往亚洲的新航路。1492 年 10 月 12 日，哥伦布首次横渡大西洋，成功地登上美洲土地。当他在美洲发现一种"味道极冲"的"胡椒"时，异常兴奋，并把它当作"有益健康"的食物带回欧洲。其实，哥伦布带回欧洲的并不是真正的胡椒，而是欧洲人前所未知的美洲红辣椒（chili）。

辣椒从美洲传入欧洲后，葡萄牙人又于 16 世纪前期将它带到印度。那么，辣椒最早是如何传入中国的呢？学术界有好几种说法，例如从印度传入西藏、从缅甸传入云南、从澳门传入广东、从日本经朝鲜传入中国，等等。但新近的研究表明，双屿港繁荣期间（1524—1548），辣椒就已经通过海上丝绸之路传到了舟山。这也是辣椒传入中国的最早路线。

在中文著作中，最早提到辣椒的是高濂的《遵生八笺》。高濂是杭州人，明代戏曲家、藏书家、养生学家。他长期隐居在杭州西湖边，并于 1591 年刊刻出版了《遵生八笺》。此书搜集了许多奇药妙方，被现代人誉为"中国古代养生学的集大成之作"。在这部著作中，高濂把花卉分为"上乘高品""中乘妙品"和"下乘具品"

三个等级。在第二个等级"中乘妙品"中，除了百合花、迎春花、虞美人等70多种花卉外，还有"番椒"。在高濂看来，"中乘妙品"的特点是"香色间繁，丰采各半。要皆栏槛春风，共逞四时妆点者也"。这说明当时人们种植辣椒是为了观赏，而不是为了食用。在《遵生八笺》中，高濂还提到辣椒的另一个名称"地珊瑚"，并且说它的形状就像向下倒悬的毛笔笔尖一样，外表起初是青色的，后来渐渐变成红色，犹如红珊瑚。这里，高濂非常准确地描述出了辣椒的特征。高濂还说，这种"地珊瑚"产自凤阳（现在属于安徽省）。这说明辣椒已经从浙江传到安徽一带了。

明朝晚期，辣椒一直被当作观赏植物。有意思的是，嘉兴人王路在讨论花卉的专著《花史左编》中还特别提醒说：地珊瑚（辣椒）的籽"有毒，甚辣，不可入口"。但是到了清朝初年，辣椒在浙江发生了两大变化。第一，浙江人比较一致地把辣椒称为"辣茄"。今天，浙江本地人一般还是使用"辣茄"这个称呼。第二，开始把辣椒当作调味品加入食物之中。康熙十年（1671）的《山阴县志》这样记载：辣茄，红色，样子像菱角，可以代替胡椒（"辣茄，红色，状如菱，可以代椒"）。随后，康熙《杭州府志》、乾隆《湖州府志》等也都把辣椒称为"辣茄"。长期在杭州生活的陈淏子（自号"西湖花隐翁"）在1688年完成的园艺学专著《花镜》中，虽然依然把辣椒当作观赏花卉来叙述，但也提到"其味最辣，人多采用。研极细，冬月取以代胡椒"。

辣椒虽然是原产美洲的外来作物，但在18世纪已经成为中药药材。杭州医学家赵学敏在1765年完成的医学著作《本草纲目拾遗》中，收录了许多外来药物，其中包括被他称为"辣茄"的辣椒。赵学敏在这本书中介绍说，辣茄一般是种植在菜圃中的，可以用作食物的佐料，也可以做药；就药品而言，辣茄"性辛苦大热，温中下气，散寒除湿，开郁去痰消食，杀虫解毒"，可以"治呕逆，疗噎膈，止泻痢，祛脚气"。治疗的方法有好几种，例如治疗冻疮时，可以将它的皮贴在脚上，或者把它熬成辣酱涂在脚上。可以把辣茄嚼烂，涂在被毒蛇咬过的伤口上。同时，赵学敏也指出，由于辣茄"性热味辣"，吃多了容易损害眼睛，令人牙痛咽肿，催发痔疮。这段记载比较准确地概括了辣椒的药性、疗效及副作用，说明当时的医生们对辣椒的医用价值已经有了较深的认识。

三、玉米

在当今世界三大主要粮食作物中，水稻发源地在中国，小麦发源地在西亚，玉米则发源于美洲。至少在7000多年前，印第安人就已经种植玉米了，并以此作为基本食物。哥伦布到达美洲后，对甘甜美味的玉米大加赞赏，回国时还带回一包玉米粒，作为礼物送给西班牙国王。此后，玉米很快风靡西欧，并且逐渐向亚洲传播。

16世纪中期，玉米已经传入中国，传播的路线大体说来有三条。第一条是从中亚传入我国西北地区。第二条是从印度等地传入我国西南地区。第三条就是通过海上丝绸之路传至我国东南沿海。不过，玉米在明代还是非常稀罕的。在1600年前后开始流行的著名小说《金瓶梅词话》中，崇尚奢华生活的男主人公西门庆，就把玉米面做的点心作为佳肴来招待贵客。进入清代，玉米种植地区不断扩大，到了19世纪已经在全国种植。

浙江是中国最早引种玉米的地区之一。杭州文学家田艺蘅在隆庆年间（1567—1572）完成的《留青日札》中，把玉米称为"御麦"，并且解释说，这一名称来自以下事实：玉米是进贡给皇帝御用的。由于玉米原产于西方，所以又被称为"番麦"。田艺蘅同时对玉米的形态进行了准确的描述："干叶类稷，花类稻穗，其苞如拳而长，其须如红绒，其实如芡实，大而莹白。花开于顶，实结子节，真异谷也。"田艺蘅还告诉人们："吾乡传得此种，多有种之者。"由此可见，16世纪中期，杭州一带已经在种植玉米了。

不过，在明末清初的浙江，玉米种植面积有限，地方文献中的记载很少。到了18世纪中期，由于外省居民不断来到浙江开垦种植，玉米种植在全省范围内逐渐得到推广。特别是来自安徽的农民，在浙江山区地带（如现今的杭州市西部山区和丽水、衢州等地）租下山地，种植玉米。此外，来自福建、江苏的农民也有不少。在这些外省农民的带动下，当地农民也学会了种植玉米。清代宣平县（现在属于丽水市）的地方志中就有这样的记载：宣平本来是没有玉米的，18世纪后期，"安徽人来此租赁垦辟，土著效种之"。随着玉米种植范围的扩大，它在食物中的地位也日益上升。1787年编成的《鄞县志》把玉米称为"六谷"，表明它已跻身于主要粮食之列，成为稻、稷等"五谷"之外的第六种主要粮食作物。进入19世纪，玉米种植范围进一步扩大。这一时期的开化县志说，"近年处处种之"；江山县志则说："山乡多种之"。玉米不仅是人的粮食，而且还是上好的饲料，可以喂养牛、羊、猪、鸡、鸭、鹅等众多家畜家禽。金华地方志就用这样的句子来称赞玉米："足以济荒，而人畜兼资。"

玉米是在不同的时代，通过不同的渠道传入浙江的，而浙江不同地方的方言又各不相同的，所以，玉米在浙江各地的称呼也是各不相同的。除了"御麦""番麦""六谷""玉蜀黍""玉黍"等较常见名称外，在浙江各地的地方志中，还有"遇粟"（武义县）、"广

东芦"及"玉芦"（天台县）、"腰粟"（嵊州）、"观音粟"及"鹿角
黍"（湖州）等多种写法。这些不同的名称，实际上也反映出玉米
在浙江引种的历史轨迹。

四、南瓜

古代印第安人不仅在南瓜种植上积累了丰富的经验，而且还探
索出了多种食用方法。他们既吃瓜肉，又吃南瓜子；既加工南瓜
粉，又用南瓜来酿造饮料。不过，南瓜被哥伦布等人引入欧洲后，
主要用于观赏和药用，从16世纪中期开始才越来越多地被用作
食物。

随着葡萄牙人和西班牙人的到来，南瓜也被带到亚洲。16世
纪中期，南瓜传到中国沿海地区。1551年出版的《山阴县志》中
已经提到南瓜，说明浙江已经引入了南瓜。明代著名医学家李时珍
（约1518—1593）在其名作《本草纲目》中这样写道："南瓜种出
南番，转入闽、浙，今燕京诸处亦有之矣。"这里，李时珍虽然只
是模糊地知道南瓜是从"南番"引入的，但实际上反映了这样一个
事实：南瓜是通过海上丝绸之路传入中国的，浙江正是最早引入南
瓜的地区之一；南瓜引入中国后，传播速度很快，不到半个世纪已
经传至北京周边地区。而且，李时珍本人对南瓜的形态及生长过程
也非常熟悉。他在《本草纲目》中这样写道："其肉厚，色黄，不
可生食"，煮熟之后才能吃，味道和山药差不多；如果和猪肉一起
煮，味道更好；也可以用蜂蜜来煎。

浙江是最早引种南瓜的区域之一，也是种植范围较广的省份，
所以明代浙江地方志中关于南瓜的记载也非常丰富，有学者做了统
计，有关记载多达21次。这些记载同时也表明，南瓜是通过好几

条路线传入浙江的。例如，温州的南瓜主要是从福建引入的，浙北平原的南瓜有的是从海外直接引入的，也有的是由江苏传入。南瓜在浙江还有多种称呼，清康熙时期湖州的地方文献这样写道："番瓜，即南瓜，相传自番中来。贫家以之代饭，俗名饭瓜。"

在长期的生活实践中，浙江人不仅摸索出了加工南瓜的多种方法，而且还将这种外来作物与本土食品相结合，创造出了一些富于特色的新型食品。16 世纪中期，绍兴居民已经用南瓜来做饭。17世纪后期，杭州一带的居民把南瓜与面粉混合起来做成南瓜饼；人们还发现，味道最好的南瓜是夏天成熟的，其次是秋天成熟的。1874 年的《湖州府志》总结了南瓜的多种加工方法：可以煮，可以炒，可以与米粉混合在一起做成南瓜丸子，还可以与麦面混在一起用油炸做成"番瓜田鸡"。

特别有意思的是，清初杭州学者高士奇（1645—1703）在他的植物学著作《北墅抱瓮录》中，介绍了用南瓜制作佳肴的方法：南瓜越老越好，可以用做红烧肉的方法来进行烹饪，水要少放，用温火慢蒸，等南瓜熟透了之后，才会"味甘腻，且极香"。当然，这是高士奇这位上层名流的美食加工法。对于普通民众来说，南瓜是可以填饱肚子的基本食物。明代的浙江地方志中就说到：南瓜又称"饭瓜"，容易使人吃饱（"一名饭瓜，食易饱"）。即使在被誉为鱼米之乡的湖州，当地文献也这样写道："贫家以之代饭，俗名饭瓜。"特别是在灾荒岁月中，南瓜成了人们的救命粮。早在清康熙时期，东阳居民已经把南瓜加工成干丝，贮存起来以备荒年食用。在充满曲折的历史长河中，无数浙江人民都经历过"南瓜代粮"的艰辛日子。此外，南瓜引入浙江之后，还成了理想的猪饲料。1681年的《东阳县志》就明确记载，人们用南瓜来喂猪（"以之饲猪")。

南瓜引入后，浙江的医生还发现了它的药用价值。医生们注意到，所有的瓜类，成熟后都会脱落蒂头（"凡瓜熟皆蒂落"），只有南瓜成熟之后蒂头反而"牢不可脱"，由于这个原因，人们把南瓜蒂视为保胎良药。赵学敏的《本草纲目拾遗》中，就收录了以南瓜蒂为药材的"神妙汤"，服用方法也很简单：把南瓜蒂和黄牛鼻一起煎汤服用，就可以使胎儿"永不堕"。赵学敏还对南瓜蒂保胎进行了理论上的解释：胎儿是依靠"肝血滋养"而存活的，而"南瓜色黄味甘，中央脾土之精，能生肝气，益肝血，故保胎有效"。《本草纲目拾遗》还收录了作为药物的"南瓜瓤"。赵学敏介绍说，南瓜瓤是治疗汤火伤的良药，具体方法是，在酷热的六月，把南瓜瓤连同南瓜子一起装进瓶子里，如果有人被汤火所伤，就将瓶里的南瓜瓤取出来敷在伤口上，止疼"如神"。今天，在有些地方，民间依然用南瓜瓤来治疗烫伤烧伤。

南瓜还为浙江的艺术家提供了创作灵感。清代嘉兴学者张庚在18世纪前半期完成的《国朝画征录》中，就提到了"南瓜图"。另一位清代嘉兴学者朱彝尊（1629—1709），还写下了《题水墨南瓜图》："牵丝引蔓，野外无人管。才见草檐花一半，又早青黄堆满。今年谷贵民饥，村村剥尽榆皮。合付田翁一饱，全家妇子嘻嘻。"有学者认为，这是目前所知最早歌颂南瓜的词话。在这首词中，我们可以看到南瓜在灾荒岁月中的巨大作用，以及给普通民众带来的无比快乐。

南瓜可以说浑身是宝：南瓜叶可以作为饲料喂猪，南瓜肉可以作为食物，南瓜蒂可以用作药物，南瓜子则是休闲零食佳品。我们不知道浙江人什么时候开始把南瓜子当作干果零食，但至少在19

世纪，已经出现了这样的记载。1874 年的《湖州府志》就写道：南瓜子"亦可炒作果"。有学者认为，《湖州府志》的这条记载，可能是中国文献中关于炒南瓜子的最早记载。稍后，1906 年的《富阳县志》中也写到：南瓜子"亦可食"。

今天，浙江各界民众在过年过节休闲消遣时，炒南瓜子就是常见的零食。除此之外，还有花生和葵花子。其实，花生和葵花子也是通过海上丝绸之路从美洲传入的。1608 年编写的仙居县地方志中有花生的记载。陈淏子在《花镜》中对向日葵有比较准确的描述。此外，经由海上丝绸之路传入浙江的美洲农作物还有土豆、番茄、四季豆、菠萝、豆薯等。我们可以想象，如果没有这些农作物，我们的食谱一定会单调很多。如果没有花生，南瓜子，向日葵子，我们的节日及日常休闲就会失去许多快乐的色彩。最后，在讨论美洲农作物对日常生活的影响时，我们还必须提到烟草。

五、烟草

清代浙江文化的杰出代表全祖望（1705—1755）写过一首《淡巴菰赋》。在这首长赋中，全祖望感到十分困惑的是，一种被称为"淡巴菰"的植物突然风行天下，但人们又不知其来历，文献上也找不到一点记载。全祖望自己的看法是，"淡巴"大概是吕宋（现在的菲律宾）旁边的一个小国。其实，全祖望所说的"淡巴菰"并不是地名，而是"tobacco"之类外文的音译，也就是我们现在所说的烟草。

考古学研究表明，早在 1 万多年前，美洲印第安人就已经利用烟草了，而且利用方法有很多种，如把烟草加工成粉、汤、汁、膏等形式，或作为食物，或作为饮料，或咀嚼，或舌舔，或鼻嗅，或吸烟。此外，他们还发现了烟草的止痛作用，用它来治疗牙疼、耳痛等疾病。"淡巴菰（tobacco）"一词来源于加勒比海一带的印第安语，对于它的原意，有两种不同的说法。一种说法认为它是指烟卷，另一种说法认为它是烟筒。在印第安人文化中，还有关于烟草的神话、雕刻等。

哥伦布于 1492 年首次到达美洲后几天，他手下的一些船员在一个村庄里十分惊奇地发现，印第安人不分男女，都喜欢将一种奇怪的叶子点燃，然后进行吸食。进入 16 世纪，欧洲人不仅跨越大西洋，把烟草从美洲带回欧洲，同时又跨越太平洋，将烟草从美洲带入亚洲的吕宋（菲律宾）等地。这样，烟草就在全球范围内迅速传播。

中国的烟草，最早就是由福建人从吕宋带回的，时间是在 1600 年前后。然后烟草向福建周边的广东、浙江等省扩散，并且出现了不同的名称，如"淡巴菰""担不归""淡肉果""打姆巴古"等。这些名称的写法虽然各不相同，但读音是基本相似的，都可以追溯到美洲印第安人的"tobacco"。所以仅仅从名称上来看，烟草也是通过海上丝绸之路传入的。当然，一些嗜好烟草的文人墨客也给它取过一些美好的名字，如"芬草""仁草""金丝醺""金丝烟""相思草""返魂烟"等，甚至还有"气死名医草"。清代杭州人汪师韩（1707—1780）编写的中国第一部烟草专著，书名就是《金丝录》。

烟草传入浙江后，以不可思议的速度在城乡传播。明末清初的绍兴学者张岱（1597—1689）在《陶庵梦忆》中这样写道：我小时候不知道什么是烟草，但十年之内，"老壮童稚，妇人女子，无不吃烟；大街小巷，尽摆烟桌"。全祖望就是一个喜好烟草的"老壮",他在《淡巴菰赋》中把烟草比作酒和茶:"将以解忧则有酒,将以消渴则有茶,鼎足者谁?菰材最佳。"在全祖望看来,由于烟草"醒可醉,醉可醒,是固酒户之所宜也。饥可饱,饱可饥,是又胃神之所依也。闲可忙,忙可闲,是又日用之所交资也",所以"达人畸士,以写情愫;翰林墨卿,以资冥助",最终风靡于世:"何其嘉植,不胫而趋,普天之下,靡往不俱"。

古代美洲印第安人将烟草用作药物,明清时期的浙江医生也是如此。在明代绍兴医学家张景岳(1563—1640)的《景岳全书》中,就把"烟"单独列为一条。他根据中医理论,认为烟草"味辛气温,性微热"。在他看来,烟草"其气上行,则能温心肺;下行,则能温肝、脾、肾。服后能使通身温暖微汗,元阳陡壮",所以不仅可以用来治疗多种疾病,而且还可以快速见效:"用以治表,善逐一切阴邪寒毒、山岚瘴气、风湿邪闭腠理、筋骨疼痛,诚顷刻取效之神剂也;用以治里,善壮胃气,进饮食,祛阴浊寒滞,消膨胀宿食,止呕哕霍乱,除积聚诸虫,解郁结,止疼痛,行气停血瘀,举下陷后坠,通达三焦,立刻见效。"张景岳还写到,他最初得到烟草时,也是对其功效心存疑虑,但经过多次吸食之后,才知道它真的有如此快速的治疗效果。不过,他也提醒说,由于烟草"性属纯阳",所以对阴气太足的人来说会有"用之如神"的效果,而对于阳气过盛的人来说,则不宜吸食。有些人过量吸烟后会晕倒,而张景岳却把这种现象称为"醉",并且用中医理论强调说,即使晕倒了也不会有什么副作用:"盖其阳气强猛,人不能胜,故下咽即醉,既能散邪,亦必耗气,理固然也。然烟气易散而人气随复,阳性留中,旋亦生气,此其耗中有补,故人多喜服而未见其损者以此。"这样一种医学理论,为烟草的传播提供了医学上的理论依据,对于烟草的流行无疑产生了推波助澜的作用，加剧了烟草对个人健康及社会安定的危害。与全国其他地方一样，浙江也是在改革开放之后才普遍认识到烟草之害，并且在全省范围内逐步实行控烟、禁烟措施。

四通八达的海上丝绸之路，把浙江与遥远的美洲联结起来，从而使美洲农作物大量传入浙江。更加重要的是，这些农作物又在浙江的土地上生根、开花、结果，成为浙江社会经济的重要组成部分，同时又深刻影响着浙江人的日常生活。因此，在浙江历史发展的进程中，处处可以看到海上丝绸之路的印记。

结语　浙江海丝文化的现代价值

　　浙江位于中国对外交往的前沿，在古代海上丝绸之路发展史上有着重要地位。习近平总书记把宁波与泉州、广州、科伦坡、吉达、亚历山大等港口一起誉为古代海上丝绸之路的"活化石"。除了浙江之外，中国沿海各省市也以不同的形式与古代海上丝绸之路发生过一定的联系。这些省市，犹如镶嵌在中国漫长海岸线上的五彩锦带，在不同时期都展现过特有的风采。与沿海其他省市相比，浙江海上丝绸之路呈现出以下五个方面的特点：

　　第一，源远流长，底蕴深厚。

　　浙江是中国海洋文化的主要发源地。早在史前时代，浙江先民就已经迈向海洋。中国最早的独木舟（8000年前）、中国最早的贝丘遗址（8000年前），都是在浙江沿海发现的。在随后的河姆渡文化（前5000—前3300年）时期，人们借助简易的海上航行工具，跨过海洋来到舟山等岛屿活动。发源于河姆渡文化的有段石锛，后来一直传播到整个西太平洋地区。如此深厚的远古海洋文化，为后来浙江海上丝绸之路的出现奠定了坚实的文化基础。

　　第二，延绵不绝，持续发展。

　　在中国古代海上丝绸之路城市中，合浦、登州、扬州等城市兴起得比较早，汉唐时代就已经十分繁荣了，但由于自然淤塞的原因，时至今日这些地方已经不再重要，有的甚至不再是个港口了。

只有广州自秦汉时期开始直到今天，始终保持外贸港口的地位。浙江宁波作为海上丝绸之路的重要城市，自唐代开始兴起后，同样没有中断过。浙江海上丝绸之路的持续发展，还可以从宁波发现的古代沉船上得到印证。迄今为止，宁波共发现了6艘沉船，分别是：和义路唐代龙舟（1973年发现）、东门口北宋木船（1978年发现）、和义路南宋木船（2003年发现）、潮塘江元代沉船（2014年发现）、象山县明代木船（1994年发现）和小白礁清代沉船（2008年发现）。这样，从唐朝至清代的沉船在宁波都有发现。中国其他海上丝绸之路城市也陆续发现过一些沉船，但没有像宁波那样构成一个连续完整的沉船系列。这个从唐至清前后相续的沉船系列，从一个侧面反映了浙江海上丝绸之路的持续性。

第三，河海交汇，港通天下。

早在越王勾践时代，宁绍平原上的浙东运河就已经出现了。7世纪初，隋炀帝集全国之人力物力，开凿了贯通中国南北的大运河。2014年6月22日，在卡塔尔首都多哈举行的第38届世界遗产大会上，"中国大运河"成功入选《世界遗产名录》。这条已经成为世界文化遗产的中国大运河，就是由隋唐大运河、京杭大运河和浙东运河组成的。杭州、宁波不仅是中国大运河沿线的重要城市，而且还是最主要的出海口。通过运河系统，浙江就与全国的交通主干网络连接起来了，从而大大扩展了杭州、宁波等港口的辐射范围，为浙江海上丝绸之路的繁荣提供了丰富的货物来源和广阔的内地市场。

第四，立足东海，兼及南洋。

浙江位于东海中部，与日本及朝鲜半岛隔海相望，洋流、季风等自然因素有利于海上航行。在木帆船时代，如果顺风顺水的话，从浙江主要港口宁波港出发，最快只要6—10天的航行时间，就可以到达朝鲜半岛或日本列岛。由于宁波在东亚海域中处于比较优越的位置，所以在历史上曾经是中国连接朝鲜半岛及日本的枢纽。宁波、杭州、温州等港口还通过海上丝绸之路而与东南亚及印度洋地区发生联系，宋元时期出现在杭州及宁波城内的阿拉伯人聚居区就是明证。不过，相对于日本及朝鲜半岛而言，浙江与东南亚及印度洋地区的贸易关系是次要的，而且往往是间接的。

第五，浴火重生，成功转型。

进入清代，由于政府的压制与摧残，浙江海上丝绸之路一直举步维艰，停滞不前。1840年爆发的中英鸦片战争，打碎了"天朝上国"的迷梦。1842年，在英国侵略军的炮口下，清政府签订了《南京条约》，被迫开放广州、福州、厦门、宁波、上海五个城市作为通商口岸。1844年元旦（道光二十三年十一月十二日），宁波正式开埠，宁波城外的江北岸被辟为外国人居留区。从此，浙江海上丝绸之路开始向近代国际航线转型，并且带动整个浙江社会的变革。在这个无奈、屈辱、痛苦的转型过程中，愚昧而狂妄的清政府始终闭目塞听、自欺欺人，根本无视全球化浪潮的猛烈冲击，顽固地拒绝走向世界，一再错失迈向现代化的良机，最终葬身于辛亥革命的炮火之中。与清政府不同的是，浙江人在这个转型过程中并没有逆历史潮流而动，而是以开放的心态积极学习西方先进技术，以博大的胸怀勇敢地接纳西方先进文化，以踏踏实实的步伐奋力追赶世界潮流，在一次又一次血与火的洗礼中不断地获得新生。1855年，宁波商人集资购买了一艘以蒸汽为动力的外国轮船"宝顺轮"，这也是中国引进的第一艘轮船，由此揭开了中国海运现代化的序幕。在这个转型过程中，一批批浙江人满怀着梦想，从乡村城镇、海岛山区出发，背井离乡，远赴上海、香港以及海外，在不同的领域中创造出了一个又一个的奇迹，从而推动着整个浙江成功地从传统走向近代。

伴随着浙江海上丝绸之路的持续发展，浙江人、外省人甚至外国人共同创造出了绚丽多彩的浙江"海丝文化"，从而丰富了浙江文化的内涵。今天，世界百年未有之大变局正在加速演进，新一轮全球化的历史巨幕已经渐渐拉开，中国向全世界发出了共建"21世纪海上丝绸之路"的倡议，浙江正在积极探索建设中国式现代化的全新实践。与古代浙江海上丝绸之路相比，今天浙江的对外交流就是在完全不同的背景下开展的：古代海上丝绸之路是木帆船时代的海上航线，今天在国际航线上往来的则是卫星导航的集装箱巨轮；古代海上丝绸之路主要是在朝贡体制下发生的，今天则是在和平共处的国际秩序下进行的；古代各国之间海外联系的唯一渠道就是海上航线，也就是说是平面的，而今天各国之间的海外联系则是立体的：除了海上航线外，还有空中航线、卫星通信、网络互动等；古代海上丝绸之路比较简单，主要是货物之间的买卖贸易，而今天的国际经贸往来则是非常综合的，除了货物贸易外，还有金融投资、外汇交易等；古代海上丝绸之路对社会的影响是缓慢的、局部的，而今天浙江与国外的经贸关系则是即时的、全球的。世界上某个遥远地区的突发重大事件，会很快影响到浙江；同样，浙江某个企业的偶然事故，可能会立即波及某种商品的全球供应。不过，尽管历史背景不同，但在当今浙江积极探索中国式现代化建设的实践中，浙江"海丝文化"依然具有不可取代的现代价值。这种现代价值，由两部分构成，即隐性的精神价值和显性的应用价值。其中隐性的精神价值主要体现在以下四个方面：

　　第一，无所畏惧的开拓精神。面对着神秘莫测的汪洋大海，古代先民们不惧风险，勇于探索，在惊涛骇浪中开辟出海上丝绸之路。即使在固定的海上航线已经形成的背景下，驾船航行于恶浪滔天的茫茫海洋，依然充满着船翻人沉的风险。因此，无论是在浙江古代海上丝绸之路的开辟阶段，还是在稳定、发展阶段，都需要人的无畏开拓、不断进取精神，而探索中国式现代化建设的伟大实践，同样需要这种无畏开拓，不断进取的精神。

　　第二，兼容并蓄的开放精神。古代先民们远涉鲸波，通过浙江海上丝绸之路抵达海外异域时，他们所面对的是完全不同的风土人情，他们从海外带回的是完全陌生的地产土货。如果心胸狭窄、观念保守、目光短浅，那就根本不可能走向海外。因此，浙江海上丝绸之路实际上是建立在对异质文化开放、包容的心态之上的，而这种开放、包容的心态，正是建设中国式现代化所必需的。

　　第三，广采博纳的创新精神。通过古代海上丝绸之路，形态各异的海外文化传入浙江，物质层面的有高丽瓷器、日本扇子、东南亚香料、美洲农作物等，精神层面的有佛教、伊斯兰教等。此外，通过陆上丝绸之路，许多西域特产也传入浙江，其中较为典型的是狮子。狮子是汉代从西域传入中国的，3世纪传至浙江地区，宁波地区出土的一些越窑瓷器上就有狮子形象。古代浙江人对于这些外来文化不仅没有盲目排斥，而且还积极吸收，并且通过与本土文化融合，创造出更加灿烂的新型文化形态。就物质文化而言，番薯、土豆等美洲农作物已经完全成为浙江农业的有机组成部分。浙江人加工制作的番薯、豆面等产品，在美洲是完全不存在的，而且，这类产品还成为浙江某些乡镇的特色产品。木雕或石刻狮子，也是浙江一些地方的特色工艺，浙江城乡都可以看到大大小小的石狮子，节日里浙江也有舞狮活动，甚至海外浙江人也会举行舞狮表演。外来的狮子，通过文化融合与创新，已经成为浙江文化的组成部分。而佛教天台宗，更是外来文化与中国本土文化相结合的产物。在积极吸收外来文化的基础上，通过与本土文化融合，创造出新型文化，这样的创新精神，对于建设中国式现代化来说，同样具有重要的现实意义。

宁波出土的唐代青瓷坐狮

第四，追求真理的科学精神。要在波涛汹涌的茫茫大海上安全顺利地航行，航海者既需要能够劈波斩浪的帆船，更需要综合能力，如选择良好的出行天气、控制正确的航行方向、避开难以察觉的暗礁险滩，否则就会船沉人亡，葬身海底。也就是说，海上丝绸之路是建立在一系列科学技术之上的，包括造船技术、导航技术、气象知识、水文知识等。如果没有追求真理的科学精神，就不可能创造出航海所需要的科学技术。遗憾的是，这些科学技术的创造者基本上是民间工匠等普通劳动者，他们在历史长河中湮没无闻，没有留下什么记载。当然，在名垂青史的浙江文化精英中，也不乏具有科学精神的杰出人物。宋朝台州人赵汝适（1170—1231）到泉州担任管理海外贸易的市舶使时，为了改变中国人对海外国家所知甚

少的局面，持续对海外国家进行调查，写出了填补海外知识空白的
专著《诸蕃志》。更加重要的是，赵汝适在这部著作中抛开了封建
王朝的狭隘成见，如实地告诉人们，海外不仅有发达灿烂的文明，
许多物产还是中国所没有的，有些国家的居民甚至在长相上也是
"长大美晳，颇类中国"（大秦）。明代杭州人李之藻虽然是饱受儒
家文化熏陶的进士，但在面对西方近代先进文化冲击时，他不闭目
塞听，而是虚心学习、刻苦钻研，凭借自己在西方文化上的精深造
诣而获得了西方学者的由衷钦佩。今天，面对着新一轮科技革命和
产业变革，浙江在进行中国式现代化建设新探索的过程中，必须深
入实施科教兴国战略、人才强国战略、创新驱动发展战略，高度重
视科学技术的推动作用，积极发展新质生产力。而这一切，都离不
开科学精神。

浙江"海丝文化"隐性的精神价值作为文化基因蕴含在浙江文
化之中，为浙江的中国式现代化建设提供精神动力。而浙江"海丝
文化"显性的应用价值则是为浙江的中国式现代化建设提供可操作
的具体路径，主要体现在以下三个方面：

第一，学术研究的重要支撑。浙江"海丝文化"源远流长、底
蕴深厚、特色鲜明，是浙江历史文化不可或缺的重要组成部分，同
时也是国内外学术界关注的一个重点研究领域。深入研究浙江"海
丝文化"，不仅可以更加深刻地揭示浙江历史文化的内涵及特征，
更加准确地把握浙江在中华文明史上的地位及贡献，更加全面地认
识浙江在世界文明进程中的作用，而且可以推动浙江学术研究的持
续繁荣，促进浙江与国际学术界的深度对接，引领学术前沿，把浙
江打造成中国的重要学术研究中心，助力浙江尽快迈入国际学术舞
台的中央。

第二，文化建设的丰富宝藏。漫长的浙江海上丝绸之路发展历程，造就了绚丽多彩的浙江"海丝文化"。在曲折多难的历史长河中，虽然无可估量的浙江"海丝文化"遗产因各种天灾人祸而被无情地摧毁了，但依然有大量遗产劫后余生，幸存至今。现存的浙江"海丝文化"遗产，可以分为"不可移动"和"可移动"两大类。其中不可移动的主要有建筑（包括故居和寺庙等）、石刻、遗址、墓葬等；可移动的主要包括陶瓷器、丝织品、玉器、木雕、金属制品、绘画、书法作品、地图、书籍、手稿等。种类繁多、形式各异的浙江"海丝文化"遗产，就是当今浙江文化建设的丰富宝藏。我们可以在博物馆和美术馆等机构中向公众展示这些文化遗产，也可以从这些文化遗产中选取元素，将其应用于服饰设计、文创产品开发、工艺品制作等领域。我们可以从这些文化遗产中选取一些积极的元素，用传统的方式进行文化创作和影视制作，也可以借助现代数字技术制作出网络视频、3D动漫等。对于浙江来说，无论是建设文化强省，还是发展新质生产力，浙江"海丝文化"遗产都是无价的珍贵宝藏。

第三，国际传播的有效抓手。浙江"海上丝绸之路"是通向外部世界的海上通道，无数的中外使节、商人、水手、僧侣在这条通道上往还奔波，并且在海外留下了足迹。在朝鲜半岛、日本列岛、东南亚、西亚北非以及欧美，都有许多浙江"海丝文化"的遗存。这些分散在外国土地上的遗存，是浙江历史文化遗产的有机组成部分。充分利用这些海外浙江"海丝文化"遗存，有助于讲好浙江故事，讲好中国故事，从而强化浙江文化的国际传播，扩大浙江文化的国际影响，进而为中国式现代化建设创造良好的外部环境。同时，海外浙江"海丝文化"遗存也有助于进一步增进海外浙江人对故乡的感情，使他们更加热情地参与浙江的建设。

在中国古代海上丝绸之路发展过程中，浙江逐渐从边缘走向前沿，率先从木帆船时代进入轮船时代。今天，浙江的宁波舟山港已经成为世界上货物吞吐量最大的港口。整个浙江正敞开胸怀拥抱世界，踏踏实实地进行着中国式现代化建设浙江实践的新探索。在这一伟大的实践中，历经岁月洗礼而沉淀下来的浙江"海丝文化"遗产将发挥不可取代的独特作用，激发新旧浙江人更加热爱这片沃土，更加主动地投身于中国式现代化建设之中，从而创造出更加辉煌的新时代"海丝文化"。

参考文献

中文文献

〔宋〕徐兢：《宣和奉使高丽图经》，台北商务印书馆 1971 年版。

〔元〕周达观著，夏鼐校注：《真腊风土记校注》，中华书局 2000 年版。

鄂多立克著，何高济译：《鄂多立克东游录》，中华书局 1981 年版。

木宫泰彦著，胡锡年译：《日中文化交流史》，商务印书馆 1980 年版。

谢明良：《贸易陶瓷与文化史》，台北允晨文化实业股份有限公司 2005 年版。

刘恒武：《宁波古代对外文化交流——以历史遗存为中心》，海洋出版社 2009 年版。

江静：《赴日宋僧无学祖元研究》，商务印书馆 2011 年版。

蒋乐平：《跨湖桥文化研究》，科学出版社 2014 年版。

沙海昂注，冯承钧译：《马可波罗行纪》，上海书店出版社 2014 年版。

林士民：《宁波现存日本国太宰府博多津华侨刻石之研究》，《文物》1985 年第 7 期。

赵胤宰：《略论韩国百济故地出土的中国陶瓷》，《故宫博物院院刊》2006年第2期。

金国平、吴志良：《流散于葡萄牙的中国明清瓷器》，《故宫博物院院刊》2006年第3期。

秦大树：《拾遗南海，补阙中土——谈井里汶沉船的出水瓷器》，《故宫博物院院刊》2007年第6期。

孙国平，王永磊：《从井头山遗址看宁波地理环境与海洋文化的关系》，《宁波通讯》2020年第18期。

长冈龙作著，李银广译：《日本清凉寺藏释迦如来像胎内的信仰与世界观》，《美术大观》2022年第2期。

英文文献

Arthur Christopher Moule, *Paul Pelliot, Marco Polo: the Description of the World*, London: G. Routledge, 1938.

D. E. Mungello, *The Forgotten Christians of Hangzhou*, Honolulu: University of Hawaii Press, 1994.

日文文献

山口修：「『奝然入宋求法巡礼行并瑞像造立记』考」，『佛教大学仏教学会纪要』1993年创刊号。

奈良国立博物馆：《圣地宁波——日本仏教1300年の源流》，奈良：2009年。

牧田谛亮：『策彦入明记の研究』，京都：法藏馆，1955年。

后　记

　　本书在写作过程中，多次介绍了这样一个事实：从唐朝开始，宁波港一直是古代中国对外交往的主要门户，是连接整个东亚海域的交通枢纽，在海上丝绸之路中发挥着不可取代的作用。就在本书即将付印时，中国新闻网于2025年1月17日发布了这样一条新闻：《宁波舟山港年货物吞吐量连续16年位居全球第一》。这表明，从昔日木帆船时代到今天集装箱时代，宁波都是国际海上交通网络中的重要港口。正是由于这个原因，宁波把"港通天下"作为体现自身特色的一句城市形象主题口号。

　　从古至今，宁波之所以成为国际海上交通网络中的重要港口，其根本原因就在于它拥有得天独厚的自然条件。但是，无论多么优越的自然条件，如果没有被人类开发利用，都不可能自动地转化为促进社会进步的资源，甚至还有可能成为某些社会成员的沉重负担。宁波港发展过程中出现的一些波折，就充分证明了这一点。其中最为典型的实例，就是清乾隆推行的"广州一口通商"政策。

　　我们知道，清朝建立初期，为了打击沿海抗清力量，实行了严格的海禁政策。清政府于1683年统一台湾后，宣布停止海禁，并且先后设立了江南、浙江、福建和广东四个海关，作为对外交往的窗口。其中浙海关就设在宁波。当时前来中国沿海进行贸易的欧洲商人主要是英国人。他们虽然在17世纪末多次来到宁波沿海贸易，但始终以广州为基地。18世纪中期，英国人由于不堪忍受粤海关官员的严苛管理及敲诈勒索，于1755年、1756年和1757年连续三年来到宁波沿海贸易。

英国商人的到来，受到了宁波沿海民众的欢迎，因为他们带来了可观的商业利益。但对于广州来说，这种外贸的分流意味着利益的损失，因此，那些垄断广州外贸的官员及商人们不断向朝廷申诉，强烈反对英国商人前往宁波。乾隆皇帝清楚地知道，英国人所需要的丝绸、茶叶等货物主要产于江浙地区，如果允许英国人在宁波贸易，既可以节省英国人的商业成本，又可以促进东部地区的进一步发展。因此，面对粤浙两省之争，乾隆皇帝曾一语道破其要害：如果英国商人"来浙者多，则广东洋商失利，而百姓生计亦属有碍也"。正是基于这样的认识，乾隆皇帝于1757年春做出了一个决定：提高浙海关的税收，使英国商人无利可图，最终不得不回到广东去进行贸易。

但出乎意料的是，英国人还是希望在宁波进行贸易，并且愿意按照新标准纳税。这样，清朝政府内部开始酝酿海外贸易政策的调整问题。乾隆皇帝甚至冒出过一个非常大胆的念头：要把宁波变成像广州那样的对外开放窗口。为此，乾隆皇帝特地把熟悉粤海关事务的两广总督杨应琚调来担任闽浙总督，具体落实浙海关开放事宜。杨应琚在宁波进行考察后，不仅提出应当在浙海关征收比粤海关高出一倍的关税，而且还强调说，如果开放宁波就会威胁到国家海防安全。对于清朝最高统治者来说，国家海防安全自然是压倒一切的头等大事，所以乾隆皇帝最后接受了杨应琚的意见，打消了开放宁波的想法，转而坚持把外贸易集中在广州一地。1757年12月，乾隆皇帝明确宣布，禁止英国商人前往宁波贸易。从此，清政府的外贸政策就从"多口通商"转为"广州一口通商"。

"广州一口通商"政策保证了广州在中国对外贸易中的垄断地

位，但重创了宁波的对外贸易。研究表明，由于英国商船几乎都集中在广州，所以粤海关的税收从1737年的21万两不断上升，至1755年增至40余万两；而另一方面，由于没有一艘英国商船来宁波，所以这一时期浙海关的税收长期停滞在9万两左右。宁波港这个完全有条件通往世界的天然良港，因为清政府作茧自缚的闭关政策而硬生生地断绝了与西方的联系，并且逐渐走向衰落。"广州一口通商"政策使浙江成为最大受害者，更重要的是，中国也因此错失了一次迈向世界的大好机遇。

当然，"广州一口通商"政策最终也未能确保清王朝的海防安全。清王朝的灭亡，正是从海防安全的崩溃开始的。1840年，鸦片战争爆发。宁波沿海是鸦片战争的主要战场之一。1841年10月13日至1842年5月7日，英国侵略军还占领了宁波城。1842年8月，惨遭失败的清政府被迫放弃"广州一口通商"政策，在《南京条约》中同意开放广州、厦门、福州、宁波、上海等五个港口城市。清王朝紧闭的国门被彻底打开，古代海上丝绸之路也就转型为近代国际海上航线。

1844年2月18日（道光二十四年正月初一），宁波正式开埠。这样，宁波港的自然优势再次得以发挥，整个宁波也开始踏上了向近代转型的历程。此后，宁波不仅带动了整个浙江的近代化，而且在中国近代化历史上也发挥了重要作用。由此可见，宁波港的命运，取决于国家的政策。同一个宁波港，在开放的政策下就会繁荣兴旺，在封闭的政策下则必然会走向衰落。

今天是农历正月初二，正是中国传统的新春佳节。借此机会，真诚地祝愿宁波港蒸蒸日上，祝愿浙江在改革开放的东风里劈波斩浪，一往无前。